张爱玲

不爱是遗憾，
爱是磨难

U0754378

常晓军
著

台海出版社

图书在版编目（CIP）数据

张爱玲：不爱是遗憾，爱是磨难 / 常晓军著 . ——
北京：台海出版社，2020.6
ISBN 978-7-5168-2304-0

Ⅰ . ①张… Ⅱ . ①常… Ⅲ . ①张爱玲（1920-1995）
—传记 Ⅳ . ① K825.6

中国版本图书馆 CIP 数据核字（2019）第 226120 号

张爱玲：不爱是遗憾，爱是磨难

著　　者：常晓军

出 版 人：蔡　旭
责任编辑：俞滟荣

出版发行：台海出版社
地　　址：北京市东城区景山东街 20 号　邮政编码：100009
电　　话：010 — 64041652（发行，邮购）
传　　真：010 — 84045799（总编室）
网　　址：www.taimeng.org.cn/thcbs/default.htm
电子邮箱：thcbs@126.com

经　　销：全国各地新华书店
印　　刷：天津旭非印刷有限公司
本书如有破损、缺页、装订错误，请与本社联系调换

开　　本：880 毫米 × 1230 毫米　1/32
字　　数：200 千字　　　　　　印　　张：9.75
版　　次：2020 年 6 月第 1 版　　印　　次：2020 年 6 月第 1 次印刷
书　　号：ISBN 978-7-5168-2304-0

定　　价：45.00 元

前言

绽放一季的美丽

历史用墨色，点染了一个陌上烟雨缥缈的民国。

唯美用深情，幻化了一个女子倾国倾城的传说。

时光用精彩，演绎了一首人生漂泊的千古绝响。

在人生大舞台上，民国奇女子张爱玲"一袭青衣，染就一树芳华；两袖月光，诉说绝世风雅"。她以文字的无比执着，表达着临水照花的自我；她以无比含蓄的唯美，深揭着人性多彩多姿的幽微。

无疑，这样的文字世界全新而美丽，这样的人生不乏单纯而洁净。事实上，在人们已经无法改变的印象里，张爱玲时时都是以其冷静而疏离的目光，行走在芳菲无比的优雅中。那孤傲冷清中的自如，唯美态度中的人生，始终在时代不曾裹挟的纷繁中彰显着情调的极致。战乱流年，这样的返璞归真本身就带着神秘和传奇。现在来看，无论是精彩或者黯然，她那抹精彩都是无尽繁华外一缕青灰的月色，是物欲与情感撞击之后的残骸，是不愿为爱情而沦落的独特韵味，是现世里寻找安稳的入世近俗。

传奇中追寻平凡，平凡中追寻传奇。有人说，张爱玲绽放一生的光彩，是用文字书写了属于那个时代的传奇。其实想想，她自己本身不就是一部值得言说的传奇吗？花来衫里，影落池中。有人说，她绚烂一生的芳华，是生命里各种色彩串起来的韵律起伏。然而她告别世界的最后姿势却是如此从容，充满着对这个世界的无所牵挂与不屑一顾。

一念成痴，落笔成殇。缘起缘灭，虚幻落荒。这样离去就算是告别吗？

虽离我们远去，但张爱玲寂寞如烟般的色泽却是挥之不去的倾诉，至今品味起来依然是刻骨铭心、艳绝苍凉。在无人的长巷中、在芸芸众生的世俗中，她穿越时空，最终以小女人温柔难耐的泪滴，在如诗如歌的岁月中写下了爱恋如诗的柔情。正如她一直喜欢的姿势，寂静地依偎窗前想着心事，一任痴情满满的文字在掌心中悄然融化。

确实，相遇不过是人世间的久别重逢。纵然逃不出最终的宿命，也要让细碎的心在花香四散中弥漫。细细琢磨，这种彻底和决然，更像是爱与被爱的无悔期盼。

总以为水是山的泪水，云是水的故事，等千帆过尽，万籁俱静，瞬间的华彩是否又不忘初心呢？如果说，张爱玲行云流水般的文字，是岁月静好中依次盛开的灿然花束，那滋生丰润情绪的无疑还有一生的眷恋与等待。她在长夜顾盼中抒写清愁，在泛黄苍凉中体味柔情，在浪漫多情中深情相爱，在绽放的美丽中独尝着人生的痛楚。

雪落无痕，浅爱倾心。相逢如是，告别亦是。又有谁甘愿在东流逝水中站立成精神的塑像？无论是赭红色彩下的玲珑望秋月，或是灰蓝朴素下的平展闲看月，书写的其实都是一个人的繁华，两个人的寂寞。

佛说，心中有莲花，如揽日月之清辉，沐禅韵之静寂，醉云水之安逸。隔着缄默的时光相望，那些早已被岁月定格的瞬间，在内心的情爱恩怨中宛若一池静水。这位民国的临水照花人，以孤绝忧郁的苍凉华美，画情透骨的虚静本质，浮生若梦的如痴如狂，在一点点、一寸寸的低回流转中，流沙一样将光影流年晕染成色。于是，张爱玲身上所散发出的古典诗意之美，是荡气回肠；光阴暧昧之美，是三千痴缠；妩媚和风之美，是烟花绽出月圆。

美让时空凝滞，美也让传奇流淌不息。无论得到与否，都将注定她会在不同流俗的行程中渐行渐远。唯愿使岁月静好，现世安稳，将今生只做最后一世。

目 录 Contents

第一章 | 远去的记忆

世族显赫

这是一座风情万种的城市。

十里洋场一朝梦，梦回千里忆上海。或许每一段历史都会有着五味杂陈的忘记，当留声机中传出纯朴而甜美的"夜上海，夜上海……"时，美得极致的风情与浮华沧桑往事碰撞与融合，让这座闻名遐迩的"不夜之城"幻化为自由、开放的经典。当时光的指针缓缓停驻在 1920 年这个秋天时，注定着这个充满故事的地方，即将开始一段时代的传奇。

烦闷的热风从十里洋场慵懒地吹过，奢靡而又神秘地掠过无限风光下的繁华。那些卓然秀立于黄浦江畔的哥特式、罗马式、巴洛克式、中西合璧式建筑，在密密匝匝交织的声音中泛白着历史韵味，在光影流动中展现着造型的美不胜收。在这座国际金融大都市里，每天都在上演着不同的故事。好多时候，生活就像这些热得敞着衣服的苦力，苦苦等不到一场凉爽的秋雨，只能是百无聊赖地说着家长里短，焦灼无比地盼望着生计，或许还可以在骄阳的照晒下，匆匆忙忙地编织着一个与城市相关的梦。往年这个时节，多情的雨水早已是绵绵无绝期了，但今年的天偏偏出奇地闷热。远远看去，地面上不断地升腾起翻滚的热浪，一浪又一浪地汹涌袭来，仿佛这座城市本就建在火山口上，现在只是要着了火。门前的老狗懒懒地趴在地上不动，伸长着舌头像昏睡过去，就连往日灵动的树叶也都无精打采，萎缩地卷了起来，恨不得把所有的汁都压榨出来。人们对雨的期盼，让人感觉到日子并没有想象中那么五彩斑斓，在某种程度上竟然成了奢望。

临近苏州河畔的旧式里弄，有一处江南水乡风格建筑的张家公馆。"房间多而进深，后院还有一圈房子供用人居住；全部约有二十个房间。住房的下面是一个面积同样大的地下室，通气孔都是圆形的，一个个与后院的用人房相对着。"从外部远望过去，这独处一隅的房屋已被岁月侵蚀得十分陈旧，作为沧桑岁月的见证，只有屋顶上的植物在倔强地生长着。这并不影响每个人追忆往昔，反而凸显出了建筑内在的厚重、大气、惊世、绚丽。对生活在闹市里的人来说，这造型独特的老房子，是秦时明月汉时关的落寞，是深邃辽远中的烟火爱情，是极具诱惑下的执手相望。

阳光如故人，千山万水过尽。谁又能够想到，在如此短暂的时间内，这座被人誉为世外桃源的处所转眼沦为岁月无奈、物是人非的流转。抚墙沉思，彼时的存在，也曾见证过大清帝国的穷途末路，见证过晚清贵族炫耀资本的消亡；此时的存在，却只剩下言谈中的辉煌记忆了。

光线穿过草木葱茏的细密，把斑斑点点的光晕散落下来。一群人在院落里走动着，还时不时地驻足张望，脸上似乎写满着焦灼，又仿佛充满着期待。突然一声响亮的啼哭声用力穿过沉闷，就像利剑在时空中划出了一道长长的口子，顿时打破了所有的沉寂，以至惊飞了附在树上的蝉，仓皇中发出尖锐的鸣叫飞远了。新生命的啼哭，此时更像不请而至的徐徐凉风、呼啸而来的酣畅秋雨，变成了院子里的欢声笑语，就连这些死气沉沉的老建筑也都焕发出了生机。

"恭喜老爷，家里添了位千金。"年迈的老妇人抱着新生儿上前说道，苍老的面容中更多闪烁着慈祥与亲近。

手持折扇的老爷名叫张志沂，又名张廷重。他随着话音停下慢悠悠的步子，脸上带着些许不屑转过身，用长长的指甲轻轻地挑掉遮布。襁褓中的婴儿生得聪明乖巧，眉目间透着玉的光彩，让人看后顿生爱意。张志沂漠然中带着开心，无为中透着兴奋，他出人意料地摸了一下孩子的脸，意味深长地说："金沙逐波而吐瑛，就叫张瑛吧！"

老妇人谢过后，匆匆抱着孩子朝着另一间房走去。

所有人都为孩子的到来忙碌着。谁也不会想到，张瑛在数年后会走出这破落的豪门，凭借她一篇篇饱含深情却又充满着禅意的文字，成为上海乃至全国文化圈里最当红的人。可以说，她以其内心的冷漠孤高掀起了洛阳纸贵的风潮，即便到今天也为人们久说不衰。那消极而又透彻的文字带着淡淡的煽情，时时拨动着读者灵魂深处的琴弦，使人明晓人性的幽微和男欢女爱的情感纠葛，以及那个时代的迷茫无措与心神不定。

这天是 1920 年 9 月 30 日，刚刚过完中秋节的第四天。

其实，小张瑛来到人世间，最开心的莫过于母亲黄素琼。黄素琼小名莹，出生于显赫世家，父亲黄宗炎是广西盐道，祖父黄翼升是清末长江七省水师提督。当年，黄翼升在镇压太平天国运动中立下了赫赫战功。为求明主，他带领五千水师直接投奔到李鸿章麾下，后因战场上机智果敢，很快被委任为副手。1865 年，李鸿章奉命镇压捻军，黄翼升亲率水师驻扎运河沿线，两人左右夹击，有力地阻击了东捻军的向西突围，从此受到李鸿章的格外器重。生长在这样的环境中，黄素琼虽然从小缠足，饱受传统教育理念，可她骨子里却始终涌动着新女性的个性。后来受五四新潮的影响，在选择出国留学时改名为黄逸梵，以彰显时代的开化。所以一提到她，当地人都乐意称其为"黄军门的小姐"。

今天，如果你到南京城去旅游观光，行至莫愁路朱状元巷十四号时，依然能见到已成为历史古迹的军门提督府。雕梁画栋、阁楼窗台、瓦檐里弄，处处都透着无法言说的故事，自然也在天南海北游客的眼中成为一道风景。或许建筑是一个人命运的另一种写照，就这样与春风秋月结缘，静观生命中的各种惊奇，得大自在地诠释着人生的不同际遇。

黄翼升膝下独子黄宗炎，早年中举后承袭父亲爵位，本当是衣食无忧，结果婚后却一直不能生育。不孝有三，无后为大，这让全家为此烦忧不已。当他被举荐到广西任官职时，家里只好给黄宗炎纳小姜以指望传宗接代、延续香火。姨太太确实很争气，肚子很快像充了气一般大了起来。为让孩子顺利降临人世，他又差人将姨太太送回南京老家休养。天有不测风云，正当黄宗炎陶醉在即为人父的喜悦中时，不料身染杀人于无形的瘴气，客死于荒凉瘴疠的不毛之地，时年才三十岁。虽然人已故去，却留下了一对龙凤胎。女孩即黄素琼，男孩为黄定柱。黄素琼出生后几乎没有正式上过学，但生在显赫世族，注定她将不同于一般家庭的女子。

　　1916 年，二十岁的军门千金黄素琼嫁给了御史少爷张志沂。一对金童玉女的婚姻缔结，一时间成为人们饭后的谈资。身形优雅的黄素琼由于受家庭环境影响，思想十分开放，与身上有太多沉暮之气的张志沂形成鲜明对比。东西方教育的差别，这段让人看好的婚姻似乎一开始就隐隐步向悲剧。好在黄素琼与小姑子张茂渊还算情趣相投，两人总会想尽办法来改变脸上时常充满衰败气象的张志沂，虽然有时也会一起去逛商场，谈文艺，要不就是三五好友学琴、读书，但张志沂总归给人感觉老气横秋的遗少气派。后来，张瑛在《对照记》中写道："我父亲一辈子绕室吟哦，背诵如流，滔滔不绝，一气到底。末了拖长腔一唱三叹地做结。沉默着走了没一两丈远，又开始背另一篇。听不出是古文、时文还是奏折，但是似乎没有重复的。我听着觉得辛酸，因为毫无用处。他吃完饭马上站起来踱步，老女佣称'走趟子'，家传的助消化的好习惯，李鸿章在军中也都照做不误的。他一面大踱一面朗诵，回房也仍旧继续'走趟子'，像笼中兽，永远沿着铁槛儿圈子巡行，背书背得川流不息，不舍昼夜——抽大烟的人睡得很晚。"这样的守旧，颇像老学究气息浓极的孔乙己，除全部继承了贵族迂腐的不良习气外，还喜欢把自己封闭在大宅院里，或于花前月下吟诗作赋，或约三五挚友饮甘餍肥、听戏狎妓，根本就不在乎外面正在发生着什么。张志沂趋向保守，黄素琼却向往自由。她从不愿意待在深宅大院中做金丝鸟，对于传统的相夫教子生活更是抵触。消极对抗下的置身事外，让彼此极少有时间过问家事，而孩子的抚养便只能交给女佣。

张志沂的祖父张印塘、字雨樵、曾任职安徽按察使。他为人清廉、耿直，是"丰润张氏"家族里第一个做官的人。咸丰年间，李鸿章回到家乡办团练，得到了张印塘的大力支持。后又彼此因意气相投，联手镇压太平军时结为至交。张印塘的夫人去世后，威名赫赫的李鸿章闻讯后，专程派人帮忙料理后事，尽其能力所及，可见关系已好到何种程度。后来，张印塘因作战失利被摘下顶戴花翎发配，官场失意的他在目睹了各种人情世故后，最终因心中郁结得病致死。那年，张佩伦才是个不谙世事的七岁孩童。

家庭变故，让失去优越感的张佩伦感到了命运多舛。辗转流离的压抑中，他只能埋头苦读，期待以十年寒窗来换取一朝显达重振家业。对他而言，这是为生计所迫，也是为生命的搏击。功夫不负有心人，张佩伦二十三岁时中了举人，第二年又中了进士，被授予翰林院编修之职。正当一些潦倒的文士走投无路之际，北洋大臣李鸿章找到了他，力邀其入幕为官。或许，他的命运从此就要发生转机了。

瓜洲有幸、风雪多情。然而，时刻期望有所作为的张佩伦却潇洒地拒绝了他的好意。

"人世世事何须问"，既然眼前这位年轻人不同意，中堂大人也不再勉强。

耐人寻味的是，偏偏天下的事情就如此凑巧，有次张佩伦因处理家事路过天津，阴差阳错地与李鸿章撞个正着。一番热情的寒暄后，李鸿章又旧事重提，希望他能够效力朝廷。"先世交情之耐久如是"，确实让张佩纶的感激之心从那时油然而起。他不仅为父辈缔结的袍泽之情感动，更为身居高官的李鸿章能有这片苦心而欣喜。

李鸿章久处官场的眼光是独到的，而恃才傲物的张佩纶也非等闲之辈。入幕为官后，先后与张之洞、陈宝琛等主将共事，位至署都察院左副都御史，成了中央监察部门的副职长官。或因李中堂的这层特殊背景，正直的张佩纶在朝中敢说敢为，硬是凭借着手中的如椽大笔，参倒了不少贪官。李鸿章对其做法赞赏有加，但周围的同僚却是唯恐躲之不及。1883 年 12 月，法国军队依靠精良装备占领了山西，中法战争爆发。当时的清政府军纪废弛，兵无斗志，以致前线接连溃败。国家生死存亡之际，作为晚清"清流派"的代表人物，张佩伦始终力主备战，反对妥协，更是提出主动出击，以战促和的建议。更让人想不到的是，他还积极请命以一介书生的身份统领兵马，以士大夫的爱国情怀投身马江战役，与洋枪洋炮的法国侵略者对阵而不惧死，以实践实现了忠君报国的人生理想。只是后来依然落得和父亲一样的结局，即兵败革职被发配边疆。好的是他的耿直不但名留青史，而且还被写进了民间的通俗小说中。清末著名的"四大谴责小说"之一《孽海花》中的庄仑樵，其实就有张佩纶的影子。今天读来，仍令人不胜唏嘘其自负的清高。

在这个以成败论英雄的国度里，谁也没想到张佩纶会从慈禧身边的红人，一夜之间沦为遭人唾弃的逐臣。笙歌归院落，灯火下楼台。各种不期而至的遭遇，让他进一步看清楚了人世间的悲哀。又加之两任夫人病故，仕途不顺的他变得万念俱灰、萎靡不振。

偏偏这时，李鸿章又一次触及张佩纶的灵魂深处，不但有意将其收入幕中，更是不顾家人的反对，执意要将二女儿李菊耦许配于他。朝野上下震动，坊间传闻四起，做女儿的自是无任何言语，李鸿章的太太却始终反对这门她根本就不看好的婚姻，成天一口一个"老糊涂"地发泄着不快。

而除了感激，张佩纶真的说不清是喜是忧。不过他这次没有拒绝，而是以罪臣之身成为李鸿章的乘龙快婿。

历史总喜欢和人开各种玩笑，潜心入定的张佩纶还未享受够天伦之乐，中日甲午战争便爆发了。随着近代最丧权辱国的《辛丑条约》签订，身染重疾的全权大臣李鸿章在屈辱中倍受巨大压力，很快在命运的无奈和历史的无情中辞世。一年后，心怀深层次情绪积累的张佩纶也在郁郁寡欢中告别人世，剩下的只有一场与国家有关的天崩地坼了。中国的事情总是太复杂了，昨日还是四方宾客云集，现今"忽喇喇似大厦倾，昏惨惨似灯将尽"。接踵而来的伤感，除了给这个家庭带来衰落，还夹杂着诸多的遗憾与不解。

　　也是，没有不亡之国，没有不败之家。极尽繁华过后，一个家族的辉煌戛然而止。如果说，血统是种无法言说的神秘，那么实实在在流淌的则是一代代人生命里的周转不息。虽然少了名门望庭的光环映照，但不能就此说张志沂的血统不高贵。等张志沂和黄素琼结为百年之好后，他们依然还能享受到祖上的庇荫，只是无法从锦衣玉食的生活中，培育出父辈家国天下的大志向了。相反，富家少爷的所有不良习惯，都逐渐演绎着这个时代的悲剧。

欢乐时光

无论痛苦还是甜蜜，其实人生中最美好、最难忘的还是童年记忆。

对于张瑛来说，她的童年记忆就应该是从上海迁往天津的那个家开始的。1922 年，"我们搬到一所花园洋房里。有狗、有花、有童话书，家里陡然添了许多蕴藉华美的亲戚朋友。"迁走时，家里刚刚又如愿添了位弟弟，一家人生活其乐融融，安静而恬淡。天津这座三层连体私邸，位于地段不错的法租界 32 号路，旁边就是法国花园，与 54 号的张学良的府邸相距颇近。好多年以后，当张爱玲接到撰写英文作品《少帅传奇》的合约时，专程从美国赴中国台湾去采访和收集张学良的资料，虽然未果，却无意中知道彼此曾在天津做过几年的邻居，那种亲近与熟悉感油然而生，多多少少都有着圆梦的感觉。

张志沂之所以举家北上，是因为时任民国交通总长的堂兄张志潭为他谋取了津浦铁路局英文秘书的新工作。这样顺理成章地离开，既可以处理与二哥之间的不融洽，又脱离了兄嫂的严加管束。大人的事情，小张瑛自是无法理解，但她对新环境更多的是充满欢喜。虽然院子不大，但好在内有秋千，可以任梦想时时从高低的摇摆中放飞。不荡秋千时，可以在树下捉小虫子玩，看书，或者听大人讲《三国演义》。总之，这眼前所有的一切，在外人眼里都是那么精致而富贵。

张瑛很羡慕父亲的书房，就像阿里巴巴的神秘宝藏，里面似乎什么都有。也不时地会乘人不备溜进去，一本一本书地乱翻。读到喜欢的书时，还会向他卖弄其中的故事情节。知晓原委的张志沂知也不吱声，每次都会细心聆听，并不时帮她分析书中的事理。不论阳光灿灿，还是阴雨绵绵，父女间的这种天伦之乐，都无形中带给了张瑛与众不同的温暖记忆。只要提到读书，父亲的心情就会极好，即便有时看到书房里的散乱情景，也不会加以斥责，反而是别具情趣地收拾好。在宽松而又惬意的环境中，张瑛开始抱着一部部经典"大部头"如饥似渴地读起来，经常是陶醉其中不能自拔。万般皆下品，唯有读书高。看到这些，父亲总会在悄然观望后满足地离去。如果说，张瑛心中有着无所适从的寂寞，那她在父亲书房里的时光定然是快乐的。

生活，是这样多姿多彩，可张瑛也有痛苦的时候，那就是每天都要背书。黄逸梵对子女教育要求很严，只要有时间就会检查她读书识字的情况。"我记得每天早上女佣把我抱到母亲的床上去，是铜床，我趴在方格子青棉被上，跟着她不知所云地背唐诗。"母亲还好说，可私塾先生的戒尺挥舞起来就完全不同了。于是，院子里每天都能听见张瑛的诵读声，充满着未谙世事的稚气。对孩子们来说，背书无疑是件极为苦恼的事，以至除夕夜里都要用功。有一次就因为背书太晚，保姆为让她多睡一会儿，就没有按时叫起她迎接新年，结果等醒来时家里放炮、请神像等好玩的事情都已结束，当时就觉得自己如同遗弃的孩子一样。"我觉得一切的繁华却已经成了过去，我没有份了，躺在床上哭了又哭，不肯起来，最后被拉了起来；坐在小藤椅上，人家替我穿上新鞋的时候，还是哭——即便穿上新鞋也赶不上了。"

伤心总是难免的，但很快就会被其他的乐趣所代替，比如认字时可以得到奖励，可以跟着家人去串门。张瑛最喜欢的莫过于坐着人力车去堂伯父张人骏家，每次见到他都是闲躺在藤椅上，似乎等着人上前去问候。张人骏曾经位至清末两江总督，被人称为"二大爷"，败落后不再关心时局，常年生活在苦涩和酸楚中。只有每次见到张瑛时才会开心起来，不是问她又识了多少字，就是要拽她背诗词。在张瑛的记忆中，她年幼的世界里永远都是那些没完没了的背诵。背书她是愿意的，只是每每背到"商女不知亡国恨，隔江犹唱后庭花"这句时，二大爷总会情不自禁地流下眼泪，昏花的泪水让张瑛深深地感受到了文字的力量所在。直至成年，她才明白这位前清遗老对于往事和家族荣耀的无比眷念。也正是这些不经意的细节，让张瑛开始变得敏感、孤高、早熟，甚至有些不近人情。

家庭的原因，让张瑛身边接触最多的是女佣人，彼此的亲密程度甚至要超过父母，以至她在书中也写道："生活像从前的老女佣，叫她找一样东西，她总要慢条斯理从大抽屉里取出一个花格子小手巾包，去掉了别针，打开来轻轻掀着看了一遍，照旧包好，放还原处，她对这些东西是这样地亲切——她找不到，就谁都不要想找得到。"一定程度上来说，母亲可有可无，而父亲干脆可以没有。每每当她一个人发呆或者哭闹的时候，老用人张干就会故意逗她："你这个脾气只好住独家村！希望你将来嫁得远远的——弟弟也不要你回来。"有次吃饭时，张干有意无意间说到张瑛筷子抓得近，以后嫁人嫁得远。机敏的张瑛听后立即将手移到筷子上端，本以为张干无话再说，不料她又得意地说，抓远了自然要嫁得更远。木讷的张瑛常被气得说不出话，脸上一会儿青一会儿紫，不过，这样的生气通常起不到任何作用。在那个重男轻女的时代，大家都知道子静长大后才是宅子的主人，而女儿终究是要泼出去的水。虽然母亲随时提醒家人不要流露出重男轻女的思想，但下人们早已习惯了如何察言观色，既然能揣摩主人的心事，谁又会在乎小张瑛的内心感受呢？

于是，弟弟在家里是出尽风头，连跟随他的用人也开始变得气势凌人。张瑛怎么受得了这种无端的刺激，她不愿意表现出屡弱委顿，而是生出来"锐意图强，务必要胜过我弟弟"的念头，执意要摧毁那个所谓八面威风的子静。子静自小体弱多病，书没有姐姐读得多，画画水平也是相差甚远。他唯一的报复就是乘张瑛不注意时，用粗墨笔恶作剧地在她画作上胡乱涂几笔。两人为此自然会有一番争吵，有时也会憋着三五天不说话。

所有与弟弟之间发生的琐事，张瑛其实并不是十分明白，但很快就会烟消云散。无论如何，那段留在记忆里的美好时光更多充溢着无忧无虑。在《私语》中，张瑛用一行行的文字记录下了许多关于天真童年的趣事，以及只属于那个时代的特殊记忆，也让人从中看出了童年毫不做作的随心所欲，就如蓝天下飞升的风筝或温馨多彩的梦境。

其实，开心的还有张志沂。自从搬到天津生活后，一时间少了兄嫂的严加管束，他内心渐然变得不再那么压抑，以往枯燥透顶的生活也饶有趣味起来。说起张志沂这个人，他七岁时丧父，母亲李菊耦平时又管教其严，始终恪守着诗书传家的传统，未进学堂前就开始口授经书，入学后又没日没夜督促其学业。只要张志沂不按要求完成功课，就会遭到打骂体罚。可以说，张志沂身上始终投射着母亲的影子。只可惜十年寒窗还未换得一朝金榜题名，大清王朝就在傲慢、贪腐、停滞中坍塌了。塞上长城空自许，镜中衰鬓已先斑。科举制度很快废除后，一肚子的四书五经顿时派不上任何用场。张志沂想得明白，既然上不了朝堂报效家国，又无法换来鼎食豢养家庭，干脆就作为茶余饭后的无聊谈资吧！

这些年里，尽得清贵遗风的张志沂秉承着父辈的温情与才气，并把名士的风流发挥到淋漓尽致。在张瑛模糊的记忆中，父母是异常强烈地向往着外界的一切。只要他们出现在街道，就会吸引路人目光，就算没事闲情在家，也是谈天说地，其乐融融。父亲虽然守旧，却从不拒绝新鲜事物，喜欢吃进口的罐头，热衷于购买各式汽车，当然也会在百无聊赖时选择看翻译的小说，甚至还取了个"提摩太·C.张"的时髦名字。母亲心性善良，时髦优雅、讲究生活品位，身上时时闪现着华贵的罗曼蒂克气质。内在的魅力闪烁着像酒又像诗的高贵，在如水的温润和优雅中既能被人看到，也能为人所记住。尤其是她站在镜子前梳头时的精心细致，总会让张瑛年少的内心中漾出无法言说的美来。以至她对妈妈说："八岁我要梳爱司头，十岁我要穿高跟鞋，十六岁我可以吃粽子汤团，吃一切难以消化的东西。"这所有的向往，早已和母亲的耳濡目染无法切割，在潜移默化中进入张瑛以后的生活观念中，无论是举手投足，还是一颦一笑，都完美地显现着她更为看重吃穿这些所谓人生的享受。

炫耀什么，缺少什么；掩饰什么，自卑什么。人世间总是充满着太多的意外，每一个开始都是憧憬，每一个分离都有失落。也不知从什么时候开始，张瑛眼里原本的美好与和谐突然间都变得不复存在。

突然有一天，大厅里的悠扬琴声消失了，家人们都开始为姑姑张茂渊留学的事情忙碌起来。就在这个时候，母亲也不失时机地提出了陪读的请求。张瑛知道，生性贪玩的父亲自从结交了那些酒肉朋友后，再也没时间陪母亲出门了，成天痴迷于捧戏子、逛赌城、玩汽车，更可怕的是他疯狂贪恋起大烟，在吞云吐雾中窒息和绝望着家人的劝说。母亲无数次的干预始终不见任何效果，她不知如何释放这烦躁不安的情绪，便开始同父亲争吵。在无比压抑的生活环境下，他们甚至连吵架的兴趣也在逐渐减弱，在那种孤傲与浪荡、高远与颓废的强烈对比下，母亲只能是消极地抵抗着。只有姑姑似乎每天都心情舒畅，从不在意身边发生着什么，时刻都在陶醉地练着琴。母亲心情好时也会附和着唱几首歌，两个女人一唱一和，为冷清的客厅增添了一丝生活的趣味，但明显感觉到她的憔悴与疲惫。

院子里的花儿盛开着，外面却是兵荒马乱，这里恍若世外桃源的安逸生活，与时代的发展严重地脱节。

真正让母亲心无挂碍决心要走的事，其实是父亲瞒着家人在外面包养了姨太太。母亲不顾一切地提出远赴英国陪读的要求后，高兴的其实只有父亲，因为他终于可以放纵消遣人生了。这也给张瑛的心底留下了非常深的记忆："我母亲和我姑姑一同出洋去，上船的那天她伏在竹床上痛哭，绿衣绿裙上钉有抽搐发光的小片子。用人几次来催说已经到时候了，她像是没听见，他们不敢开口了，把我推上前去，叫我说：'婶婶，时候不早了。'（张瑛名义上算是过继给另一房的，所以称父母为叔叔婶婶。）她不理我，只是哭。她睡在那里，像船舱的玻璃上反映的海。绿色的小薄片，然而有海洋的无穷尽的颠簸悲恸。"

1924 年的秋天，黄逸梵最终以张茂渊监护人的名义，从了无生机的樊笼里为自己撕开一道口子。如果说痛哭是对于这个家的留恋，倒不如说是以这样的方式来庆贺梦想成真。也就是从那天起，母亲在哭声中真正意义上改名为黄逸梵。逸是行走，注定她一生无法停歇的漂泊；梵是清净、修行，但命运偏偏没有按照她的想法来设计人生，在属于她的蓝绿人生中。

母亲的离去，张瑛没有落一滴泪。但也就是在那一刻，她内心无比的爱慕和崇拜却变成了遥远的云烟。

这难道就是人生吗？

悲伤记忆

　　为什么所有的美好时光，都是那么地短暂？

　　对于新式生活的向往，让母亲最终离开了这个死气沉沉的家，就像努力挣脱了禁锢人心灵的牢笼一般。母亲走时，带走了她的失望，也带走了她的抗争，留下的却是与父亲无法化解的悲剧，留下的是终年无法散去的鸦片烟雾。

　　没有了母亲的家，张瑛和父亲的关系像是相依为命，更多时候，她都会在无聊中不经意地想起母亲。母亲平日里喜欢拍照，每次冲洗出来后总会一张张地点评。张瑛在照片里似乎永远都不会笑，呆头呆脑地好像想问题，又似乎用怀疑的眼光在看着眼前这一切。若是偶然被发现有一张微微笑容的，母亲就会手捧着照片激动很久，然后很快在上面涂各种漂亮的颜色。这时候，张瑛就乖乖依偎在母亲怀里，静静看着这些奇妙的变化。

　　桌上摆满了各种凌乱的颜料和其他工具，只有毛笔灵巧地穿梭于色彩和照片之间，一番随心所欲点染描画，红色的小嘴唇、蓝绿色的薄绸衣裳便跃然而出。倚罗香泽，淡然远岫，竟然是如此可爱迷人。这样的幸福感中包含着母亲对女儿深广的真情，不仅让张瑛感受到了母亲的爱，也满足了平常中相濡以沫的温馨。

母亲特别喜欢代表着生命状态的绿，连照片中的她也多映衬在丛绿之间，像极了美艳动人的花蕊。想母亲时，张瑛就偷偷翻出照片来看，一张一张地仔细端详，静静地体会弥留在指纹间的温柔，生怕漏掉了任何的细节。于是，那绿就幻化成了母亲远赴海外时的绿衣裙。渐行渐远的记忆中，这蕴含纯粹的绿似乎要彰显出意象下的无比苍凉，刺眼得让人只想落泪。以至多年以后，张爱玲出版的第一部作品封面上，也是毫不犹豫选择了这样的绿。

绿色，就这样与张瑛孤独相随。家里的生活突然平静下来，一如在等更好的重逢。更多时候，父亲除了没完没了地应酬，就待在书房里看书，根本没时间过问姐弟俩。张瑛和子静倒也是无拘无束，用童贞和无邪撑起了一片极富情趣的天地。

有天，张瑛带着弟弟在玩过家家的游戏。瘦弱的子静突然问道："姐，你说妈妈好看吗？"

张瑛没有吱声，她生来就不喜欢有人打扰她。

"妈妈好看吗？"

"咱们的妈妈肯定是最好看了。"

"真的吗？"

"烦不烦啊，你又不是没有见过。"姐姐突然被这无休止的提问给惹怒了，起身摆出了想发火的架势。

见到姐姐这种模样，胆小的子静只得赶紧闭上了嘴，从他无辜眼神中流露出的表情，还是希望能够一次次地听到"妈妈"这个字眼。其实，张瑛又何尝记得母亲的容貌呢？在她心里，母亲只是一段绮丽的风华往事，一抹淡淡的影子。

"妈妈不要我们了吗？"弟弟停顿片刻后又问道。

"不会，我们永远都是妈妈的乖孩子。"说到这里时，已经逐渐懂事的张瑛已泪流满面。

谁说没泪的人最无情，谁说坚强的人不会哭。那天和母亲离别的场景就像无法愈合的伤痛，只要想起就会隐隐酸楚。天空中纷纷扬扬下着雨，姐弟俩远望着母亲和小姑离去。母亲撑着油伞，提着行李。那不断模糊的绿色背影，和着来回翻滚的海水，渐渐让人无法分辨开来。依稀中，只见母亲站在人头攒动的船舷边不停地挥手告别。

流年过度恨时短，梦里烟雨歌惆怅。以后的日子，只要一想到这刺目的绿色，张瑛就觉着母亲走得并不坚定。母亲走后，父亲曾有过一段时间独坐在阳台前发呆。阳光斜斜地射过来，映照在他那张分外憔悴的脸上。是在想远去海外的妻子呢？还是感慨人事的沧桑？总之，张志沂早已习惯保持这样的姿势，尤其在经历了一系列的变故后，他的风雅惬意全然被埋葬在心灵的废墟之中，谁也不知道他内心的急切期盼是什么。

院子里的快乐已荡然无存，那个要承载着家庭兴盛的梦想也似乎没落了。在孩子面前，张志沂似乎永远都是那么矮小，就像盘根错节的树根，在深秋的黯淡中刻骨铭心着忏悔和失落。

"爸爸，爸爸。"

张志沂没有答应，两眼只是死死地盯着远处看，同母亲的婉约美丽相比，那死鱼眼睛的无助，更像是充满着沉沉暮气残阳，让人更多地想到死亡。

"爸爸，妈妈什么时间回来？"

张志沂的身体才微微动了动，又过了好长时间才转过身来。

"有事吗？"

这样一问，姐弟俩反倒忘记了要问什么，便顺口问爸爸在看什么？

关键是张志沂也不知道自己在看什么，或者说他压根什么也没看。

"是不是想妈妈了？"说罢，他突发怜爱地用手抚摸着孩子们的头。

接下来，又是长久的沉默。

一段时间之后，父亲总算从沉寂中恢复过来，做事情也不再是以前的偷偷摸摸，而是变得肆无忌惮起来。常常夜不归宿不说，还将养在外面的姨太太也接进了大院。姨太太叫"老八"，住在一条不知名的小胡同中。张瑛之前见过她几面，每次见到，老八都是矫情地倚在家门前，手里拈着手绢在等待着父亲到来。说不清楚为什么，她对这个浑身珠光宝气的女人打心眼儿里反感，这时内心中总涌起一阵莫名的幻灭感。有好几次走到了门口，都是死死抓住门框拒绝进去，任凭父亲如何使劲地拽，她只是发了疯似的乱蹬乱踢，后来干脆躺在地上大哭大闹。现在这位姨太太满脸笑容走来了，让张瑛重新又感到了困惑，就像有一根绳索套在了脖子上。大院里就这样又热闹起来，每天都人来人往，处处莺歌燕舞。阳光也跟着喧嚣而来，只是裹胁着另一种酸腐的味道，更意外的是，新来的姨太太居然会喜欢上张瑛，还不时地带她去外面的舞厅。灯红酒绿的光影中，各色人来回晃动着，张瑛看着看着就会头晕起来，最终迷迷糊糊地让用人背回了家。

姨太太旋风般扑面而来，结束的是一段时期的凄清冷漠。对于孩子们来说，单调的童年中又添了许多真实的记忆。

万爱千恩百苦，疼我孰知父母。无论如何，作为母亲的黄逸梵始终是牵挂着孩子们的，为了慰藉亲情上的缺失，她会不时地从海外邮些好看的衣服和玩具回来。与母亲相比，身为风尘女子的老八完全是一副市侩气息，她做事情完全视其心情而定。说不清楚是从哪天开始，老八突然变得暴戾起来，对下人不是打就是骂，吓得大家常常躲着她走。在张瑛眼时，她与父亲的咄咄逼人的争吵也开始了，激烈时还会从屋内折腾到院子里，根本就不在乎别人怎么看。所有这些琐碎和嘈杂，一次次地改变着张瑛对家的看法。

吵架时，这位平日里娇艳的姨太太完全是另一种气急败坏的模样，不但会破口大骂难听的话语，而且还乱扔乱砸屋里的陈设，似乎要从大施淫威中获得快感。她这样胡作非为，父亲也不去指责，纵然你是手握钢刀咬碎银牙，我依然抽着大烟吞云吐雾。张瑛却不乐意，这屋里的所有摆设都是母亲精心布置的，怎么能说摔就摔了呢？只是父亲不吱声，她也只好把不满埋在心里。父亲的沉默并有没有换来老八的收敛，有次吵架，她直接拎起手边的痰盂，劈头盖脸地朝着人扔了过去，结果却准确无误地砸在张志沂头上。父亲的高大形象顿时被砸得体无完肤，那情形就像落水的老狗一样羞愧难当。

两个人的战争就这样爆发了。

本来平静的大院，顿时给人感觉就像是一座倾颓的舞台。两个人无休止地表演着，时不时地换来旁观者的叫好。这样的生活，断然不是张志沂追求的。虽然是败落的官宦子弟，但他内心始终向往"诗酒随和"的幸福，在乎的是独立门户的风光潇洒，但恰恰这一切都没有按照他的想法施行。现在除了无聊的争吵，就是和朋友一样花天酒地。而所有的新鲜云雾般散去之后，那些舞场、赌场以及鸦片烟带来的缥缈只是徒增着人生的烦恼。有好多次，已是相当疲惫慵倦的浪荡子张志沂也会静下心来反思，当初为何不去阻挡黄逸梵的执意出国。

或许是实在无法看过眼，这样的"好戏"最终还是在大家的口口相传中成了言说的话题。不管怎么说，挥霍家业的父亲已是许久没有去上过班，吸食鸦片、吃喝嫖赌的事又让他在单位声名狼藉。张志沂失去了秘书工作，甚至还波及了张志潭的交通部部长一职。随着张志潭的职务被罢免，失去靠山的张志沂开始把所有不快全发泄在老八身上，并在一怒之下赶走了她。"我坐在楼上的窗台上，看见大门里缓缓出来两辆塌车，车上都是她带走的银器。仆人们都说：'这下好了。'"

"窝里斗"的闹剧就这样不可思议地结束了，坍塌的舞台上再也没有了笙歌舞影。在张瑛早慧的世界里，这一件件不可思议的事，都积累成了她日后写作的素材。家道的不幸，让她在经受的同时也逐渐学会了面对和沉默。年龄尚小，两人不在乎家里到底发生了什么，也不去感知这个家庭将要发生什么，只是有滋有味地陶醉在孩童的世界里。只是在夜深人静的时候，那种因家庭变故带来的阴影，会浓缩成各种恐怖隐藏在夜色里，成为人生中无法磨灭的伤害！现在来看，排解张瑛孤僻、敏感的最好办法，就是用文字表达内心。从那时开始，她在识字不全的情况下，有了自己真正意义上的写作，那就是出人意料地完成了一部关于人性的小说——《理想中的理想村》。没有多久，她又兴致勃勃地写起历史小说，不过这次只坚持到第六个章回就放弃了。戛然而止的创作，完全可以视为她心灵上的情感表达。也正是这种不成功的尝试，才让她终生与文学结缘。

张志沂失去了工作，天津这个家再待下去也就没有了意义。何去何从？思虑之后似乎也只能回上海了。迫不得已的人生歧路，深深刺激着这个俊逸男人，如若不是被一系列杂乱的私生活拖累，他此刻应该正在享受着风平浪静的安稳。可是人生就是这样，一系列的打击接踵而至，让三十才出头的张志沂已感觉无法招架。

太过彷徨的岁月，真的让人无法知道何处才是终结。张志沂并非对生活没有要求，他也曾为自己的生活设想过各种不同的面貌，但现在这种猥琐的模样，无疑是放纵太久后的醉生梦死，不要说最爱的人找寻不到寄托，就是懦弱的自己也从内心生出了绝望。于是，一个无人的夜晚他思前想后，还是对孤独的碎影注射了过量的吗啡。

一个家庭从辉煌到衰落，自然会让人生出种种疑惑。但逃避又能挽回些什么呢？自杀带来的也不过是失落与绝望。好在家人发现得及时，等到张志沂从死亡线上重新回来时，才发现一蹶不振的人生恍如噩梦。剧烈的思想斗争后，他痛改前非并真诚修书黄逸梵，盼望她能早日回来。

黄逸梵一到国外，便对充满着新鲜、自由的国外生活产生了浓厚兴趣，她爱好广泛地迷恋上了油画创作、跳舞、开车兜风、游泳、社交，这些闪现着时髦情趣的高层次享受，俨然已让她脱胎换骨成为那个时代的新人类，也让她很快忘记了内心的不幸。不敢想象的是，成日鲜衣华屦，出入上流社会的黄逸梵不仅能同上层贵族、知识精英谈笑风生，甚至敢以三寸金莲的无比惊险在阿尔卑斯山上滑雪，那谈笑自若的神情，真的让人无法想象内心该有多坚强，她努力学习着各种新鲜事物，很快就成了社交圈里最靓丽的一道风景。正如张爱玲在《对照记》中提到母亲："她踏着这双三寸金莲横跨两个时代。"面对这段让人陶醉的时光，黄逸梵忘我地适应着时代潮流，她何尝不明白上帝既然给了自己不俗的容貌，那就绝不会放过明星般的光彩。她与徐悲鸿和蒋碧薇是邻居，与沈宜甲、赵梅起、吴作人等人情若故知，也正是这种孤傲却又不乏热情的杀伤力，始终透着女性最为原始的欲望。只是夜深人静一个人独处时，繁华消失殆尽，对于儿女的思念就会放肆得如同决堤的洪水。人心都是肉长的，又怎么能够在期待煎熬中不去想呢？一声相思，无关距离，却可以沧海桑田；一种相知，不必刻意，却可以醉梦千年。既然已经错误地放弃了不该放弃的，还固执地坚持着不该坚持的，现在如果连牵挂都没有，是不是有些太绝情了呢？

在英伦的岁月，无疑充满着太多梦想和笑声。直到有一天，黄逸梵收到了一封国内来信，信的封面上是张志沂的熟悉笔迹。除了满纸的相思之情外，还夹带着一张他本人的照片，后面端正地写着一首诗：才听津门金甲鸣，又闻塞上鼓鼙声。书生自愧拥书城，两字平安报与卿。

张志沂的书信还是不经意惊醒了她的梦，灵魂有香气的女子黄逸梵顿时有了无比的自责。可以说，她完全是带着忐忑不安的心情来读这封信的，那一刻，她特别强烈地决定回国。

也不知道一路是如何辛苦和寂寞，当身着时装的黄逸梵和小姑出现在上海码头时，全家又重新沉浸在无比开心中，尤其是作为一家之长的张志沂，脸上也露出了难得的笑容。为了能以全新的形象面对黄逸梵，他不但专程去医院进行了强制戒毒，还刻意对外观进行了收拾。只有单纯的孩子们最没想法，过年一样围在母亲身边跑来跑去，让沉寂许久的家中有了生机。

时间如同流水一般，屈指算来已过去了四年。此时的张瑛已经八岁。

1928 年，失业的张志沂无奈地从天津又搬回上海。为了挽救婚姻和子女的教育，母亲也从遥远的海外辗转归来，一切就仿佛是刚醒的梦。一时间，父亲的烟榻、烟灯突然全没了踪影，屋里的摆设又恢复成以前的模样，就连以往陈旧的古董、银器等家什，也在悠然的情趣中泛出耀眼的光彩。生活每天都在发生着变化，家里新添置了钢琴、油画架、留声机等摆设，还不时会邀请朋友来家里参加舞会。轻音曼妙、华灯溢彩，于婀娜多姿中传递着高雅的生活理念；于轻松愉悦中饱含时尚的生活态度。在新思想的影响下，黄逸梵开始着手教张瑛学习钢琴、绘画，让她早早接触西方的教育理念。张瑛特别喜欢这些课程，尤其是画画中色彩和线条更是表现出其不凡的天资。那时的画多是身形优美的女子，长长的睫毛下是又大又圆的眼睛，像极了母亲。她每天都不倦地画着，用画表现着不断进步的审美。在给天津的小伙伴写信述说这些开心时，也是忍不住一连会写上二四页，有时还会附带有趣的漫画，连写带画着新家里的种种美好。情绪感染之下，她又自作主张把卧室墙壁涂成橙红，在上面画上了各种可爱的小人。在温暖而又亲切的色泽中，她开心地玩着、画着、唱着。"自己喜欢橙红色那种温暖而亲近的感觉，就连蓝椅配上旧的玫瑰红地毯，不搭调，也觉得分外好看。"张瑛太享受母亲在家的感觉，就如同眼前这颜色。心灵的共鸣，让她非常喜欢西式的教育和熏陶，也逐渐表现出其不凡的气度。

　　从记事以来，这大概才算是真正久违的快乐。很多年后，张瑛依然将这些细节记得清清楚楚。只是好日子并没有持续多久，因为子女教育的问题，黄逸梵和张志沂又发生了争执。最要命的是这个生性软弱的男人，竟然又重新躺在烟榻上开始吸起大烟来，以此来表达对于黄逸梵的教育理念的大不满。身处呛人的烟雾之中，对婚姻还抱有希望的黄逸梵彻底失望了。不过她坚持的事情从来不会放弃，最终还是顶着压力找了个机会，将女儿送到美国教会在上海创办的黄氏小学，直接插班在六年级就读。也就是从那时开始，张瑛正式步入学校，开始接受西式教育启蒙。据说在填写入学证明的时候，母亲为了让她的名字叫得响亮些，又起了英文名 Eileen。结果这样的无意之举，却让张爱玲这个名字在以后的岁月中，持续散发着不凡的魅力。

世相观察

　　1931年9月，张爱玲带着无比欣喜的心情，来到了圣玛利亚女校就读。

　　圣玛利亚女校始建于1881年，原名为圣玛利亚书院，坐落于风景优美的中山公园西南侧。透过一片郁郁葱葱的树木，远远地就能看见古希腊风格的建筑群。走进校园，无论是风格优美的教学楼，还是长满青藤的钟楼，从砖与砖的缝隙中都可以感受到浓烈而又厚重的西方文明的气息。那气势恢宏的图书馆、屋顶陡峭的古典式外廊、有着宗教色彩的礼堂、宽阔碧绿的大草坪，自如而又巧妙地镶嵌在一起，使整个布局恬淡而又严谨，无形中增加了景色的纵深，也给从未接触过学校的张爱玲带来了美好遐想。

　　作为当时上海滩最负盛名的两大美国基督教会学校之一，圣玛利亚女校以培养出许多当红影星、名媛淑女而名噪一时。能在这样幽雅的环境中接受教育，对张爱玲来说自然是难得。当时，这种学校主要招收上海市中上等家庭的子女，除学费不菲之外，在学制与课程设置上也是与众不同，它们严格按照美国教会的办学宗旨和教学内容，力主培养中西文化兼备的人才。日常的教学中，课程又被分为中文和英文两种，而且更突出了英文的讲授和运用。除必修课之外，又针对女生特点开设了社交、礼仪、缝纫、刺绣等训练课。

为激励学生，学校还规定成绩优异者，直接可以保送去英、美等欧美洲国家名牌大学就读。好多名门望族的孩子被送到了这里，接受全西方的教育模式，其中就有林语堂的夫人廖翠凤、上海市市长吴国祯的表妹俞秀莲、厦门巨富陈天思的女儿陈锦端等人。与身边这些新贵们相比，张爱玲的家庭已经沦落得不值一提了。

圣玛利亚女校素以教学严谨出名。在外人看来，这样的教学模式完全照搬西方教育模式，实际上却比国内学校的教育理念更纯粹和传统。从现在来看，这种教育既带有着家庭私塾的意味，让从小习惯背书的张爱玲格外熟悉；同时又充满着太多未知，不断吸引着她在探索中兴趣不减。也正是出于这样的原因，张爱玲的成绩总是名列前茅。

成绩始终这样优异，可张爱玲并没有想象中那么高兴。相反，她内心中涌现出来的孤独与敏感，却成了她这个年龄段里不该出现的反常。

无疑，反常是她对于人生的叹息，是豆蔻年华下的孤独落寞。就像是从山上望下去的万家灯火，就像这座城市里吹过的风，一个人的心情，只有自己懂得；一个人的难处，只有自己明白！

最是人间留不住，朱颜辞镜花辞树。如果说成长是一种痛，那么张爱玲独特的个性表现，不但让后来人慢慢领悟着时光对她的钟爱，还让人从漫长岁月中感受到了她惊艳的瞬间！张爱玲不喜欢遮掩缺陷，也不过分地炫耀长处，可以毫不夸张地说，文字中的生活态度、敏锐而又冷酷的笔触，从那时起就已成了陪伴她苍凉现世的精神享受。从后来出版的一系列作品中，也可以透彻准确地觉察到这种情况。"青春如流水一般地长逝之后，数十载风雨绵绵的灰色生活又将怎样度过？"

在那个衰颓的时代，张爱玲内心始终是空荡荡的。从小性格内向，又不喜欢运动，给人感觉身上总散发着沉沉暮气，那种出人意料的"痛感"下，是不修边幅的无比凌乱，就像个病恹恹、懒分分的人。现在突然要与这么多同学朝夕相处，自卑的她更多表现为不善言辞，常烦恼于如何交际。老师与同学们并不是完全懂得她的心事，好多时候都带着一副嘲讽与冷漠的面孔，但张爱玲并没有一个人躲在墙角哭泣，而是默下决心，要以崇拜已久的林语堂先生为榜样，争取在写作上有所出息。

平淡就是美、平淡就是真，但枯燥乏味的学校生活，却让我行我素惯了的张爱玲极不适应，那些条条框框的约束，让人感觉到连笑都是那么虚假，完全与阳光布满全身的和煦截然不同。学生宿舍前立有制式鞋柜，学生平时要将不穿的鞋子摆放其中。负责卫生的舍监异常严厉，一周内会不定时地检查上好几次，如果发现有人不按要求胡乱摆放，就会不留情面地将鞋扔在走廊中间以示惩罚。

如果不出意外，张爱玲每次都会"享受"到如此待遇。众所周知，她有一双磨得发白的旧皮鞋，平日里就已经是同学们的笑料，扔在过道上反响更大，不时还会有人恶作剧，把这双鞋子在楼道里踢来踢去。面对这些，尽善尽美的张爱玲总是不以为然，永远都表现出一副睡不清醒的模样。舍监讲多了，她也会懒洋洋地回应："我忘了，对不起。"意思就是我这状态你还能够怎样呢？周围是一群家世显赫的同学，而她这个穷学生只有装着满不在乎，才能够暂时去除心中的无比在意。

她似乎生来就充满着矛盾，尤其是不拘小节的生活习惯与学习成绩间的巨大反差，更是会在学校引起各种各样的话题。但这一双旧皮鞋反映出的，却是这个家庭的日益败落。

长期吸烟，张志沂的身体每况愈下。在这要命的节骨眼上，黄逸梵又决定再次弃家远赴海外。虽说此前为了爱玲和弟弟的成长，父母关系在形式上有所好转，可张志沂重新染上烟瘾后，失望之极的黄逸梵开始觉着这个家已不值得任何留恋，她一方面担心子女，一方面又折磨着自己，以性格上的不屈服来伤害着自己。或许已经预感到黄逸梵会不辞而别，张志沂开始找各种借口拒绝给她日常开销的费用，简单地想从经济上进行制约。其实，这个办法对普通女人适用，但对开过眼界的黄逸梵来说，这个不得已而为之的办法根本没有任何效果。随着张家开支增大和逐渐走向没落，此时连支付张爱玲的学费都成了问题，这样的制约便显得有些滑稽可笑。以往的荣耀和排场一去不返，那情形就像一艘进了水的船，时刻在行进中下沉着，不管是否愿意，反正属于张爱玲这个时代的所有美好都成了千疮百孔，唯有在心底疲惫地发一两声叹息。

好在是随性随心的张爱玲很愉快就学会了健忘，就像每次总会忘记收拾好鞋子一样。这样的健忘蛮有意思，很快就蔓延到了忘交每日的作业。老师问及原因，她依然是装着可怜的样子找遍各种理由。可是每次面对她考试取得全校拔尖的好成绩时，老师们更多的还是不解。老师没了主意，学生们却乘机起哄，终于乘机给她起了个"我忘了"的绰号。在学校，只要有人提及"怪人"张爱玲，总不失时机冒出句夸张而又戏谑的话来："哦，我忘了。"

面对众多的压力，张爱玲始终不以为然，她来到这世上，就仿佛只想做与众不同的另类。谁也不知道她心里在想什么，但她却始终渴望着父母能够尽快离婚。等到真的如愿以偿，看着大家想办法极力挽救时，她又没有了想象中的那种快感。生活竟然是如此想象不到的无聊，耐不住寂寞的父亲又很快结婚了。1934年，张家大院里又多了一位花枝招展的女人，她就是后妈孙用蕃。这位人称"七小姐"的孙用蕃，是民国北京政府国务总理孙宝琦的女儿，性格外向，交际广泛，和赵一狄、陆小曼等人亲为闺密，也算是当时的风云人物。一个是刚刚离婚，一个是大龄女未嫁，两人便不冷不热地住到一起，一切都是那么地顺其自然，更为难得的是两人都有着喷云吐雾的兴趣爱好。张爱玲觉着眼前发生的一切，更像小说中虚构的情节，甚至连每处的细节都设定好了。她说不出是什么样的感觉，既没有怨恨和不平，也没有任何不理解。不过她还是在纸上写下了这样的话："我父亲要结婚了……

如果那女人就在眼前，俯在铁栏杆上，我必定把她从阳台上推下去，一了百了。"

在张爱玲看来，单调乏味的家庭和学校生活是同样沉闷，某种程度上，与感时伤事的吟风弄月无任何区别。就在这时，担任国文老师的汪宏声给大家带来了些许开心。可别小看了汪宏声，他曾深刻地影响过张爱玲的写作态度，尤其是其担任了圣玛丽亚女校国文部主任后，为扩大学生的阅读面，他要求各班级必须订阅报刊，又组织部分教学骨干参与修订教学课程，还定期编辑出版校刊《国光》，鼓励教职员工动笔书写生活、见闻。在那个纷繁变化的时代，这样的改革着实让人耳目一新，可以说，既为强化学生的阅读写作提供了平台，也极大地拓展了学生的知识接触面。多年以后，那时常在《国光》杂志上发表文章的张爱玲，依然还能想起和蔼可亲的汪先生来。

又怎么可能会忘记呢？充满着真性情的汪先生，举手投足之间都流露着个人不凡的独特魅力，他的出现不仅仅是对于文学的关注，更多是引导或者激励张爱玲对文字充满热情。至今她还记得第一次布置的作文题目是《学艺叙》和《幕前人语》。所谓学艺，指学生学习各门艺术的经过；叙，则是用文字叙述、述说；幕前人语即对于一部电影的观后感。

在来这所学校就读前，张爱玲就已经在母亲的严厉要求下，日复一日地坚持着枯燥的练琴、画画。手指弹肿了，指尖磨出了老茧，打骂也挨了不少，可她从不认为这样的艺术熏陶有多高雅，最多只是增添了些生活的情调。现实生活中，看电影是张爱玲的最爱，每次只要有新片播映从不会落下，自然也会在观影后写下些触动心灵的文字。她很快就上交了习作《看云》，行文流畅、语言华丽的文字让汪老师大喜望外，甚至当着全班人对其高度评价："富于哲思、有着意境深远的诗意表达，甚至超过了我的水平。"为重点培养张爱玲，他还在课堂上声情并茂地朗诵了这篇文章，而当他将坐在最后一排的张爱玲叫起来认识时，却不禁大吃一惊。"一位瘦骨嶙峋的少女，不像绝大多数女生那样烫发，衣饰也并不入时。那时风行窄袖旗袍，而她穿的则是宽袖，走上讲台来的时候，表情颇为板滞。"

文字与人的强烈的反差，更坚定了汪老师的一片惜才之心。从此之后，张爱玲的作文便成了班上雷打不动的范文。《国光》校刊更是将其视为难得的文学苗子来培养，邀请她和老师一起编辑稿件，可能是心存不屑，也可能是不愿与人交流，结果每次都遭到了她的拒绝。于是，《国光》又改为特邀约稿，接二连三的热情也无法打动"天才少女"张爱玲的心。她沉默着，也执着着，不断用行动证明着对于写作的坚持，实在烦了时也会以报以"我忘了"的说辞来应付。

那些日子，得意与失落在张爱玲的世界反复交织着，就仿佛是散乱在阳光里的尘埃，月光下无影踪的寂寞，让她在光阴的沉浮中感受着世间万事。平淡的生活中也不乏有着关爱，除了汪老师之外，历史老师也对张爱玲的际遇心怀同情，还自掏腰包赠予了她八百块钱。面对着这厚厚的一沓钱，内心潮涌起的又何止是感激和喜悦呢？那一刻，张爱玲的心就像干裂的土地，被这股暖流缓缓地漫过，她终于还是忍住了奔涌欲出的泪水，用难得的笑容回报了这一份份的真爱。

张爱玲的写作天赋，其实早在汪宏声未入校前就已小有名气，在某种程度上，她完全将发表文字当作了人生中的最大的享受。圣玛利亚女校出版的《凤藻》校刊，先后刊载过她的数十篇习作。其中，发表在第十二期的处女作《不幸的她》，读起来更有着对简单美好岁月的诸多情绪。"在这壮丽的风景中，有一只小船慢慢地棹桨而来：船中坐着两个活泼的女孩子，她们才十岁光景，袒着胸，穿着紧紧的小游泳衣服，赤着四条粉腿，又常放在船沿上，让浪花来吻她们的脚。像这样大胆的举动，她俩一点儿也不怕，只紧紧地抱着，偎着，谈笑着，游戏着，她俩的眼珠中流露出生命的天真的诚挚的爱的光来。"

一个才十二岁的学生，虽然一时半会还无法摆脱内心中的那份自我，但从文字中表现出的如泣如诉、缠绵悱恻，却早已让人忍不住要夸赞其早慧所在。说到底，这些也与汪老师不吝赏识、大力荐举息息相关。从这层关系上讲，汪宏声无疑是她文学创作上的伯乐。张爱玲成名之后，汪老师还写了《记张爱玲》的文章，其中的浓浓爱意，更是反映出老师对于学生的器重和厚望，这也为以后深入地研究、了解张爱玲，提供了一份难得的资料。只是奇怪的是，张爱玲以后的文字中，却从未提及过老师汪宏声。

这时，张爱玲又在校刊上发表了小说《霸王别姬》。小说不落俗套，语词简约凝练，从华美的笔调中传达出了人物命运、人性内在，没有刀光剑影的激烈，也没有卿卿我我的缠绵，可从牺性的美感中流露出来的理性，深刻表现出她对虞姬的认可和尊重。这该是一种何样的美呢？当她用长刀毫不犹豫刺进自己胸膛时，清醒不失情趣的女性形象跃然纸上，让人看到的不仅是垓下决战的残酷，还有着读者无法索解的情愿与绝望。张爱玲对于传统文学手法的探索与表现，完全剔除了通常历史舞台上的悲剧殉情形象，让这些熟知的人物形象与此前大相径庭。可以说，绝大多数人都不相信小说会出自张爱玲纤弱之手，可汪宏声却对文章赞赏有加，并在课堂上与郭沫若先生的《楚霸王之死》一文进行了比较："爱玲君的《霸王别姬》用新的手法、新的意义，重述了我国历史上最有名的英雄美人故事，写来气魄雄豪，说的上是一篇'力作'。"任世间有百媚千红，我独爱你那一种。确实，当虞姬被张爱玲赋予了时代的独立性格时，少年老成的她已经朝这个独立、自主的方向努力了。

姑姑张茂渊极为疼爱张爱玲，也试图走进她的内心。所以，无论是谈人生理想，还是说起父母离婚的话题，都会顾及着那颗敏感而又脆弱的心。但恰恰让人无法理解的是，张爱玲特立独行的奇怪想法，始终闪烁着各种情感交织的复杂，尤其眼中那一抹让人无法不懂的光芒，不仅有混沌，还深藏着淡淡的忧郁。就如同很多人认为钢琴是曲高和寡的艺术，但她却只是想通过这优美悦耳的琴声，来配合母亲精致的生活情调。这种用成人眼光来看世界、看人生的特别感受，让张爱玲在中学时代就已经表现出了自己的追求、自己的个性，乃至处于萌芽状态的文学才华，而这些对她以后的影响也非常深远。

　　跨过千年的爱恋，交织着淡淡的离愁，在那个忧伤似海的家庭里，虽然还残留着母亲的气息，但透过斑驳的光与影，那片最美的风景正随着黄逸梵的再次离去而不复存在。对于张爱玲来说，无处诉说的凄凉，以及人生的悲欢离合，都成为深藏在内心的无比恐慌。至少在她当时的认知里是这样。

　　没有了母亲这棵大树的庇护，后妈孙用蕃便变得面目可憎起来，她似乎从不在乎张爱玲的感受，经常强迫其穿她淘汰下来的所谓时装。苦于无奈，在圣玛利亚女校的那片风景中，只有她时常"身穿穿不完的旧衣服，自卑而又可怜地从同学面前走过"。这无比的猥琐形象，无异于华安大楼举行的那场热闹婚礼，所有人都为此开心狂欢着，只有她一个人独自待在暗黑无人的角落，不知道该如何去面对当下。胸中无名的愤怒火一样随时都会燃烧起来。张爱玲在《童言无忌》中曾经写道："有一个时期在继母统治下生活着，拣她穿剩的衣服穿，永远也不能忘记一件黯红的薄棉袍，碎牛肉的颜色，穿不完地穿着，就像浑身都生了冻疮；冬天已经过去了，还留着冻疮的疤——是那样的憎恶与羞耻。"

　　此后，张爱玲与后妈成为冤家对头。随着各种纷至沓来的家庭矛盾，张爱玲内心徒增了无尽的怨恨。父亲依旧没事就抱着杆烟枪，颓废地躺在床上吞云吐雾，任烟雾缭绕着无聊的岁月。原本胆小的弟弟无人管教，虽然受尽了后母的百般折磨，但还是以其被奴役惯了的逆来顺受，开始了游手好闲的生活。所有这些变与不变，如同荒草般疯狂生长着，严重地影响着张爱玲的心智。这种情形下，她只能逃到姑姑家寻得暂时的安宁，但更多时候还是喜欢待在学校写作。其实，孙用蕃也想过处理好与爱玲姐弟之间的关系，但总归是办法不对，耐心不足，着实是无法喜欢对方。种种不快之后，生性冷漠的张爱玲只能以特别的眼光，来观瞻这个悲催的社会和人性，以至她从家里无法找到自己热爱的东西。命运不济，让她原本可以享受美好生活的年龄，却要面对人生的种种伤痛。就比如说，弟弟软弱善良，到最后，"为了一点小事，我父亲打了他一个嘴巴子。我大大地一震，把饭碗挡住了脸，眼泪往下直淌。我后母笑了起来道：'咦，你哭什么？又不是说你！你瞧，他没哭，你倒哭了？'我丢下饭碗冲到隔壁的浴室里去，关上门，无声地抽噎着。我立在镜子面前，看我自己掣动的脸，看着眼泪滔滔流下来，像电影里的特写，我咬着牙说：'我要报仇，有一天我要报仇。'"

在这样的情绪中生活，张爱玲突然发现家，其实就是囚禁人性的牢笼，她必须要离开这里，到一个有着自由的地方去。临近毕业时，她在年刊调查表一栏中不假思索地填下了："最恨——一个有天才的女子忽然结了婚。"不知是受父母离婚的影响，还是彻底看清了社会的种种怪现象，这行让人摸不着头脑的文字中，竟然从中流露出前所未有的凄凉。

终于毕业了，一心想要通过求学寻找自由的张爱玲，着于准备报考英国伦敦大学。当她心怀欣喜把这件事情说给父亲听时，却被张志沂武断地加以拒绝。平心而论，张志沂平日里喜欢女儿居多，只是他此刻内心的愤怒在于：母亲回国来，虽然我并没有觉得我态度有显著的改变，父亲却觉得了。对于他，这是不能忍受的，多年来跟着他，被养活，被教育，心却在那一边。

"你说什么？这些年我供你吃供你穿，又供你上学，你现在才刚毕业就想走了？告诉我，你是听了谁的挑唆了？"父亲怒不可遏，他从烟榻上跳了起来，把手中的烟枪重重地摔在地上，四散的玉斑飞得到处都是。

张爱玲知道，父亲嘴中的那个"谁"，其实指的就是母亲黄逸梵。可实际上想要出国留学是自己的目标，又怎么能无端强加到母亲身上呢？就连平时集所有后母之坏的孙用蕃，此时也是满脸横陈着不信任的鄙夷，她生怕事情不大，干脆煽风点火地说："你说你娘，既然离开了这个家还要操心这里的事，如果真舍不得你们那就回来啊！不过，她回来了也只配做个姨太太。"

这些都不曾是张爱玲脑海里出现的情景，却如此真实地发生了。张爱玲只能伤心欲绝地回到母亲身边，既是对自我的疗伤，又是对母亲的安慰。

大概两个星期后，张爱玲心想着父亲应该心平气和了，才忐忑不安地回家想继续争取权益，正在里屋搓麻将的孙用蕃听到脚声后走了出来，一看是张爱玲，便劈头盖脸对着她就是一巴掌。

"你这个要死的家伙，跑到哪里去疯了？你眼里到底还有没有我这个当妈的？"莫名其妙挨打后，张爱玲拔脚就要回自己的房间，但孙用蕃不依不饶，挣脱了用人的拉架还要打，直至看见张志沂远远走过来，她才装着委屈的样子罢手。

"瞧瞧你养的种，她竟然动手要打我！我不活了。"不明就里的张志沂，对着惶恐的张爱玲就是一顿暴打。

"我没打人，我没有打人。"张爱玲无力地争辩着，却始终无法从父亲的大手里挣脱，她的头发仿佛要被拽掉了一般。软弱的父亲把对于母亲的怒火，飞沙走石般都宣泄在女儿身上，张爱玲的喊叫声越大，他下手就越重，就连站在一旁看热闹的孙用蕃都有些于心不忍了。第一次受到这样的痛打，张爱玲连死的心都有了，不知道拳脚是何时停下来的，她晕头转向只顾着朝大门口跑去。这种求生的本能再次激怒了张志沂，干脆老鹰抓小鸡一样把她又抓了回来，直接将她禁闭在后院的黑屋子中。

人生这么无情，又何必给予笑脸？父女感情发展到这种地步，是谁也没有预料到的。从对立的仇恨中，张爱玲真切地感受到了真情的无力、冰冷，在绝望中她甚至想到了死亡。从此，这绝望的念头如同瘟疫波及她以后的人生，也让她对父亲的感情全然消逝。

黑屋子里真的好黑啊，暗无天日的黑让她从内心生出无比恐惧。从被推进去的那一刻，张爱玲十七岁的人生便彻底发生了改变。她无法忘记，也不能忘记，但人生在那一刻却是实实在在窒息了。也不知道待了多久，经过无数的哭闹、绝望之后，张爱玲开始渴望着自己能像基督山伯爵一样逃出去，选择自己需要的人生。

每个人都有自己的命运，张爱玲知道，要想过真正属于自己的生活，必须要有勇气从这里逃出去。就在这时，张爱玲又患上了痢疾。常言道：老怕伤风，少怕痢疾。反复的发热、腹痛，以及无休止的黏液脓血便，把这个心比天高的丫头折磨得死去活来。

父亲知道后，对此视而不见，只有老用人何干心里格外焦急，唯恐这个一手带大的孩子有个三长两短，便偷偷地找到孙用蕃，恳求她大人不计小人过，能够请医生为张爱玲治病。也许是被何干的描述吓坏了，孙用蕃这才善心大开请来了医生。

等张爱玲身体痊愈的时候，她已经被关在这间黑屋子里有半年时间了。正因为人活的时间有限，所以才没有必要浪费在其他人身上，张爱玲最终是听从着直觉和心灵的指示，勇敢地奔着自己需要的生活去了。在何干的帮助下，她从窗户上好不容易爬了出来，又趁着两班护院交接的空隙，一步一步趁黑摸到了生锈的铁门边，几乎是颤抖着手，费尽了全身的力气才打开了沉重的门，这时只觉得外面积蓄已久的风一下子吹进来，顿时吹活了全身的死亡与沉睡；外面的微光一下子照进来，照亮了封闭的情绪和内心。夜色中，这份感觉竟是如此之好。"我在街沿急急地走着，每一脚踏在地上都是响亮的吻。而且我在离家不远的地方和一个黄包车夫讲起价钱来了——我真高兴我还没忘了怎样还价。"

家庭的无端变故，让张爱玲深感"中学时代是不愉快的"。也就是从那夜开始，张爱玲中学时代的梦想结束了，除了自己喜欢的文字。而这个阶段里所有的幸与不幸，都在为她的文学创作提供了难得的自信。

漆黑的夜空中，难得见到几丝星光，她深深地吸了一口清新空气，内心感到无比的轻松，因为所有的一切都在迈出张家大院那刻结束了。

走吧，走吧，虽然心是哭泣的，但为了这一刻的到来，她在黑屋子里已努力了整整半年。

爱竟然是如此不堪一击。

父亲对张爱玲下毒手，母亲也时常冲着她咆哮。相较而言，母亲的淡漠遥远似乎还可以接受，反正已经孤独惯了，对于内心敏感的她来说，无非是从一处不幸到了另一处不幸罢了。或许是母亲对张爱玲的期望太高，要不就是烦人的生活让她变得神经质起来，她一边可怜着女儿，又在一边无情地打压着。最让张爱玲不可思议的是，母亲在这个当口又提出了读书还是嫁人的问题。若要嫁人，就用省下的学费来购买各种时髦服饰；若要读书，便不可能随心所欲地装扮自己。

张爱玲没有任何迟疑地选择了读书，她特别渴望拥有自由，渴望去见识外面的世界。

第二章

出名要趁早

书香读心

人生不过如此，恍若初醒的梦。

张爱玲的少女时代就在这样凄惶的逃跑中结束了，这个流着"贵族血液"的女子带着简单的行李，只身穿过熟悉而又繁华的大上海，即将开始她人生中的第一次远行。翻腾的海浪鼓噪着，不时地把冰凉彻骨的水花拼命地推上船舷，任雪白的泡沫飞溅开来，在天崩地裂的撞击中发出"哗哗"的吼声。

1939 年的秋天，英国伦敦大学远东区（包括日本、中国香港、菲律宾、马来西亚等）首次在上海进行招生考试，学霸张爱玲毫无悬念地以总分第一的成绩顺利通过考试。只是她还没有来得及享受这种喜悦，第二次世界大战便爆发了。

倾心却又无缘，便似乎成了张爱玲日后的人生写照。战争带来的不仅仅是无关个人的时局动荡，浓烟和纷乱很快湮没了张爱玲继续深造的梦想。英国自然是无法去了，而这所曾让她心向往之的英国公立联邦制大学，也便成为无比遥远的梦想。

十八岁的张爱玲再次体会到了人生的艰辛。正处于无比纠结和困惑之际，她又意外接到了可以持单改入香港大学就读的消息，想着战乱一时半会还无法结束，为不耽误学业，她只好退而求其次来到了香港大学文学院学习中文及英文。

沿着蜿蜒的石阶向上，逐渐就看清了茂盛苍翠下包藏着的楼房，爱德华式的风格建筑清新淡雅，层层叠叠地构成了位于半山上的香港大学。挑高的门厅雍容华贵，圆形的拱角精致平实，富于人情的简约结构、和谐自然的视觉效果，无形中隔绝了浓烈的阳光和炙人的热气。

香港大学成立于1911年，作为香港真正意义上的第一所大学，与圣玛利亚女校相比，这所大学施行英联邦教育体系，在教学上采用了全英文的授课方式，尤其是它的开放与包容，更是吸引着无数的莘莘学子。

如果说所有的陌生，都是从未谋面的故乡，那么在内心最深处，孑然一身的张爱玲感到了自怜自卑。纵然烟花在美丽地绽放，只喜欢简单线条和黑白纯色的她已完全不去在乎去哪里，也不在乎做什么了。唯有的兴趣便是沉浸于浓厚的英语氛围之中，不断提高着她学习英语的兴趣和效率，进一步了解着世界各国的文化与历史。独特而又丰富的中西文化交融环境，悄无声息地奠定了她文学创作的基础。

淳厚的文化气息引发着无尽思绪，精密的布局让人感到倾心，在这洋溢着新鲜韵味的环境中，张爱玲并没有迷恋、动心于一步一景的校园景致，却始终抑郁着内心的情绪。她更希望自己还是个孩子，不必去面对太多的人生坎坷。破碎的心、痛苦的泪，无法抵挡的寂寞和孤单，都代表着她当时最为真实的心境。

那时的香港已逐渐呈现出了繁荣旺盛的景象。灯火璀璨的摩天大楼，奢华疯狂的娱乐消遣，不时吸引着成千上万的人去淘金。可这些在张爱玲看来，一如港大单调平凡的生活，根本就无法与大上海相提并论。她唯一能够做的就是用功学习，孤高地活在自己的世界中。那情形就像是一台可怕的学习机器，从不参加任何活动。当同学们展现美丽的衣服时，她在教室里用功；当同学们谈笑着外界的风华时，她仍然在刻苦读书。正像砂川诚所说的一样：所谓用功学习，其实就是获得了让人生不走歪路的知识。只是不知道张爱玲是如何想的，但功夫终不负有心人，她的每门功课都名列前茅。在众人惊讶的目光下，她并不满足这些所谓的成绩，大二时又获得了两个文科的奖学金。当种种生活磨砺为波澜不惊的无形时，那种淡入心境的平静，便诠释出一种难得的平和。虽然也有人好奇，这个在中学时代就已在文学之路上崭露头角的张爱玲，为何此时在港大中却不屑动笔创作了？

当然，对每个关心张爱玲的人来说，又是无法还原的难解之谜了。

张爱玲每天都遵循着图书馆、教室、宿舍三点一线的生活，当她已经渐然习惯的时候，日本突然偷袭美国珍珠港基地，太平洋战争爆发了。1941 年 12 月 8 日凌晨 3 时，由日军酒井隆中将率领的第二十三军登陆马来半岛，随后在猛烈的炮火掩护下，突破了国境线上的铁桥，朝着"醉酒湾防线"奔袭。与此同时，海、空军分别出动舰艇和轰炸机，密集轰炸启德机场、油库等重点目标，整个香港弥漫在滚滚黑烟和冲天大火之中。

从那夜开始，纸醉金迷的繁华不复存在了，替而代之的是划着火光的炮弹。在关系生与死的战争面前，到处都是惊惶失措的叫喊、奔跑，许多人从睡梦中醒来，又在奔跑中倒在了街巷，很快就有人踩了过去，地上满是横七竖八重叠着的尸体。火光时不时地从码头、房屋中蹿出来，狰狞的火舌很快就蔓延开来，甚至连远处的水面上也燃起了火，似乎要把之前的寂静吵醒一样。飞机夜以继日地狂轰滥炸着，机枪突然也在火光遮天中疯狂地扫射开来，残忍地朝着进攻的人群射去，所有的一切都要被粉碎开来，甚至连房屋也开始坍塌，发出沉闷的撞击声。最初的一刹那间是可怕的，渺小如蝼蚁的张爱玲也追随着人群乱窜，就像没头没脑的鱼始终活得不是很清楚。有时候也想，如果没有这让人心惊胆战的枪声，她的生活会不会又是另一种形式的绽放呢？想当初，为了能读书而不惜断绝父女关系逃出重重宅门，现在却又要因为这场战争破灭了继续深造的梦想。这所有的一切都似乎与求学相关，虽然内心有千万个不爽，却没有了任何抱怨的气力。

"自经丧乱少睡眠，长夜沾湿何由彻。"乱世之中，张爱玲又怎能按自己的想法走下去呢？没过多久，港大被征用成为临时医院，没有书读的张爱玲无奈之下，只能重新谋划人生的出路。

所有人都处于灾难的无法预测中惶惶不可终日，但又不得不去学会面对。种种所经历的不堪，也让张爱玲看清了世态炎凉，她在《烬余录》中这样写道："我们对于战争所抱的态度，可以打个譬喻，是像一个人坐在硬板凳上打瞌睡，虽然不舒服，而且没完没了地抱怨着，到底还是睡着了。"面对沉浮不定的命运，学校开始停课，学生们只能四处躲藏，只有热衷于社交的女大学生们最为开心，她们完全把停课当作了成长中难得的乐趣，就像在庆祝久违的节日，每天里都频繁地更换着不同的华丽服饰，出入各种声色犬马的场合。而张爱玲就没有如此惬意了，不仅仅是因为她已经习惯了学校的生活，更重要的是根本不屑用浮华的外在表现自己。在无法回家的情况下，她只能报名去参加守城以解决临时的吃住，一身格外臃肿的棉袍，在荒乱中随着人流不停地奔走着，让人实在无法想象她此时的模样。这种时刻躲避的"身世之惑"，也让所有不相干的事全部杂陈在一起，虽说不是大起大落，但也没有大悲大喜，从战火纷飞的场景中看清了人生的真实。只是这一时半会儿张爱玲无法懂得，什么是混乱中的欢乐，什么又是琐屑下的悲观。

面对无休止的硝烟战火，这座城市每天都在上演着生死离别，而所有与个人相关的一切都显得那么微不足道。凄凄去亲爱，冷冷入烟雾。世事莫测让清心寡欲的张爱玲心中倍生出诸多冷漠，让她那颗不安的心始终无法平静下来。一个人的时候也会想，如果没有这场意外的战争，她也不会从慌乱的逃窜中发现各色不同的面目。比如说，炸弹呼啸着掉进了学生宿舍，正当舍监慌乱地催促大家进防空洞躲避时，却有不少同学将塞满服饰的大皮箱要一并拖走。生死一瞬间，任凭众人好言相劝仍是一意孤行。还有的同学更是天真得不可思议，上解剖课时竟然会幼稚地问老师，这些尸体要不要给穿上衣服？所有这些与衣服相关的话题，都在深深刺激着十分敏感的张爱玲，让她无端地生出许多恨来。这恨，只能徒生对于人生的倦意，让原本热情的生命变得更加虚无。

战争让张爱玲变得越发与众不同起来，那情形一如她在大学生活中的独特个性，并非她愿意以鹤立鸡群的方式来彰显自己的与众不同，实则是每个人对于人生的感悟大为不同。她真不愿意自己像动物那样无聊地苟活，成天里想着的只是如何消耗岁月。无情的战争也让张爱玲时刻担心着自己会死去，可她顾虑最多的竟然是死在陌生人当中会不会难受。相对于那群无比狂喜的人来说，她的担心是那么实际，谁又能笑出声来呢？

在港大旁边，英军修建了坚固的驻防要塞，只要日军的飞机来这里轰炸，高射机枪就会从掩体里喷出火焰狂射，子弹横飞着，弹片四散着，各种光芒融合在一起，只感觉周围的建筑在摇晃、下沉，似乎很快就会消失。枪炮让熟悉的风也变得阴森起来，残破的建筑仿佛被烧焦了，四面八方都在冒着滚滚烟尘，散发出无比恶臭的气味。长长的街道上再也看不到任何一辆电车，取而代之的却是一具具横七竖八的尸体、胡乱丢弃的战车辎重。一面战旗斜斜地插着，从千疮百孔的破碎中已经能够感受到这场战争的惨不忍睹。血不断地在流着，丝毫不理会这乱哄哄的声音，偶尔有炮弹带着光芒从头顶飞过，接着就有许许多多的弹片纷纷落下来，伴随着倒塌声、哀叫声……

密集的枪炮声包围着这群学生，让他们胡乱地挤在黑暗潮湿的防空洞中，紧张得话也不说，只有全身在不停地颤抖、颤抖，连往日那些花枝招展的女同学，这时也知趣地不再秀漂亮着装，胆怯地低着头。流水般的炸弹从天空中被抛下，就听见波浪汹涌中发出接连不断的高分贝的声音，不时地充斥着狭窄的空间，似乎要把这里的封闭刺破。疯狂的叫声过后，伴随而来的又是无比可怕的沉寂。这时候没有一个敢有丝毫的晃动，哪怕是身体再酸再累，也要高度紧张地保持着原有的姿势。最终还是有同学无法承受这恐怖带来的巨大压力，突然在沉闷的环境中放声大哭起来，哭声就像瘟疫一般散布开来，紧紧地揪着这些乱世中的人。

完全有理由理解这群学生的恐惧。其实，对于生活在这座城市里的任何一个人来说，惊悚都是必须面对的。原以为有过一次这样的经历，就会彻底改变许多人的生活态度，没想到的是可怕的大轰炸刚停止，这边就有人开始大谈吃喝，甚至谋划着如何挥霍人生，还有家长为正在上学的孩子登记了结婚，生怕耽误了享受人生快乐的时光。

一直在同学面前自诩"不称职"的张爱玲，那时担任着防空员，每每要等安顿好大家之后，才将从图书馆里顺手拿来的《醒世姻缘传》迫不及待地打开，自顾自地陶醉在书中，她既不会在乎别人怎么看，也不管外面的炸弹如何轰炸。正当大家都恐慌地为着生存四处躲藏之际，看书总是很容易投入的张爱玲却是"马上得其所哉，一连几天看得抬不起头来"。只要拿起书来，她立即就会忽略掉身边发生的所有事情，包括战争与死亡。

难道真是腹有诗书气自华，连死也不怕了吗？自然不是。眼下这等闲书，俨然就是落难中的桃花源，让张爱玲心无旁骛地观瞻着这个奇怪的社会，她又怎么能轻易地放过呢？

随着战事不断升级，冯平山图书馆楼顶上也架起了高射机枪，每日里突突突地喷着火焰。毫不在乎成群结队的日军轰炸机扑过来，然后把一枚枚炸弹无情地扔下来。有次炸弹落在防空洞边上，巨大的爆炸声似乎要把整个世界翻转过来，吓得张爱玲把手中的书都扔掉了。她只觉着单薄的身体要被炸裂开来，也顾不得许多了，顺手就将旁边的头盔胡乱抓过来遮在脸上。等她从黑暗中渐然睁开眼睛时，竟不敢相信自己还好端端地活着，无比欣喜之余，又拂去身上的泥土捡起书继续如痴如醉地读起来。就有同学好奇地问她为什么要遮脸，她分外认真地说，死了也不能没有颜面啊。如此回答透着单纯和难得的嬉笑，似乎与纷飞的战火没有丝毫的关系。有同学要拉她到洞外呼吸新鲜空气，她也是天真而又故作严肃地恳求，能不能先读完了这些书再说，搞得那位同学哭笑不得。

反正无事，读书定然是不错的选择，总归不能够辜负了生命。

《醒世姻缘传》读完后，张爱玲似乎清醒了一些，尤其是那闪现着早熟和独到的眼光，让她更加清楚了人性的劣根性。生存的城市正遭受着战争的创伤，眼前的一个个人却都在想办法躲藏，至于现实的千疮百孔始终无人去想。不去想，自然便没有人去理会。"能够不理会的，我们一概不理会。出生入死，沉浮于最富色彩的经验中，我们还是我们，一尘不染，维持着来日的生活典型。"

无情的轰炸，除了炸毁眼前的一切，也让人们感觉到自我的渺小和无助，谁也不知道这朝不保夕的背后，又该会是怎样的绝望透顶。张爱玲自知无力改变，只能抓紧时间来读书，躲在人群拥挤的小角落中，她又埋头读起了《官场现形记》。无法想象的是，患有高度近视的张爱玲，在光线严重不足的条件下该是多么认真。好多同学都费解她的举动，战乱尚且如此，明日生死都不得知，难道多读书就能抵过炸弹吗？倘若真要被炸死了，这些书不就白读了？但习惯了读书的张爱玲依然我行我素，用冷眼旁观着现世的一切。

冰雪总归要融成水，乌云终将要化为雨。被持续围攻了十八天之后，香港城里的枪炮声总算是平息了下来。伴随着大轰炸的结束，所有的惊恐都在霎时烟消云散。恍若一个世纪的漫长的期待，等来的却是这座城市的沦陷。

1941年12月25日圣诞节这天，尖沙咀半岛酒店一改战时的萧条和沉寂，迎来了许多前来围观的人，港督杨慕琦无奈地签下投降书，这也预示着英属香港守军向日军宣布投降。从此，香港进入了历史上最为黑暗的时刻。战争自然是残酷的，在这个阴森可怕的城市里，许多人都成了无家可归的难民，日本兵不但能任意枪杀奸淫，而且还可以疯狂掠夺物资。最为可怕的是，日本人还强迫市民们将手中的外币、黄金、珠宝等有价证券全部兑换成军票，然后又通过废除军票来压榨港人。没有了货币，没有了粮食，很快就导致了严重的饥荒发生，经常可以见到有人饿死在街头。更失尊严的是，港人经过日军的岗哨时，必须要行九十度的鞠躬礼，否则当即就会遭到惨无人性的毒打。无人去质疑这些，也无人去反省，大家都顺从地适应着，虽然也有人会在私下发泄，更多的却是在近乎神经质的狂欢中，将活下来当作自己获得新生的庆贺。

商场里又重新人山人海，娱乐场所也开始充斥纸醉金迷，闪烁的霓虹灯下，兴奋与狂欢变本加厉，也让张爱玲越发不习惯起来。她发现，经过死亡的胁迫后，人们并没有真正意义上去思考人生，相反比以往还要沉迷于享乐，似乎过了今夜一切都将不复存在。再回头去看那十八天的残酷，"谁都有那种清晨四点钟的难挨的感觉——寒噤的黎明，什么都是模糊、瑟缩、靠不住。回不了家，等回去了也许家已经不存在了。房子可以毁掉，钱转眼可以成废纸，人可以死，自己更是朝不保夕。"

战争过后再放眼四处，所有的虚无和空白只是让人明白了生命的短暂与脆弱，但生命的真正意义却根本无人去思虑，几乎所有的人都在疯狂地填补着这些空白，比如张爱玲身边掀起的结婚热潮。

所有的悲欢离合，又被岁月这双大手逐渐抚平，慢慢恢复到之前的从容不迫。既然看不清时局的发展，也就不会无端去"浪费"生命。面对这视若儿戏的婚姻，好多人还是迫于现世屈服了，在生活和人生乐趣中两情相悦着。这些儿女私情，张爱玲不是不懂，只是她内心有着太多种浪漫的方式，该怎么去爱？爱谁？

香港沦陷后，张爱玲彻底无法心安理得地读书了，她和同学又被安排到大学堂临时医院做看护。说是看护，其实也就是平日里跑腿递东西，没事时帮忙照顾伤病员罢了。对张爱玲来说，这份工作没有丝毫的热情，若不是无处可去，才不会一次次地目睹着伤病员在半夜里痛苦死去。说是看护，每天至少要坚持值十个多小时的夜班，好在事情并不是很多，张爱玲很快就适应了这样的节奏。

医院环境十分压抑，患者的心情也是烦躁不安。从这些患者的身份来看，大多是身处社会底层的苦力，或是想发国难财的打劫者。每天都会有各种凄厉的喊叫，每天都能见到各种无助的张望，这让张爱玲蓦然发现身处的现实竟是如此伤痛欲绝，孤独的她无法选择逃避，只能硬着头皮来应对，但坏心情却在无尽的失望里不断蔓延。她无法摆脱这绝望的影子，因为孤立无援时连眼泪都变得丝毫无用，除了与自己对话外，她只能在脏乱的氛围中拼命修筑着属于自己的世界。

人生不止，寂寞不已。孤独让张爱玲始终觉着自己在浪费生命，不过这个所谓的小空间也确实神奇，竟然听不到病人的呻吟，终于可以心平气和地安心读书了。常说浮生若梦，若真是如此，张爱玲也只有这时才不会无休止地烦乱下去。

有次轮到张爱玲夜间值班，有位患者突然在夜半时分醒过来，抱着身体在病床上打滚叫喊，张爱玲一时也找不到医生，反复安慰后又起不到任何作用，只能眼睁睁地看着他一点点地被痛苦撕裂开来。无助和绝望，让他只能把手不断地伸向站在床前的张爱玲。可偏偏张爱玲又从内心感到了莫名厌恶，干脆转过身走到一边读起书来，直到周围的病人都听不下去时，她才从指责中不舍地放下书走过来。

"护士，我想要喝水。"脊骨已全部腐烂的患者可怜地趴在病床上，舌头不停地舔着干裂的嘴唇，有血丝从旁边渗了出来。他几乎是用祈求的眼光在看着她，张爱玲却轻声地回应道："没有了。"便又要重新去坐下读书，寂静中只听到患者无助的叹息。或许是疼痛又加剧了，那位患者消停了一会儿又大声喊起来，只是声音明显比之前减弱多了。张爱玲这次也铁了心，不论其他人怎么说，她都不想再听到了，只是低头读着书，仿佛心中根本没有过任何良知与爱心。书恍若一堵厚实的墙壁，立即让她与身外的一切分割开来，一面是书中岁月，另一面是人性沉沦。由心而起的冰冷，完全是对这个世界的热情在变冷变淡。

张爱玲把她从这个世界学来的冷漠，现在又重新还给了这个世界。不仅仅是她这模样，医院里的护员们几乎也都是一副不理不睬的态度。可等到大家私下里议论起工作中的习以为常时，却经常有人以此来炫耀，这些似乎不能说明什么，因为整个香港岛都处在沉寂与亢奋的临界点上，在人性的压抑和摧残下，谁又会去关心国家、民族的沦难，谁又会在乎个体生命的死活呢？

这种可怕的冷漠，也在无形中蔓延到张爱玲的全部人生中，就连曾经深爱她的丈夫对此也是深有感触："她从来不悲天悯人，不同情谁，慈悲布施她全无，她的世界是没有夸张，亦没有委屈的。她非常自私，临事心狠手辣，她的自私是一个人在佳节良辰上了大场面，自己的存在分外分明。"张爱玲给人的感觉似乎是缺乏同情心，实际上她只是厌恶着世间所有的丑恶，也包括这多难多灾的社会。"生命应当是华美的，是尽情的享受，不该有这样的惨厉。"但偏偏这样无比变态的压抑生活，让张爱玲将自己与周围不断地进行着切割，朝着内心所谓的完美努力。这种全然不愿与人接触的完美，其实是冷漠下的无比自私，少却了正常人应有的同情之心。

那位要水喝的患者最终死了，直到死之前他都没有喝到一滴水，他脸上始终流露着人生不满足的缺憾。"这人死的那天，我们大家都欢欣鼓舞。是天快亮的时候，我们将他的后事交给了有经验的职业看护，自己缩到厨房里去。我的同伴用椰子油烘了一炉小面包，味道颇像中国酒酿饼。鸡在叫，又是一个冻白的早晨。我们这些自私的人若无其事地活下去了。"

"几千里路，两年，新的事，新的人。战时香港所见所闻，唯其因为它对于我有切身的、剧烈的影响，当时我是无从说起的。"浮华之下，是对生命的怜惜与关爱；时代荒乱，是对人生的磨难与哀伤。在张爱玲看来，不管如何，只要有书读便是好的，至于其他则与己无关了。

许多年后，有位叫清水秋香的网友曾写过《秦时明月》的诗，似乎与那个混乱不安定的时代有关。

白衣拂却身后尘埃千里，
江山倥偬几曾称人意？
触目惊心涂炭生灵。
明日聆听谁的哭泣？

萧萧易水般决绝的别离。

珍重道别后再会无期。

多少英豪埋骨于地，

为有朝一日夜尽天明。

……

　　一场战争，就这样不经意地改变了人的命运，也让人们丧失了对于生活的热情。等日军完全攻占了香港后，他们又开始着手改变香港这座城市，要把其打造成为"大东亚的中心"。随着《人口流散计划》等系列法令的颁布，没想到香港大学也停止了招生，在这样的环境下，张爱玲只能随着被遣返的人流踏上拥挤不堪的轮渡，无可奈何回到别了近三年的上海。回首香港的种种经历，感觉就是一场不可思议的梦，那情形就如同白纸上泼洒的墨汁，在懵懂而又无序中逐渐定格了。

　　海水的翻滚中船徐徐开动，望着渐然远去的香港，之前的不屑又浮现在张爱玲的脑海之中。此时此刻，真的有种说不清楚的情愫在牵系着她，不知道命运是否喜欢同张爱玲作对，让她屡屡设计好的人生规划，总是在最关键时幻化为泡影，或许这就是人生的宿命吧？回忆中，张爱玲想起这段生命历程时也意味深长："在香港读书的时候，我真的发奋用功了，连得了两个奖学金，毕业之后还有希望被送到英国去。我能够揣摩每一个教授的心理，所以每一样功课总是考第一。有一个先生说他教了十几年的书，没给过他给我的分数。然后战争来了，学校的文件记录统统烧掉，一点痕迹都没留下来，那一类的努力，即使有成就，也是定要被打翻的吧？"

世事无常的惆怅中，张爱玲的伤口尚未愈合，又感受到了无尽的失落。

路在何方

　　两年多的时光一路走来，张爱玲始终找寻不到任何开心的理由，当汽笛缓缓消失在码头，她知道她真的已经和这个曾经无法喜欢的香港分开了。萧瑟流光，往事如烟，张爱玲内心的苍凉又怎是沮丧可以形容？

　　"夜上海、夜上海，你是一个不夜城。"当十里洋场的繁华和风流又再次出现在眼前时，黑白光影的时尚更像是一幅流淌着香艳的画面。歌舞魅影中的千娇百媚，婀娜多姿中的镂金错彩，风姿绰约中的雍容雅致，所有的华美奢侈，能让张爱玲回忆起的是上海的熟悉与亲切，但无法忘记的却是战乱时期的颠沛流离。或许是经历了那十八天的凄凉孤独，那骨子里天生的绝代风华与万千才情，使她在高贵和幽雅中始终闪烁着一抹无法言说的色彩。

　　1941 年，张爱玲中断了港大的学业后，被迫回到了熟悉的上海，由于和父亲众所周知的矛盾，她只能借住在姑姑家里。张茂渊早年出国修学，回国后居住在静安寺附近的爱丁顿公寓。她贞静平和，娴雅大方，给人感觉属于那种内外兼修的女子，由于学贯中西、才情过人，从她眉宇间常常会显现出冰山美女人的孤傲率性来。

本来还担心着香港混乱的局势，没想到张爱玲突然就出现在眼前，这让处在忧虑中的张茂渊又惊又喜，甚至顾不上嘘寒问暖，只是紧紧抓住她的手生怕她再次离去。张茂渊自小疼爱张爱玲，尤其是哥嫂离婚后，她更是操心着张爱玲的生活、学习，在某种程度上更胜过她的母亲。张爱玲就读香港大学后，她又想尽办法找到好友，委托在香港安利洋行工作的李开第作为其监护人。头发时刻梳得整齐的李开第尽心尽力照顾着张爱玲，好多时候只要见到了李开第，她就会想起可口的萝卜饼、甜面包、三角饼来，也会想起冰冷高清的姑姑来。"她对我们张家的人没有多少好感——对我比较好些，但也是我自动黏附上来，拿我无可奈何的缘故。"

人活着到底是为了什么？张爱玲始终没有搞清楚，但她渐渐明白没有一个人的人生是一帆风顺的。待姑姑收拾好房间后，张爱玲一个人躺在松软的床铺上，望着窗外闪烁着的阳光时，情绪才慢慢地发生了变化。"公寓是最理想的逃世地方"，她很快就喜欢上这套装饰精美的公寓，并对这里散溢出的温暖气氛表现出前所未有的满足，丝毫不掩饰自己的喜悦之情。淡然的墙壁上映着清香的花束，雕花的家具透着高贵端庄；华美而不落俗的灯具，静静地在墙角散发出奶黄色的光；舒适而又透着情调的沙发，与近处客厅的壁炉相映成趣。一个人的时候，可以懒散地躺在沙发上，听着留声机里灌制的西洋风情，用心感受着这紧凑而又不失情调的浪漫。阳光好时，还可以一身睡衣站在阳台上，一览整座城市的格调。"晚烟里，上海的边缘微微起伏，虽没有山也像是层恋叠嶂。我想到许多人的命运，连我在内的，有一种郁郁苍苍的身世之感。"

沧海横流，而家永远都是深藏在内心中的港湾，数说不尽的温馨中，让她也想到了时时在追寻着的幸福。感动有时候来得真是莫名其妙，尤其是经历过香港围城的紧张遭遇后，此时的张爱玲只想让自己躲起来，蜗牛一样遁世在小小的寓所之中。

生活原本就充满着太多变数，无论是快乐还是痛苦，无论是开怀还是忧郁，最终都会飘散在记忆的长河之中。总之，这一切让张爱玲开始变得十分消极，书不愿读，事情不去想，至多开心时趴在窗前静观外界的变化。原本回到上海就是迫不得已，现在想起来也是满腹悲伤，如果说命运早有安排，可这乱世中悲伤的人又何止她一个？对无情的张爱玲来说，其实她又是最有情的人，虽然不在乎一次次的伤害。

在不到三年的时间里，张家发生了一系列意想不到的变故，先是母亲和新结识的美国男友去了新加坡，他们倾其所有收购了一批鳄鱼皮，从当时的设计方案来看，是想着加工成皮鞋、皮包、手带等装饰品出售，却没料想战争会来得如此之快，枪炮声中的动荡开始让一切都变得飘忽不定起来。黄逸梵一直都想凭借着自己的能力生活，她也曾透露过想学习裁剪皮革的念头，战乱不仅破灭了她的梦想，而且和张茂渊也无法取得联系，心怀幽怨之下便打算前往英国居住。

战火很快就蔓延到了新加坡。混乱的时局越发让人看不清楚，唯一可以依赖的男朋友又惨死在炮火中。虽然说"与外国人恋爱后，再也不想跟中国人恋爱"，但一想到这些，她的泪水还是不尽地往下流着。悲痛需要自己来承受，为好好地活下去，她只有无奈前往印度以求得希望和生机。或许人生就是这样，树挪活，人挪死，出色的工作能力，让她最终成为尼赫鲁姐姐的英文秘书。这确实是她没有想到的荣幸，没多久之后，她那颗不安分的心又开始躁动起来，进而转战到马来西亚的一所侨校教书。命运并不是多么垂青她，"她的一切努力似乎都没有得到好的结果，主要收入还是靠买卖从中国带来的几箱古董"。

战争如同一场意外的劫难，也让生活阔绰的张茂渊因为投资失败，失去了一份体面的工作，为此，她先后做过电台新闻记者、戏院的翻译，这样的生活不由得让人心生感慨，"我每天说半个钟头没意思的话，可以拿到几万的薪水，我一天到晚说有意思的话，却拿不到一个钱"。种种因战乱而起的变化，也波及身体一直虚弱、素来与世无争的张子静。他高中没有毕业，托人进入了复旦大学，只是刚开学还不到两个月，学校就开始停课关门。书无法再读下去，只能待在家里百无聊赖。父亲还算可以，在日本住友银行上海分行担任英文秘书，工作体面，收入不菲，可自从"八一三事变"发生后，为躲避汉奸嫌疑，便辞职与几个朋友合伙开了一家钱庄。钱庄的效益还真不错，可习惯于挥霍的张志沂，时常会变着法子从钱庄里透支，一次又一次谎言之后，最终搞得大家不欢而散，各奔东西。

其实，最让人不可思议的是这个大家庭沦落得这么快。花园、假山、秋千、童话书全没了，就连大宅子也被廉价地抵押了出去，全家只能搬到小得可怜的楼房里。种种变故，让一贯冷峻孤傲的张爱玲变得更为冷漠。温暖长情的姑姑也有着自己的难处，平日里看似生活安逸，手头拮据时也只能做到管吃管住。张爱玲小住了一段日子后，突然提出了报考圣约翰大学的要求，以期完成港大未竟的学业。时局不稳，这样的要求让姑姑有些一筹莫展。无法联系到母亲，两人商量后才决定去找父亲。

张爱玲从家里逃出后，一直拒绝与父亲有任何联系，彼此也无书信往来。从这层关系上讲，两人之间已无任何情分存在，如同脱离了父女关系一样。

正在无比纠结之际，闲在家里的子静听说姐姐回来了，立即来到姑姑家看望。三两年不见，姐姐出落得不同凡响。高挑性感，秀发披肩，闪现出的是清秀而又成熟的美，那美几乎让他不敢再看下去，似乎多看了就会心猿意马。他不由得想到了母亲海上归来时的装束，也是典雅大气，风采翩然，必须用仰视的眼光才能感受。

两人开心地说东说西，那种久未谋面的亲近，连姑姑都生出了羡慕。谈论到以后的打算时，张爱玲说她准备报考圣约翰大学，巧的是子静此时也想报考这所大学。姐弟俩不谋而合的机缘巧合，顿时让张爱玲的心情好转起来。其间，姑姑也谈到了或缺学费的实际困难，结果子静想都没想就答应找父亲商量解决。听到弟弟愿助一臂之力，暖暖的情感流遍了全身，张爱玲又何尝不知道呢？

弟弟这些年混得并不景气，但为了厘清父亲与姐姐之间的矛盾、纠葛，他愿意出头做这样的连线人。

张爱玲的性格是死也不愿意去求父亲，她怕自己说不出口，又怕父亲驳回了没有颜面。子静太熟悉姐姐倔强的个性，又说了些无关痛痒的事，就匆匆辞别离去，他要把姐姐回国的消息告诉父亲，希望能带给他难得的快乐。

从小到大，一直都是姐姐强势地命令弟弟，所以子静对学费的事极为上心。他趁后母外出不在家的机会，私下里找到了明显已经苍老的父亲，说了姐姐回国遇到的困难和今后的打算，也表明了自己想支持姐姐上学的坚决态度。纵然是无情无义，毕竟也是亲生骨肉，听完这一席话，张志沂眼前又闪现出幕幕往事。

只记得那时黄逸梵不管不顾地去了国外，只留下姐弟俩同他相依为命。虽说有时会带他们去看戏、买点心，有时也会谈小说、聊电影，但那些仅存的温暖却似一瞬间的花开花落，随着旧时光的逝去，转眼间已积攒了许多不愿回首的往事。不悔梦归处，只恨太匆匆。父亲也知道时局动荡，一个女孩子能执着于求学实属不易。虽说她至今也不愿意开口，毕竟是幼小的心灵曾经有过伤、有过痛，如果往事飘零随风落，又何必去计较和为难她呢？于是，张志沂心软地对子静说："你叫她过来吧！"

伤痛真的会改变一个人，可时间又会于千万人之间把你找寻出来。张志沂的言语和表情给人感觉坚决、严厉，可在心底却已冰释了所有不快。此时，能知道她尚安好，应该是件快意的事。

为了上学，张爱玲在子静的安排下回到位于福理履的新家。

祖上留下的大别墅没有了，眼前这高低错落的小楼房虽说精巧别致，却全然没有了以往的熟悉。什么都不复存在，有的只是父亲身上衰败的气象。在走向这个陌生的家时，敏感讷言的张爱玲突然心疼起这位曾深爱她的父亲来，儿时陪读的场景就像发生在昨天。那时候的天好蓝，云好白，两个人躺在树荫下的凉椅上，为书中各种奇妙的情节和人物激烈地争论着。只是时间过得太快，快得让人根本来不及应对所有变化，连往日的情怀也找不回来。可执拗的张爱玲却又不愿意表现出对父亲的关爱，哪怕是一句能够打动他的话，可是没有，她甚至还要故意做出无比冷漠敌视的态度，苛刻得连丁点儿笑意也不露出来。

见到女儿的那一刻，心怀欣喜的张志沂就开始无比后悔，当年若没有粗暴的拳打脚踢，今天也不会有这样尴尬的逢面。他其实很想借着眼前这机会冰释前嫌，可面对着那一脸堆砌着冷漠的面容时，却不知道如何去拉近这恍若隔了千万里的遥远。最后，张志沂还是相当宽容地答应了女儿的全部请求，并嘱咐张爱玲先行办理转学事宜，学费即刻让子静送去。

这样的见面或许让人感觉有些突然，要不然就是彼此的心情都没有调整好，彼此相处还不到十分钟就各自离去。之前的离家出走之事，谁也没有去提及，大概是机会还不算成熟吧？总之，张爱玲高挑苗条的身影从他眼前兀地消失了，身后只有张志沂凝滞的目光。

生命中有很多东西，能忘掉的叫过去，忘不掉的叫记忆。那么，在子静的记忆里，这是姐姐张爱玲的最后一次走出家门。可以想象做父亲的内心该是多么难受。

这一别，真的是永生没有相见。

大概是数十年后，穷困潦倒的张志沂再也没有任何资本供其挥霍了，瘦弱的身形完全没有了人样，独自病逝于在阳台搭建的小窝棚中，这也是他人生最后的全部家产。从官宦世家沦落到如此不堪的地步，让人看后真有种无法言说的悲哀，最可怜的是这对天各一方的父女始终没有化解开矛盾，真不知道是谁负了谁，谁又伤了谁。

等到秋季开学时，张爱玲和张子静都如愿以偿迈进了上海圣约翰大学。

大学生活轻松而又惬意，最开心的莫过于姐弟间又平添了许多接触的机会。有时，哪怕只是一道匆匆而过的眼神，彼此也能感知到对方的喜悦。对子静来说这种幸福无疑是难得的，这些年他最缺少的就是亲情。个性独特的张爱玲却不这样想，她很快就改变了圣玛丽亚女校时的拘禁穿戴，以另类的奇装异服成为一道供人观瞻的风景。特色的衣服之下，不能包裹的是那孤独而又唯美的文字，完全就像不入世俗的精灵，除了斯里兰卡同学炎樱等几个特亲近的人之外，没有谁能够接近她。

炎樱，又名獏梦，是个喜欢文字、性格开朗的女孩，她和张爱玲偶然结识在一艘从上海开往香港的船上。这种擦肩而过的缘分，却让她们阴差阳错地逢面大学校园，成为知己后，干脆多次出现在张爱玲如花的妙笔下。

快乐还没持续多久，生活费又成了摆在眼前的最为棘手的事。

生计面前，张爱玲倔强地不愿求助任何人，谁也没有想到她选择了辍学。这个敢想敢做的人，甚至没太多考虑就端直走出了校门。从此，校园里再也见不到这位独来独往的精灵，似乎之前的欢声笑语就像一场很快就清醒了的梦，在眼前就那么一晃，便幻化为众说纷纭的话题。

直到从炎樱那里听到姐姐辍学的消息之后，子静都没有轻易相信，他径直找到姑姑家要问个究竟。姐姐正趴在桌子上写稿，对他的到来连头也没抬一下。也是，张爱玲当年从家里逃出时，就已经在黑屋子里冷漠得什么也不在乎。一个人既然连什么都不在乎，还有什么能够伤害呢？对于子静一连串近乎发疯的发问，她只是淡淡地说道："这所大学里就没有好教授，让人根本无法用心读书，更不要说学到有用的知识了。"

人生在世，注定要承受太多委屈。张爱玲的真实最终让子静明白了姐姐最致命的困窘所在。"她是个六亲无靠的人，她只有她自己了，赤裸裸地站在天底下。"想到这些心里便酸涩起来，但嘴上依然劝说姐姐重新谋份工作，哪怕是做国文、英文的老师也行。姐弟之情真诚可鉴，却被张爱玲直截了当地予以回绝了，她根本就不在乎旁人的感受："这种事情我做不来。"

文章本天成，妙手偶得之。姐姐的才华永远都是子静骄傲的资本，虽然遭到了拒绝，可天真的他忽而还是觉着姐姐更适合当编辑。他这样说也并非是信口开河，而是缘于姐姐九岁时的第一封投稿信："记者先生，我今年九岁，因为英文不够，所以还没有进学堂。现在先在家里补英文，明年大约可以考四年级了。前天我看见编辑室的启事，我想起我在杭州的日记来，所以寄给你看看，不知你可嫌它太长了不？我常常喜欢画画子，可是不像你们报上那天登的孙中山的儿子那一流的画子，是娃娃古装的人。喜欢填颜色，你如果要，我就寄给你看看。祝你快乐。"信写得很有意思，充满童心童趣，但这样的信投出后，多是石牛沉海，没想到在家里引起不小的反响。此时子静说到编辑职业，无疑有着以情动人的意思在其中。张爱玲听后并不感兴趣，只是此时她觉出了弟弟浓重的关爱之心，为不愿意让他伤心就敷衍道："我替报馆写稿好了。这阵子我写稿也赚了些稿费。"

生命往往因美才有存在的价值。说起当编辑，想必张爱玲更喜欢投稿的感觉，当厚厚的稿件装入信封之中时，那种无法言说的满足感就会油然而生，她哪里有心思去报社做名编辑呢？这些年里，她一直坚持着创作，大学期间对文学有些疏远，但还是悄悄地用英文给《泰晤士报》撰写一系列的影评文章，只是这些并不为子静知道罢了。

事实上，父亲时常也会通过各种报刊来关注女儿的创作，让落魄的内心不时地充满欣慰，可以说，女儿让他活在希望中。在某种程度上，他最早发现女儿的创作天赋并不断地加以培养，他爱张爱玲可能还要胜过爱子静。虽然后来读到的多是丑化他的系列文字，如躺在床上抽鸦片的丑陋、粗暴武力痛斥孩子的不堪，还有清王朝倾覆后名门世家的种种心酸经历，但他都宽慰地理解了。遗憾的是张爱玲并不知晓这些，她只是在自己的孤傲中勤奋地书写着人间的沧桑，用冷眼观瞻着没落世家的凄凉衰落。

光阴逆旅，浮生若梦，张爱玲始终与外界保持着若即若离的距离，她祈愿的不过是才华的显现，就如同她总喜欢以奇装异服来示人一样。好多时候，她这道风景总会带给人无比的新鲜气息，不够惊艳夺目，却始终芳香四溢，美得足以让人心醉了。

只有时光，在人们不及思索、不曾悟透时，已经在催促着真正芳华的来临。

风华初绽

更多时候，一说到沦陷，整个上海都似乎处于无比的悲痛之中，尤其是文坛，更是有着为环境逼迫的恐怖和寂寞。

纵然这样，恐怖之下的张爱玲却以不善言辞和超凡敏感，不失时机地接替了巴金、老舍等名家逐渐隐退时的空隙，如一匹狂风暴雨中杀出的黑马，以突飞猛进之势开始了通过文学成名之路。本是为了赚些生活费用，结果这些却为大家所关注。于是，她只能趁着这股创作热情，将更多精力投入海量的阅读与研究中，然后又不停地转成文字向外投稿。这可能是她最开心的事情了，除了《泰晤士报》外，她还给当时上海极有影响的《二十世纪》英文月刊投稿。

《二十世纪》的主编克劳斯·梅奈特从业阅历特别丰富，先后做过记者、大学教授，之所以要创办这样的期刊，无非是向世界推介中国的同时，还保持着对文字的深爱。所以当他收到张爱玲洋洋洒洒近万字的《中国人的生活与时装》一文时，很快就被独到、有趣的个人观点触动，出于惺惺相惜的关爱，他竟然不吝版面，给这位名不见经传的年轻人特地安排了八个版面，不但是全文照登，还热心撰文赞誉其是"极有前途的青年天才"。

后来，这篇长文改名为《更衣记》，文中详尽记述中国千百年来服饰的变革延续历程。在她自如生花的笔触下，不但写出了各式服饰所蕴含的风俗人情，而且从精神层面也引导着外国人进一步对中国服饰文化进行了解，即便单纯地从学术角度而言，这篇文字也不失其存在的价值和意义。主编的意外垂青，倍增了张爱玲创作的信心，从评《梅娘曲》《桃李劫》《万世流芳》到《秋之歌》《浮云遮月》《两代女性》《母亲》等，她几乎一发不可收，因为这些用心写就的文字，只要刊载就会受到读者的强烈关注。柯灵先生事后说："我扳着指头算来算去，偌大的文坛，哪个阶段都安放不下一个张爱玲，上海沦陷，才给了她机会。日本侵略者和汪精卫政权把新文学传统一刀切断了，只要不反对他们，有点文学艺术粉饰太平，求之不得，给他们什么，当然是毫不计较的。天高皇帝远，这就给张爱玲提供了大显身手的舞台……"

创作为张爱玲赚取了丰厚稿酬，也为杂志带来更多的读者。漫长而又煎熬的爬格子生活，更像一场梦，将她多年来藏在心底深处的秘密，全部毫无保留地抖落了出来。实际上，她在很早之前自诩："我是一个古怪的女孩，从小就被称为天才，除了发展我的天才外别无生存的目标。"这样以梦为马的目标似乎有些自大，让她除了不停地写作之外还是写作。

张爱玲将所有的寂寞与快乐都融于笔端，对这位经常喜欢自称"我出来就是写小说的人"来说，她的执着、不懈、悟性、坚持，以及对这个变态社会的种种了解，早已注定了她以文字为信仰的使命。

随着投稿次数的增多，张爱玲与梅奈特主编很快就熟悉起来，他除了让这个笔下有乾坤的时尚女子写影评，还不断地约稿大篇幅、有深度的文章。既然答应了，张爱玲就不得不废寝忘食地加班加点完成任务。如刊于 1943 年 6 月号的《洋人看京戏及其他》、12 月号的《中国人的宗教》等文章，都是从不同角度进行了详细论述，以其老到的文字表现出对于洒脱的认知。这些长文投送出去之后，那种"拥有如沙，心不知处"的禅悟让人眼前一亮。"她不同于她的中国同胞，她从不对中国的事情安之若素；她对她的同胞怀有的深邃好奇心，使她有能力向外国人阐释中国人。"张爱玲全身心地神游于文字的世界当中，不断地向外推介着中国文化和常人的生活状态，也怪不得梅奈特主编要极力称赞。尽管此时才不过二十出头，可她笔下却始终有着无比的灵动，那种对人生的深刻感受，就连写出的悲欢离合都带着不尽的嘲讽。这样的文字常常让人误以为作者有过太多的人生经历，至少是走遍了万水千山。更为称奇的是，张爱玲可以将生活中本不起眼的琐碎，机巧而又不动声色地运用成文章的素材。细细品味她的文字，才会发现这样的文字还有着太多对于外部世界的体验与感觉。而这些最终都归根于童年生活的不幸、父女关系的僵持，以及家庭中兴后的逐渐没落。

无法回避现实，只能是在复杂而又带着诸多疑问的矛盾中不断地积累着，心理上的失落让她看上去像变了一个人，仿佛其在以寡言少语完成着刻骨铭心的回忆。生活中真正可以说清楚的事，其实又多是那些毫不相干的琐碎，于是，本来很期待的事情在瞬间便成了无比的心酸。

对于梅奈特主编来说，他关心的只是一篇篇内容新颖的稿件。张爱玲又何尝不明白出名要趁早的道理呢？作为生存的最好方式，她根本不愿去质疑一切，只是想着如何用文字拂去心理上的失落。

这便让人惊诧起她的细微之处了。

那年春天似乎来得很早，虽然风中还带着料峭凉意，但张爱玲并没有过多关注这些变化，只是潜心伏案书写着人生，执着而又自信地将十里洋场上的风花雪月、情场旧事和那些沉浸在历史角落中的故事全部搬进书中。这些精美文字下的细腻情感，使她准确地把握住读者的需求与定位，也让这些故事悄无声息地融入读者心中。回首过去的一年，张爱玲真是感觉失去许多，但同时收获的却是丰厚的稿费、满满的自信，还有许多意想不到的赞誉。她极像一位故事的编排者，灵活自若地将流逝的岁月串成人生的风景，以"自己良心上的非常痛快"来反思诸种人物的细处。

其实从少年时开始，张爱玲便在父亲的教育下接触中外电影和戏剧。旧式文人的张志沂虽然颓废，可传统文化功底扎实，这样的教育也无形中为她未知的世界打开了一扇窗户。本是尽善尽美的事情，只是由于种种意想不到的变故，这美好的过程全然为仇恨所湮没，以致让人根本见不到一丝一毫的好了。或许正是这样的受挫心理，才让张爱玲在后来以笔为枪的绝世孤高中，更是不屑一顾地将父母生活中的种种囧状揭露，无比真实地展现给了读者。这样的自私和残忍似乎无法想象，但张爱玲要的只是笔下源源不断的文字感觉。

如果将张爱玲比作一朵冷艳无比的花，那么她也只是盛放在不为人知的背风处，在文字的滚滚红尘中，她让人品尝到的是俗世间的真实烟火，却始终无法窥清内心的全部世界。

纵是这样，但如果没有热心人的精心呵护，张爱玲至少不会那么快出名，其中除了父亲、师者，还有最疼爱她的姑姑了。为解决张爱玲投稿无门的困窘，黄茂渊把她介绍给了远房亲戚黄岳渊。

奉化奇人黄岳渊在上海是有名的园林艺术家，他一生都沉浸在侍弄奇花异草的幸福中。"不识黄园菊，枉为上海人。"如果要说黄家园子是上海滩最精致的，那是一点都不带夸张，否则就不会有好多社会名流以能到黄家园子赏花为幸事了。即使是在今天的奉化，这"中国艺术之乡""中国水蜜桃之乡"的美誉，其功劳也全在于黄岳渊。黄老不重名望，仅他一生只务花养草的精神便足以感动许多人。战争时节，能有一片这样的世外桃源不受打扰，在花开花谢中陶冶心灵，在人来人往中静享人生，这也算是桃花源中人了。

张爱玲偶尔会去黄家园子闲逛，进去后喜欢东瞅瞅西看看，多半是借赏花来看望老人，而黄老也常常对张爱玲从容自如的文笔大加赞赏。

能在乱世中做到宠辱不惊，就可知这黄岳渊绝非等闲之辈。

黄老的座上客中有个叫周瘦鹃的人，是个以写缠绵爱情作品出名的爱国作家，他在二十世纪二三十年代时就已经享誉中国文坛。有一天也是无意路过黄家园子，便径直进去找黄岳渊吃茶赏花，谈兴正浓时说起了最近在忙《紫罗兰》杂志复刊的事。黄岳渊并不关心这些事，只是精心修剪着花草上的杂叶。见对方没任何反应，周瘦鹃只好将就着说起与园艺有关的话题来。

这个鸳鸯派的当红作家自幼丧父，是母亲含辛茹苦地将他拉扯长大。周瘦鹃从中学时代开始真正意义上的文学创作，笔下虽多伤感缠绵，但胸中却不乏磅礴大志。当日军铁蹄肆意践踏中国大地时，他内心中时刻都充满着仇恨，只想着如何用笔去表现内心，来宣泄对于外寇入侵的不满。分别之际，周瘦鹃又心事重重地说到杂志复刊的事，其意不言自明，就是每天来这园子里的人多，想让他帮忙给留个神。黄岳渊这才明白缘由，听后粲然一笑，顺口便将张爱玲这株新花介绍给他。

说到这本 1925 年正式创刊的《紫罗兰》杂志，本来就有着一段感人至深的故事。据说是周瘦鹃有次去女子中学看演出，无意中与结识的女学生周吟萍一见钟情，两人书信来往后私订终身，遗憾的是门不当户不对，周瘦鹃只能眼睁睁地看着心上人要嫁为人妇。既然是上天注定的姻缘，只能是人随天意。反正是好不容易等到周吟萍出嫁的那天，周瘦鹃也意外地接到了邀请。喜宴上，望着泪痕未干的心仪女人，她那满眼的幽怨、憔悴和嘶哑的嗓音，更是深深地刺激着这个男人，同样有种"还君明珠双泪垂，恨不相逢未嫁时"的遗憾。

成婚后，周吟萍很快就为自己在南京谋得了工作，为的就是躲避与丈夫同房，她心里始终惦记着那个憨厚朴实，但是家境却一般的周瘦鹃。虽说是覆水难收，但两人却一直坚持着通信，在肝肠寸断中互诉相思之情。周吟萍的英文名叫 Violet，翻译过来就是"紫罗兰"的意思，周瘦鹃于是用紫罗兰色的墨水来覆盖撕心裂肺的痛，用案头养的紫罗兰来回忆那段暖春盛夏的快乐，用一本本的《紫罗兰集》《紫罗兰文外集》《紫罗兰庵小品》来表达内心的矢志不移。性情中人的周瘦鹃并没有刻意去掩藏和伪装，他干脆连自己主编的杂志也叫作《紫罗兰》。杂志以"游戏""娱乐""消费"等都市时尚通俗文学来定位，周瘦鹃将内心伤感的情绪都融入浓烈的文字当中，这样拼命的写作，最终目的还是要向周吟萍父亲证明他当初嫁女瞎了眼。尤其是 1964 年周瘦鹃在写给自己女儿的信中更是坦言："你总该知道，我从十八岁起，就爱上了紫罗兰，经过漫长的五十二年，直到今年七十岁，仍然死心塌地爱着它。正如诗人秦伯未先生赠我的诗中所谓'一生低首紫罗兰'……我为什么这样念念不忘紫罗兰呢？你当然知道这象征着我所刻骨倾心的一个人的。花与人，人与花，早已混为一体，而跟我结成毕生以之的不解缘了。"

周瘦鹃用情之深可见一斑，正如他那本在读者中一直很受欢迎的杂志。只是不知何种原因，杂志却于 1930 年 6 月突然在大家的意外中莫名停刊。

离别是一种美丽，就像是吹进眼里的沙，虽然模糊了情感的双眼，但人依旧，爱依然。不经意时光匆匆逝去了十年，周瘦鹃这只孤独漂泊的船，又在惆怅中想起了那段蕴含着幸福的真爱。如果爱不曾来过，如果梦不曾碎过，如果心不曾疼过，他决然不会又要重操旧业，来着手张罗《紫罗兰》杂志的重新复刊了。

由于彼此都不熟悉，周瘦鹃也没能记住张爱玲的名字。当他四处为寻找作者费心时，张爱玲不失时机地出现了。一眼看过去，她相貌确实平平，再细看时却感觉眼神中满含忧郁，似乎又是个有想法的人。张爱玲此时虽凭借着《中国人的生活与时装》等文字，步入了所谓的上海文坛圈子，但明显可以看出的是，《二十世纪》这个平台只是满足她眼前的小虚荣，真正要能够立足，就必须要创作出叫得响的小说。

当时的上海文坛，正处于新旧两派文学交替时期，可以说，新文学派从不认可鸳鸯蝴蝶派作家，而鸳鸯蝴蝶派作家也瞧不上新文学派。张爱玲起初也曾模仿过新文学派的笔调风格，之后又选择了传统文学创作。她认为，上海这座城之所以特殊，是因为有上海人的内在、和谐与世故。如果不理解这种个性，那绝对懂不了这座城市的精神。正如以她的眼光来看当下的文坛发展，传统文学才是得以传世的精髓所在。张爱玲自小生活在这座城市中，早已习惯了上海人的种种聪明与老练，所以她的文字中也愿意表现小市民的普通与不凡，在淋漓尽致中反映出关于社会的种种细节。

有了黄岳渊先生的推荐，张爱玲自信地带着她的新作《沉香屑：第一炉香》《沉香屑：第二炉香》前去拜访周瘦鹃先生，时值 1943 年初春。

二十三岁的张爱玲见到周老那一刻，张爱玲所有的紧张都突然间消失了。在袅袅盘旋的烟雾中，两人天南海北相谈甚欢，尤其是上了年纪的周瘦鹃在与晚辈的交流中并非板着脸的严厉，一种熟悉感顿时从张爱玲心底遽然升起。当他得知张爱玲辗转的经历后，更是对眼前这位女子有了兴趣。要说与眼前这位早已仰慕的文坛大佬结识，最早应该是在父亲的书房里，她也不知道自己为什么会记得如此清晰，那个时候的她每日里享受着和煦的阳光，心中忐忑不安地读着一本本《恨不相逢未嫁时》《此恨绵绵无绝期》等爱情小说，内心不仅仅是时有感触，而且带着少女春心的萌动，想好好谈一场永不分手的恋爱。也不知张爱玲算不算是早熟，但那种无法说出口的感觉，却一次又一次在心底漾起温度来。无比孤寂的时光中，这些书陪伴着她度过了并不完美的童年，就连泪水和哀叹也是那么心甘情愿。所有与文字有染的岁月，注定着都是一场忧伤。至少在那段时间，周瘦鹃超凡的才华让她佩服得五体投地。作为都市通俗读物，自然就与实际生活息息相关，后来她不经意中发现，妈妈和姑姑竟也是他的热心读者，对这些书痴迷程度令人费解。有一次，她无意中见到母亲手捧《此恨绵绵无绝期》在悄然落泪，这个聪明女人的举动，满溢出不露痕迹的感受，从此，那些书就让张爱玲的梦得以继续延续着。说到这里时，张爱玲话锋一转，又说曾经为小说中人物命运的不公抱怨过，最后还书写长信一封，希望作者能改掉其无比哀婉的结局，结果没想到有一天彼此还会在这里长谈。周瘦鹃最早是在《小说月报》上发表小说《爱之花》而走红文坛，他为张爱玲的风趣说笑感动，虽然他始终没有想起那些陈芝麻烂谷子的往事来，但他无形中接纳了这个会说话的孩子。

有着"文坛哀情巨子"之称的周瘦鹃接过了青年作家张爱玲的作品来看。借着周老翻阅作品的当口，张爱玲环顾四处，只见古色古香的大书架如一面墙壁，散发着幽幽的光泽。各类书籍整齐有序地陈列其上，在古朴、典雅中彰显着主人的学识和教养。不远处还有一张狭长的檀香木供桌上置于空旷处，上面摆放一个中规中矩的宣德炉，在光照下泛着青铜的色泽，一灶紫罗兰香燃烧得有滋有味，长长的香灰渐渐地弯曲下来，形成一种非常好看的曲线。她偷偷长吸了一口醇厚的香气，只觉着这味道清淡如素，淡雅之极，不由得对这里的环境有了兴趣。她再透过轻盈缥缈的袅袅香雾，发现周老正戴着花镜十分投入地阅读着，文人不凡的气度中，依稀还闪烁出属于他特有的儒雅。

应该是经过长久的沉寂之后，周老才缓然起身走了两步，又转身过来把眼镜摘下放在桌上，慢悠悠地揉了揉太阳穴后才开始说话，他希望张爱玲能够将书稿留下，待读完后再行交换稿件的修改意见。其实，之前略读过的那些文字已经有些感染了情绪，让他觉着眼前这位女子落笔不俗，字里行间的遣词造句、不急不缓的文笔风采、故事架构的精彩动人，都让他佩服，于是更为佩服起黄岳渊的独到眼光来。最不可思议的是，眼前这位给外国杂志写文章，却又甘愿坚守传统文学的女人，内心世界竟是如此的丰富和多彩，他不得不刮目相看了，张爱玲那种不喜不悲的神情在人眼前悄然开出一片花来。

一周之后，张爱玲又是急迫地来到了周瘦鹃家。周老这次表现出十分地热情，不但亲自下楼迎接，而且还留她吃茶聊天，偌大的书房里也就没有更多客套，很快就谈起了堆在案头的书稿来。茶，最多是应酬的工具，文稿上才真刀真枪地见证水平。千万别小看了眼前这位旧时代的文人，他在当时的文学圈中属于为数不多研究中西方文学的学者。毫不夸张地说，他能够从《沉香屑》的写作笔法中读出毛姆的影子，也能感受到《红楼梦》影响的痕迹。时间过得很快，彼此甚深的谈兴却已经像流动的空气，不但给了对方自然的笑容，也为自己留下了深刻难忘的印象。直至天色黯然时，周老才心怀惜才之心把张爱玲送下楼来，两人又沿着花园的小径说笑着，在淡淡的花香弥漫中分手告别。

临走前，周瘦鹃很客气地问张爱玲："是否愿意将作品全部发在《紫罗兰》杂志上？"

生性木讷的张爱玲心怀喜悦满口答应，并大胆而又热情地邀约周老方便时来家里喝茶。想必这本不多得的待遇，也是表示她自己内心欣喜的一种方法吧！

成名传奇

地处今天上海常德路、南京西路、愚园东路交会处的爱丁顿公寓，属于一座意大利风格的建筑。可别小看了这幢不起眼的楼，从外面虽说没有任何特别之处，可里面却包藏着外人所不熟知的惊艳。随着张爱玲的一系列小说在这里陆续完成，爱丁顿公寓也算真正意义上开启了她的写作梦想。建筑无语，人有情怀，仅从张爱玲从这里数次搬进搬出的纠结来看，更多都因为难舍和留恋。

也就是在这座周围布满绿色植物的公寓里，张爱玲精心接待了紫罗兰庵主人周瘦鹃。"我如约带了样本独自去那公寓。乘了电梯直上六层楼，由张女士招待到一间洁而精的小客厅，见到了她的姑母。这一个茶会中，并无别客，只有她们姑侄俩和我一个，茶是牛酪红茶，点是甜咸具备的西点，十分精美，连茶杯和点碟也都是十分精美的。"

周瘦鹃的一身装束飘逸如仙，他的出现给人感觉就恍若穿越了时空。等彼此都落座后，他才递上了新近复刊的《紫罗兰》杂志，油墨的馨香中，何止是心旷神怡的诱惑，更多的是让人忍不住想要读下去的强烈欲望。张爱玲欣喜地捧着杂志就翻开来，时而凝神，时而浅笑，在一目十行中享受着独特而又微妙的感觉。

为准备这次会面，张爱玲最终选择了用西式的茶点款待周老，落落大方的她，特意换上了合体的淡雅旗袍，在袅娜成红颜沉香的曼妙风景中，连举手投足都显得那么恰到好处。淡黄色边框的眼镜下，透着淡淡思绪的神情，有典雅的温柔、有梦幻的美丽、有贤淑的雅致、有迷蒙的风韵。美人骨头轻不过三两，美貌的面容终会在时光中凋零，但这样的情景，谁又会去想那么遥远的事情呢？

茶会气氛出奇地好，三个人从文学谈到生活，从生活又谈到社会，一下午的时间过得非常快，快得让人觉不出丝毫的无聊。以致都过去了好多年，周瘦鹃还能清晰地记得那次有趣的茶会，张爱玲始终保持着特有的礼节，她苍色不乏自然的笑容是如此纯净、通透，不时地还会泛出淡淡的甜意。这次接触，让他更加细致入微了解了张爱玲，还为她世俗却又出尘的想象感到惊诧。这些特别的记忆，后来都变成了周瘦鹃笔下流光溢彩的文字，但这样的文字只是写出了虚伪的假象，却无法看清掩映在云山雾水中的烦忧。尤其是随着张爱玲一篇篇作品的陆续发表，那种深沉与尖刻在激烈地震撼着她，那心中沉睡的激情也似乎被唤醒了，被点燃了，在自己独特的感受和奔涌中，不断充实着梦想与希望，暂时让人无法看清沉涵于心的凄凉与悲哀。张爱玲很快就在上海滩声名鹊起，她更是不吝笔墨，在笔下缩影着大上海的繁华世故。

在张爱玲的意象世界中，风花雪月的文字无疑是对那个时代的摹写与翻拍，在罗曼蒂克中展现着处处传奇，在回味无穷中透露着遍地秘密，在红男绿女纸醉金迷的世相大舞台上，贵夫人的偷情、丝帕少妇的媚态、汽车上的临时约会、自甘堕落的舞女、钩心斗角的情侣，都全然以爱情故事的方式表现得淋漓尽致。一时间，张爱玲如清流一缕，顿时就让处于混乱、空虚中的上海文学界开始变得躁动起来。确实，纵观当时精致与破落、繁华与阴暗交织的上海，大致就有那么几类文学面孔，一是太正气的抗日文学，从头到尾都是缺少情怀的豪言壮语；一是漠不关心政局的闲适小品，在浮华缥缈中看不出任何意义。虽说"海派文学""左翼文学"都表现出了不同群体对于上海都市生活的认知和见识，但张爱玲眼光独到的《沉香屑》系列作品一经上市，立即受到读者的大加欢迎，并且在上海滩疯狂地火了大半年时间。周瘦鹃也高度评价了张爱玲的小说："请读者来共同欣赏张女士一种特殊情调的作品，而对于当年香港所谓高等华人那骄奢淫逸的生活，也得到了一个深刻的印象。"

正如人们常说的高僧只说家常话一样，张爱玲在前人已经把上海滩写得尽善尽美之际，却从心灵的深处写出了不同于众的感受、相思、忧伤与寂寞。出名要趁早，来得太晚的话，快乐也不是那么痛快。《万象》杂志的主编柯灵先生读了这些作品后，也不由得想要结识文坛新秀张爱玲。他之所以会眼前一亮，完全是因为张爱玲的文字中有爱、有期待，也有着脆弱、清醒。可以说，她的作品不仅仅是用所谓的苍白来表现悲欢，更多时候是在岁月毫无波澜的境况下，把自己的经历都巧妙地变成了别人的故事。

柯灵费尽了周折，才知道要联系张爱玲的唯一办法，只能找周瘦鹃。

彼此都是圈子里混的同行，周瘦鹃生性又不傻，怎会心甘情愿让人来挖自己的墙脚呢？所以，这个念头刚从柯灵的脑际闪过，连他自己都好笑这个奇怪的想法，只好带着思贤若渴的遗憾自我安慰一番。

或许人生就是这么奇怪，当柯灵刚刚放弃了所有想法时，张爱玲便意外地出现在了他面前。如果说生命这团欲望是无法满足时的痛苦，那真正满足时却又有些无措了。总之，张爱玲的突然登门拜访，反让喜出望外的柯灵一时间慌乱了分寸。

又是一身恬淡的旗袍出现在编辑部，张爱玲宛若翩翩起舞的仙子从时光深处走来，在含蓄而忧郁中展露出优雅。她身材高挑，但那种流畅线条下包裹的心驰神往，尤其是从小布包中往外掏手稿时的动作，更是细微得让人浮想联翩。她是喜欢旗袍的，内敛中有着太多的婉约，就像湖边摇曳的弱柳，在顾盼自怜中复原着内心的梦幻。张爱玲轻轻打开一层层包裹的纸，轻柔得生怕不小心就会有所损坏。这哪里是在取东西，分明是在表现着女人最可爱的一面。人既然都如此细腻，想必文字的遐想中也会有着千万种意义所在。柯灵接过《心经》手稿，也只是读了开篇，就满心欢喜起书中最生死相依的句子。

他真诚而又迫不及待地向张爱玲发出了约稿的请求。

张爱玲爽快地应允下来。此后，《心经》《琉璃瓦》《连环套》等作品开始在柯灵的精心策划下陆续推出，又一次次以内心的无比唯美"燃放"了上海滩。创作一发不可收的张爱玲，在文艺圈里的影响逐渐变得广为人知起来。在无比高涨的创作热情下，她出人意料地保持着自己的创作速度与节奏，让整个上海文学圈也是有着太多无法想象。

接踵而至的光环与热捧，无疑让强烈的世俗进取心得到了极大满足。上海的杂志开始以刊发张爱玲的作品为时尚，大有洛阳纸贵的感觉，就连著名的美籍华裔学者夏志清教授也格外高调地谈论《金锁记》等作品。文学评论家夏志清生于上海浦东，著有《中国现代小说史》。这部作为海外中国现代文学研究批评的拓荒巨著，不仅纠正了长期以来存在的各种偏见，而且全面系统地阐释了新文化运动以来的传统。所以此书从出版之日起，便成为研究中国传统现代文学的热门书、教科书。最为重要的是夏教授还独具眼光地发掘出了钱钟书、沈从文、张爱玲等人在创作方面的不俗成就。尤其是对于张爱玲，更是给予了非常高的赞誉，直言不讳称其为中国最重要的作家之一。

"张爱玲应该是今日中国最优秀、最重要的作家。仅以短篇小说而论，堪与英美现代文豪蔓殊菲尔、安泡特、韦尔蒂、麦克勒斯之流相比，某些地方她恐怕还要高明一筹。"夏教授还称《金锁记》是中国从古以来的最伟大的中篇小说。张爱玲以清贞、决绝所创造出的神话已完全无法用文学的范畴来解释了，在各种媒体的推波助澜之下，一度被大众公认为有"汉奸"背景的刊物《杂志》，也不失时机地推出小说《茉莉香片》。后来也有研究者说是张爱玲毛遂自荐，也有说是杂志社慕名主动联系，至于以什么样的方式刊发这些文章，时至今日也没有一个明确的答案。但不可否认的是，有着强大社会背景的《杂志》在此时助推了张爱玲的创作。柯灵在回忆起异常火爆的抢购场面时也说："张爱玲在写作上很快登上灿烂的高峰，同时转眼间红遍上海。"这位总编的话质朴实在，虽然《万象》杂志一度在上海的发行量占据市场份额最大，但没料想到张爱玲发力竟会如此之猛，声势之大，以致让所有人都不得不关注她。

"你的荣光里充满着夸张的崇拜，你的陨落里只有自己的悲哀。"这大概就是一夜成名的感觉吧？

其实，哪里又有那么多的一夜成名，更多都是百炼成钢的结果。张爱玲迅速走红之后，并不在意《杂志》的复杂背景。对于一个从不接触政治的人来说，有无背景似乎与她无任何关系。现在，她只需要在自我的世界里不断地架构文章，继续怀揣着出名的梦想。说起来也奇怪，《杂志》对于张爱玲特别照顾，从开始刊登她的作品起，每次都会不遗余力地加以推广，似乎推不出名气来就会失职。这种情形之下，张爱玲的《倾城之恋》《花凋》《红玫瑰与白玫瑰》《留情》等一篇篇高水平作品相继问世，且都在当时创造了发行奇迹。这种奇特的文学现象就像投入上海滩的石子，很快就激起了圈圈涟漪。1944 年 5 月，蛰居上海的著名评论家傅雷针对张爱玲异军突起的现象，发表了《论张爱玲的小说》，其中指出："在一个低气压时代，水土特别不相宜的地方，谁也不存在什么幻象，期待文艺园地有奇花异卉探出头来。然而天下比较重要一些的故事，往往在你冷不防的时候出现。……张爱玲女士的作品给予读者的第一个印象，便有这种情形，这太突兀了，太像奇迹了……"

这种突兀，无疑是对于作者写作技巧的最大肯定。"我们的作家一向对技巧抱着鄙夷的态度，'五四'以后，消耗了无数笔墨的是关于主义的论战，仿佛一有准确的意识就能立地成佛似的，区区艺术更不成问题……而张爱玲正是填补了小说创作的空白。"谁也解释不清张爱玲创造出的文字奇迹，虽然有各种甚嚣尘上的评论，但只知道她很快就与《紫罗兰》《万象》杂志的合作结束了。这时，傅雷又突然笔锋一转，提出了人物的典型性、深刻性来，而张爱玲笔下的人物"疲乏、厚倦、苟且、浑身小智小慧的人担当不了悲剧的角色"。这样的说法似乎也对，但张爱玲甚为不悦，现代派的写作手法原本就不注重人物形象的刻画，所以她对这样的评论依然是我行我素。也是，自古以来都是这种道理：谁掌握着话语权，谁就可以"拣尽寒枝不肯栖"了。

种种合作关系的仓促结束，似乎总带有着利用后的不近人情。对于《紫罗兰》杂志，张爱玲看重的是其不俗的发行量；而《万象》杂志则是稿费等原因。张爱玲还是不由分说地转过身去，又全身心投入自己的创作中。《杂志》没有亏待这位文学新秀，尽其所能地给她带来着无限风光、名声和人际交往：邀请众多名家到场，为其举办高规格的作品研讨会；在欢迎朝鲜女舞蹈家崔承喜的仪式上，隆重地推出她和她的作品；邀约参加"满洲国"电影明星李香兰的纳凉晚会，还被奉为主宾。很多不明就里的活动，让张爱玲如同明星般应接不暇。

夜深人静，张爱玲也考虑过自己以后的发展，当然更多的是对于文学的无比深爱："以前我一直这样想着：等我的书出版了，我要走到每一个报摊上去看看，我要我最喜欢的蓝绿的封面给报摊子上开一扇夜蓝的小窗户，人们可以在窗口看月亮、看热闹。我要问报贩，装出不相干的样子：'销路还好吧？——太贵了，这么贵，真还有人买吗？'"创作中的快乐来得那么快，让张爱玲始终笃信着出名要趁早！她只怕来得太晚，快乐也就会不那么痛快，就如当初，她能在校刊上刊登文章，是真心要发了疯地高兴，常常会在无人处一遍又一遍地默读，而且每次的感觉都像是头一回见到。现在出名了，发稿也简单了，却突然变得不容易兴奋起来。

一片淡然纯净的蓝绿色中，写满着太多的传奇与体验，也是张爱玲从小就憧憬、最喜欢的颜色。1944年8月，当张爱玲的第一本小说集《传奇》由上海杂志社出版发行时，便毫不犹豫地将其选作了封面主色。这本书中收录了她近两年创作水平最高的十部中短篇小说，娓娓动人的笔触无情揭示了畸形社会中上阶层和抗战时期香港人的生活状态，就仿佛在讲述那遥远而又动人的传奇故事，以致书才出版五天就告售罄，读者对《传奇》的疯狂购买表现出了太多的不可思议，这情形也让这个千疮百孔的病态社会，显现出一片灰蒙蒙的雾色来。柯灵对张爱玲的发展有着自己的正确判断，他曾私下好心劝说张爱玲要学会面对力捧，在时局混乱不清的当下，尽量减少与《杂志》的相互来往。"因为环境特殊，清浊难分，很犯不着在万牲园里跳交际舞……那时卖力地为她鼓掌拉场子的，就很有些背景不干净的报社杂志。"骨子里始终孤傲的张爱玲此时只看重了出名，对于好言相劝也多是疏于辨析，她从来都不懂政治，也不与政治有着任何瓜葛，但偏偏《杂志》可以让她在最短的时间内成名，而成名可以拥有年轻的完美与快乐了。所以，面对想象中的完美世界，她根本就没时间去考虑别的。

为趁早出名，张爱玲每日里都要辛苦地伏案爬格了。在上海滩，上到权贵下至平民，仿佛谁都熟识当红作家张爱玲。她的小说好多时候被当作了饭后谈资，书中醒目的语句段落常常被挂在嘴边，尤其那些中产阶级出身的大学生，更是对张爱玲迷恋到了极致，不但收集她的作品、照片，还琢磨她的写作风格、日常生活，成天里惟妙惟肖地疯狂模仿着，那情形和今天的粉丝团有过之而无不及，痴热的程度简直无法用语言描述，透过这些，表现出更多的却是那个时代的失落与迷茫。

所有人都为张爱玲的文字肆意疯狂着。

因为这些文字，结果还闹出了各种笑话。有天晚上张爱玲回家，行到途中突然发现有位外国人在尾随自己，想办法又不能摆脱，心中便分外害怕起来，只好加快步伐朝着家中赶去，后边那人也跟着加速前进。正当她无力摆脱之际，恰好遇见了一队巡逻警察远远地走了过来，于是赶紧上前说明情况，待真相大白后才知道是虚惊一场，原来尾随者是个讨要签名的"粉丝"。也不知道素来喜欢安静的张爱玲会不会烦，反正与她形影相随已久的闺密炎樱则是感触良多。"从前有许多疯狂的事现在都不便做了，譬如我们喜欢某一个店的栗子粉蛋糕，一个店的奶油松饼，另一家的咖啡，就不能买了糕和饼带到咖啡店去吃，因为要被认出，我们也不愿人家想着我们是太古怪或是这么小气地逃避捐税，所以最多只能吃着蛋糕，幻想着饼和咖啡；然后吃着饼，回忆到蛋糕，做着咖啡的梦；最后一面啜着咖啡，一面冥想着蛋糕与饼。"如此来看，名人自是不好做的，张爱玲成名后也多有着数之不尽的烦恼。

烦恼面前，已习惯寂寞的张爱玲渴望更多的是鲜花和光环的笼罩，这也与她晚年的生活状态形成了鲜明对比。现在想想，生活竟然是这般的千奇百怪，张爱玲晚年独居海外的一幕幕情景，难道是对于年少轻狂姿态的回味与自省吗？且不论如何去理解这不同的人生，至少在此刻的绚丽中，"也许就因为要成全她，一个大都市倾覆了"。

这梦想来得太容易，让张爱玲不顾一切变化着，而最有代表的还要数她别具一格的奇装异服了。这应该是她成名后随心所欲的彰显，用服饰的不同来肆意放纵着情绪。真不知道她脑子里在想些什么，要么穿出大清朝遗留下的"古董"来，要么是中西结合下的另类，反正在穿衣上是怎么随心怎么来。曾有报刊登载过一幅《铅笔与口红》的漫画，张爱玲一身不伦不类的古装短袄，旁边还有手书一行：奇装炫人的张爱玲。细看过去，那情形像村姑或像上了年纪的老妪，始终给人一种漫不经心的感觉。即便这样遭人指指点点，她的服装也好像永远都是某种潮流的代言与风向标。这种随心所欲的状态，曾多次引起姑姑对她的不满，但成名而至的种种自信，竟然让她在衣着打扮方面比其文笔还要自如自在。

无疑，这是一个属于她的风华时代。张爱玲从小就钟情于用服饰来表现自我，而且更多时候完全是以衣物的炫丽来填充着生活的梦想。中学时代，她的梦想就是"要穿着最别致的衣服周游世界"，可那个年龄的痛苦记忆，时时都长满着锐利无比的刺骨，"永远不能忘记一件黯红的薄棉袍，碎牛肉的颜色，穿不完地穿着，就像浑身都长了冻疮。冬天已经过去了，还留着冻疮的疤——是那样的憎恶与羞耻"。种种无法实现的梦想，最终都得以通过文学上的功成名就复原了，而此时的旧服饰，自然就成了她用来洗刷内心卑微的符号，并让她努力在陶醉中忘记着那个时代。

也只有理解了张爱玲的这段往事，才会明白她为什么一夜红遍后的敢做敢穿。虽然不断有人笑语和评价，甚至有时身后还会追满了看热闹的孩子，可是没事，她现在已学会了在胆量与名气中秉性而为。不就是供人消遣的服饰吗？文字都可以震惊一座城市，那衣着的风头之健又有什么不可以呢？

此前的上海文学圈中，还真没有因为作家的衣着奇特而成为一道风景的，而张爱玲以耸人听闻的特立独行，时时在创造着新景象。在和朋友谈论着装时，她永远都是那副漫不经心的随意，根本就无法让旁人看透她的内心世界，可是仍然有朋友记下了这段对话。

"你找得到你祖母的衣裳找不到？"

"干吗？"

"你可以穿她的衣裳呀！"

"我穿她的衣裳，不是像穿寿衣一样吗？"

"那有什么关系，别致。"就是这么一个奇炫至极的人，用文字的孤高和别致的着装，一下子就镇住了周围的人。

这样的奇闻逸事还有很多。如果说文笔的细腻能表现出她的内心世界，那衣着的华丽则是用另一种方式来凸显着她的外在。若说要有不同，只是这两种表现的形式的区别罢了。总之，在1943年到1944年这段时间里，张爱玲全然在享受着"张爱玲年"里的所有不期而至的荣誉。

确实如是，现在整个上海滩都在有滋有味地品读着张爱玲，在乐此不疲中传递着张爱玲，在怀揣好奇地想象着张爱玲。

张爱玲就像是一部腾空出世的神话，在传奇中书写着人生里最为出彩的传奇。

第三章

恋爱的味道

意气相倾

也许每个人心中都有一个风筝，无论它意味着什么，都让我们勇敢地追，这个风筝对张爱玲而言，就是文学创作。

当张爱玲的创作不断创造着巅峰的时刻，胡兰成在事业上也是顺风顺水，只是此时两人未有任何的交集，你只属于你的千娇百媚，我在享受我的荣华富贵，但真正注定了要相遇时，这种情感的轰轰烈烈便注定会成为永恒。

大漠荒草生息不绝，反教春花盛放凋零。日本发动了大规模的侵华战争后，武汉、广州、上海很快失守，中国的大片土地被强制占领，但同时也由于战线的延长，资源的匮乏，为解决兵力运用上的不足，他们又及时调整了对华政策，即"由过去对国民党政府实行军事进攻为主、政治诱降为辅的方针，改变为以政治诱降为主，军事进攻为辅的方针"。于是"满洲国""中华民国临时政府"等伪政权相应而起。1938 年 7 月 12 日，日本五相会议决定《伴随时局的对华策略》中说："在使敌之抗战能力崩溃的同时，为使中国现中央政府倒台和蒋介石失势，进一步强化现在实行之计划。"其中第一条便是"启用中国一流人物，削弱中国现中央政府及中国民众的抗战意识，并酿成建立巩固的新兴政权之气势"。纵观当时的中国一流人物，无非指的就是有强烈领袖欲望的国民党政客罢了。在日本人的政治诱降下，国民党中有高官便开始借口看不清国家前途而极度悲观，心生失望，又因周佛海、陶希圣、高宗武、梅思平等人成天跟随其左右，于是便开始酝酿起"和平运动"。等到 12 月时，日本又第三次发出了诱降声明，在这样的境况下，双方很快派出代表，高宗武、梅思平、影佐桢昭、今井武夫在上海举行秘密谈判，并签订了《日华协议记录》。其中议定：缔结了反共协定；中方承认"满洲国"，日方于恢复和平后两年内撤兵（内蒙古等地除外）；日本享有开发中国资源的优先权等条款。

国民政府二号人物为满足个人急剧膨胀的权力欲望，不惜以"做汉奸"为代价，最终放弃了最基本的政治原则与政府分道扬镳，成为日本人的政治傀儡。对一个毫无政治气节的人来说，这只是政治投机；对历史来说，毁掉的不仅是他的政治生涯，进而还激起了全国人民的无比愤怒。当年那个抱定"慷慨赴燕京，不负少年头"的英雄刺客，转而成了猥琐不堪的汉奸，只有历史会如此造化人。

《日华协议记录》签订后，曾仲鸣、周佛海等人先后逃离重庆到达越南河内。1938 年 12 月 18 日，伪政府发表了响应日本对华声明的投降"艳电"。该电文在香港的《南华日报》一经发表，便成了向日本公开求和的声明，一时间国内人心纷乱，不知道国家何去何从。

1940 年 3 月，在日本人的大力扶持下，汪伪政权在南京成立了"中华民国国民政府"，公然与重庆国民政府分庭抗礼。为了掩人耳目和开脱舆论的讨伐，汪伪政府又笼络人才，把各种媒体的功能使用到了最大化。而混迹于官场半世的胡兰成也因此受到空前恩惠，被委任宣传部政务次长、执行委员，同时还兼任了《中华日报》总主笔。从无人知晓到一朝得道，这位贫民家庭出身的小教员，从来没有想过一夜成名的感觉是如此之好。从某种程度而言，他觉着这些地位的获得要归功于才学，同时应感激人生途中遇到的"圣君明主"。基于乱世里为人赏识的知遇之恩，胡兰成在人生理想的蓝图下，全副身心依附于"新朝"。一介书生，本该舞文弄墨兼济天下，可他从政后就逐渐疏远梦想，也放弃了文化人的德能，成天只能疲于应付种种公务杂事。

阳光从树叶间悄然洒落下来，任满地的光斑织锦成安静而又淡然的图案，这种安详的气息漫长、舒倘，似乎还铺设在无比的幸福与满足上，让人在喜悦中忍不住想摘下一朵朵晚秋的阳光制成精致的书签，轻轻地留存在每一个喜欢的日子里，或者煮成弥散着温暖与光芒的清瘦诗句来陶醉心田。大概是 10 月的一天下午，胡兰成处理完堆在案头的事务性工作后，顺手拿起《天地》杂志在躺椅上消遣放松。作为文人，他自是懂得世间的繁华与落幕，也想在书中求得片刻的安宁，或许越是远离喧嚣，越发对这些优美的文字有种亲近感。或许是心情高兴的缘故，手中的这本杂志也看起来十分别致，其中的文章读了后不由得让人暗自叫好，虽说不太熟悉主编苏青为何人，但他还是说服自己开始关注。

1914年，苏青出生于浙江宁波一户书香门第家庭，其名原为冯和仪，寓意"鸾凤和鸣，有凤来仪"。但人生中从来都充满着太多的不可思议，所以命运在给苏青出色文才的同时，又让她于文字中悄无声息书写出婚姻的不幸。那部曾连续印刷三十六版的小说《结婚十年》创造出了盛况空前的纪录，而书中"我需要一个青年的、漂亮的、多情的男人，夜里偎着我并头睡在床上，不必多谈，彼此都能心心相印，灵魂与灵魂，肉体与肉体，永远融合，拥抱在一起"的理想，却因为自己始终生不出儿子和丈夫出轨，被一巴掌彻底摧毁了。

在二十世纪三四十年代的大上海，出走海外和离婚几乎成了一种新兴的生活时尚，似乎知性女子的骨子里都有着娜拉的独立自主和女性表达。为应付离婚后的艰辛生活，人称"宁波皇后"的苏青带着女儿开始学习写作。被誉为上海滩"四大才女"之一的苏青长相甜美，如月的凤眉含情脉脉，眼睛里就像充盈着一汪清澈的湖水，始终透着灵秀雅致的光芒。二十岁那年，她以优异的成绩考上了南京大学，虽然在众多学生中不显山不露水，但高贵的神情和气质在甜甜的酒窝中如同流淌的灵韵。

苏青知世故而不世故的女强人精神，让她从此一发便不可收，无论是散文还是小说，她更多都是基于柴米油盐、家长里短、儿女情长的日常。为解决生活的拮据现状，她完全改变了在家写作的淑女形象，亲自扛着书在大街上一本本地推销，甚至为此还和小摊贩们讨价还价。正是这种大胆的举动让她对这个社会有了重新的认识，却也在离婚和失业之际受到了夫人杨淑慧的推荐，出任了上海市市长专员，其实"就是以专员名义，替我（市长）办办私人稿件，或者替我整理文件"。在这样的情势下，她很快创办了提倡女子写作的《天地》杂志，这也预示着其事业发展如日中天的开始。于无声处听惊雷的做法，在当时无疑是一种挑战，苏青不但集社长、主编、发行人于一身，在不愿意妥协中绽放着属于自己的光芒，还让《天地》成了中国历史上第一个真正由女性支配的媒体。乱世之中，苏青为了稿源四处奔走着，不料想约到了才女张爱玲的稿件，张爱玲不但应允约稿，还对苏青给予了高度的评价："喜欢苏青身上平实的、让人安心的烟火气息。"

说干就干，《天地》杂志很快就在苏青的期望中面世了。创刊号的卷首语由苏青亲自执笔，那老辣不失劲道的文字犹如雨后绽放的丛丛新绿，除了充满着诸多活力之外，让人丝毫觉不着这些文字出自女人之手。就在此前，苏青还心怀忐忑地去信向胡兰成约稿，不料首期杂志就得到了他的欣赏与关注。

上期的《天地》杂志读完后，新刊也是不负众望，这期杂志的主打文章是张爱玲的《封锁》。那梦一般的文字和情节，最终告诉读者的是要学会面对各种因果，不必把人世间的事情想得太清楚。这些文字就像散发着氤氲香息的浓茶，一下就触及了胡兰成内心的最柔软处，不由得让他如饮甘醇，读后似乎还觉着不过瘾，又积极地推荐给身边的朋友们看。

乱世中，什么事情都会发生，谁也说不清文字怎么会让素不相识的人结缘在一起。

胡兰成生于浙江嵊县（今嵊州市），年幼时丧父，自小跟随着母亲生活在乡下农村，因家境贫寒读书极为用功，方圆十几里都知道这孩子将来会大有出息，中学时果然不负众望考取了杭州邮务局的邮务生，工作待遇也算是不错，却因为不服局长的管理被开除。他后来又陆续干过文书、教员，但总是不能安于现状，频繁地身处各种工作变换的忙乱中。由于对政治时局颇为关心，常常会在酒后自叹命运不济，空有一腹雄才无人能识。

人生可以失望，但不能盲目。胡兰成三十岁那年发生了一件事，他意外地接到国民革命军第七军廖磊军长的信函，邀其前往柳州创办《柳州日报》。素与军人无瓜葛的胡兰成经过深思熟虑，还是非常痛快地答应了。此前，蒋介石与胡汉民之间发生"约法之争"，一怒之下将胡汉民软禁在南京，却没料想到这举动像一锅烧开了的水，引起民愤民怨不说，还加剧了国民党内部的分裂。各路将领打着抗战的旗号纷纷致电蒋介石，要求其在四十八小时内必须下野。震惊全国的兵谏发生后，广东军阀陈济棠、广西军阀李宗仁势力又在广州召开"国民党中央执、监委员非常会议"，正式宣告成立"国民政府"，率军"北上"湖南要与日寇决一死战，实际上却在国家危亡之际与中央军形成对峙，内战一触即发。

喜欢投机的胡兰成谙熟政治局势，之所以答应廖磊军长无非是看重了当下"北上抗日"的提法，打算从反蒋斗争中谋得一席之地，更为重要的是他明白这场攸关中国抗战前途生死的对抗后面，隐藏着极其不堪的阴谋。大批的知识分子陆续朝两广聚集，各地实力派也开始群起响应。从后来蒋介石的日记中可以知道："六月一日以来，两粤谋叛称兵，全国动摇，华北冀察以及川湘几乎皆已响应，其态度与两粤完全一致，党国形势岌岌危殆。"在这种危急的形势下，胡兰成开始接触社会政治，为政客帮闲帮忙，等去了《柳州日报》后就开始大放厥词，不但呼吁政府要积极作为，还肆意鼓吹"抗战要与民间起兵开创新朝的气运结合，不可被利用为地方军人对中央相争相妥协的手段"，来煽动两广与中央政府分庭而治。他的这番言论一出，立即引起各方极大关注，后经中央出面协调各方关系后才得以平息，得罪了地方势力，胡兰成却因肆意煽动动乱的罪名，被羁押到桂林第四集团军司令部受审。监禁了三十多天后，战区最高长官白崇禧才借口公务繁忙来看望他，并面呈五百大洋将其"礼送"出境。遭受羞辱的胡兰成回到家乡后，父母都已经过世，小女儿又意外夭折，内心的凄凉可见一斑。

政治本不是他参与的东西，可内心并不安于现状的胡兰成，始终没有认清政治的本来面目，也不愿以"心安茅屋隐，性定菜根香"的平淡，来安安稳稳地度过他人生的历程。

一段时间之后，耐不住寂寞的胡兰成，又开始盼望着能够复出。

事情的发展，从来都是有利有弊。自胡兰成在桂林被人"礼"送出境，却不经意打开了接触政界的窗口，原本是不堪一提的饭后笑谈，结果却因此而名噪一时，成了当时的风云人物。与胡兰成相比，张爱玲天性聪慧、读书用功，常常置身书海中不能自拔，始终笃信着出名要趁早，只愿在文字的曲径中寻找出路。以她对于所谓幸福的理解，便是享受着天底下最无私的阳光；以她笔下的诸多种丰富，来努力书写着无比唯美的世事。一个荒乱的时代，能有这样一个人只为兴趣和生计单纯地活着，着实不易。

不论如何，这位有心计的男人既然已经关注张爱玲这么久，现在只想知道她的地址了。

而苏青，便是打开他这把心结的钥匙。

兴之所至

谁说梦想是虚无缥缈的气泡呢？事实上人生太多的未知和体验，往往都是从不经意开始的。这种不经意如同最美的缘分，在心动中有着相知、钟情，也有着两两相望的眷恋。

乱世中，根本不需要想太多的因果，红尘中的缘分不就是这样吗？那崔莺莺和张生的莫名感动，让人觉着相逢竟然这般唯美，或许只要轻轻揭开一页就是新的不同。好多时候，有心能知、有情能爱、有梦能圆，何尝又不是最为真实的人生呢？眼下这年华似水的岁月流逝中，所有的喜怒哀乐注定要成为不同的景色和精彩。

跻身汪伪政府后，胡兰成很快学会了全面考虑国际形势的发展的同时，又似乎找回了久违的激情，思昨昔今昔，虽说有太多述之不尽的感慨和怅惘，可毕竟此时的内心无比踏实。想想也是，梦境还是不能随便丢的。出于对当下局势的判断，他极不赞成对英美等国公开宣战，原本是替主席着想，期盼着汪伪政府的基业能够更加长久些，却没想到这样的坚持却和人生出诸多罅隙。迫于彼此政见的不同，以往的所有亲密顿时都成了虚幻，胡兰成无比失望地离开了喜欢的官场，神情黯然回到老家静心休养，那状态连身边的人都认为他仕途止此了，却没想到情感上花开墙外，一段"倾国倾城"的浪漫爱情即将上演。

1943 年 10 月，在位于南京石婆婆巷二十号的小院中，了无牵挂的胡兰成放松着身心地躺在靠椅上，任凭着温润阳光如水一样从身上缓然拂过，这种放松让他有着一种前所未有的满足，似乎每一处阳光的缝隙中，都透着焕然一新的芳香。幸福是天空、是阳光、是草地，细细品味着这细密的光线，不由得想起了"心中拥有阳光，生命便有了诗意"的浪漫来。

有阳光的日子真好，无人打扰的清醒着实难得，躺久了便顺手翻起身旁的杂志。在政府任职时，胡兰成就对苏青的《天地》杂志印象不错，感觉设计大方，装帧素雅，能以不落俗套的面目出现在战乱时期，足见其确实下足了功夫。他一页页无聊地翻阅着，那篇《封锁》的小说便突兀地映入了眼帘，仿佛就是写给自己的文字。此刻，自己不就是被政治封锁住了吗？由于不得志致使心中的愿望无法实现。"封锁了。摇铃了。'丁零零零零'……电车停了，街上的人陷入一片慌乱，东奔西跑。商店的大铁门沙啦啦拉上了。电车里的人却相当镇静，他们在静静等待，等待着结束封锁。寂静的阳光底下，城市像一个打盹的巨人，巨大的重量一下子压到了人们的心上。他们想呼喊，想活动，想找点有意思的事情来填补这折磨人的虚空。于是，一个男子，一个女子，抛弃了俗世里的一切背景与衬托，在太初的单纯里相遇。家庭状况，工作职业，教育程度甚至衣着外貌，都成了无关紧要的东西。

彼此的眼里，只有一个男人，一个女人，身上都有着他们平日里难得发现的迷人气息，一场爱恋，在拥挤的电车里开始……"

《封锁》是张爱玲新近创作的小说，文字朴素真实，细腻地还原了战争期间上海小市民的生存现状，尤其她对于社会世相的观察，以及对情爱欲望的丰富描写，一字一句都仿佛嵌进了胡兰成心里。他也觉着自己就像电车里肆意缠绵的男主人公，彷徨、纠结而又无比困惑，在一连串麻木而习惯的铃声中，遽然投入仓促的情感中。更让人称奇的是，随着封锁的解禁，男子立即起身挤入了茫茫人海，片刻不见了身影，甚至连一句话也没有留下。"封锁期间的一切，等于没有发生。整个的上海打了个盹，做了个不近情理的梦。"

这故事貌似简单，实际上却又蕴涵着太多深刻的道理，读着读着就触景生情起来，就像一束不知从何处射来的光，就这样不经意地射进了胡兰成心里。莫名激动中他反复地问自己，这"张爱玲"到底是何等能人？怎么会把这个病态的社会看得入木三分，以至他十分急切地想结识她。情急之中以为自己还是政府的高官，便以高高在上的语气给苏青写信，询问有关张爱玲的相关情况。

经历过太多情感波折，素以大胆谈性而著称的犀利女子苏青，自然是懂得胡兰成的，收悉信件后她只是以寥寥数字敷衍回复，大意说张爱玲这人特别有个性，从不愿意委屈自己去接触陌生人。短短一行话越发让胡兰成摸不着头脑，心中却似有千百只手在不停地挠，他无聊地把信反复读了三五遍，执意要从中读出不同的味道来。夜深人静时，才知道脑海中想着的还是《封锁》里的种种情节。

关注，不失为接近一个人思想的最好办法。在之后出版的《天地》杂志中，似乎每一期都刊有张爱玲的大作，其中有篇《公寓生活记趣》的文章还特意为她配了大幅照片。虽无觊觎之心，但还是细细端详许久，一袭披肩长发下的忧郁，明眸皓齿下的纯洁，让人眼前即时幻化出照片后面的丰富与饱满。

处处留心皆学习，世事练达皆文章。张爱玲就像一味心灵鸡汤，在不断淡化着胡兰成官场上的不快，让他逐渐学会了放下，懂得了从容。以后的时日中，胡兰成脑海中总会浮现张爱玲的不同形象来，似乎只有这么漂亮的人，才可以写出这么美的文字来。每每用心读这些灵动的文字时，便不仅仅有感动，还能感受到生命中所不曾注意的细微。

自从喜欢上这些文字起，他对这些文字的作者变得格外上心。还不及胡兰成打听到张爱玲的地址，汪伪政府意外地开始了搜捕行动，甚至将不明就里的胡兰成关进了监狱。

出人意料的是，胡兰成在狱中并没有怨天尤人，也没有过多地去担心自己的生命，反而像坠入了情网一般，一有时间就琢磨着张爱玲的文字。那些天里，他利用着所有的时间来完成《论张爱玲》这篇文章，或许人不熟悉，但文字上的相识早已让他倾心，每每写到开心处时，那种特别想结识的心情就愈加迫切。也正是这种满不在乎，经过各方面的运作协调，胡兰成在被羁押了两个多月后终于获准出狱。

出狱后，等待胡兰成要处理的事情理应很多，可自私自恋的他还是在众人费解的眼神中，毅然放弃了去南京看望妻儿，而是带着按捺不住的喜悦来找苏青。这种意外的"临幸"，让处于迷乱情感中的苏青突然兴奋起来。在风流倜傥的胡兰成眼里，苏青"鼻子是鼻子，嘴是嘴，无可批评的鹅蛋脸，俊眼修眉，有一种男孩子的俊俏——在没有罩子的台灯的生冷的光里，侧面暗着一半，她的美得到一种新的圆熟与完成"。只是在享受了欢娱之后她才知道，这个喜欢拈花惹草的男人最想见到的是张爱玲。"及我去上海，一下火车即去寻苏青。苏青很高兴，从她的办公室陪我上街吃蛋炒饭，随后到她的寓所。我问起张爱玲，她说张爱玲不见人的。问她要张爱玲的地址，她亦迟疑了一会儿才写给我：静安寺赫德路口 192 号公寓 6 楼 65 室。"

一生阅女人无数的胡兰成，面对这来之不易的地址，眉眼英秀的他紧紧地攥在手中，生怕一不小心就会丢失似的。他只知道这张纸条可以让他见到朝思暮想的人，却从未想过会很快地和张爱玲坠入情网。虽然还在和苏青聊天，心里却早就想着那个妙笔生花的女人了。"天才文艺女神"的苏青真不愧是过来人，她怎么会不懂得胡兰成所谓"惜才"的借口呢？只是此刻作为女人的她，也是突然情窦难耐对他一往情深起来。"这是一个十足像男人的男人，他的脾气刚强，说话率真，态度诚恳，知识丰富，又有艺术趣味。"这样的文字描述，全然是苏青内心情感的表白。一个女人有这样的爱慕心，剩下的就是等待着你情我愿的委身了。胡兰成的心思全然不在苏青身上，或许就这样才不动声色地撩动了苏青，以至让她时而紧张、惊奇、羞涩。"他虽然长得不好看，又不肯修饰，然而却有一种令人崇拜的风度！他是一个好的宣传家，当时我被他说得死心塌地地佩服他了。"一个人要投入另一个人的怀抱，总归是要有原因的，除了喜欢之外，其实得不到才是最好的诱惑。紧接着两人眉来眼去，就缠绵在柔软的床上享受人生了。

生性风流的胡兰成即使猫在美人怀里，还无法忘却对张爱玲的种种臆想，这应该是一个男人的本性所在，其实也就是在隐约中期待着艳遇。

天山积雪，化作尘世雨点，丹火炉烟，原是人间炊烟。苏青也知道留不住眼前这个人，他的心根本就不是属于自己的，只能在身体的接触中一次又一次地满足着，至少那一刻还是开心的、陶醉的。第二天上午，胡兰成径直前往静安寺路的公寓拜访张爱玲。

这情深几许，又知几何？一份婉约染就一袭青衣长袍，于不经意间为那个素影翩跹，让人为之怦然心动的女子。在深深浅浅的梦澜深处，在一地的旧时光中，苍白邂逅不仅是等待，还有着泅泅成韵的斑斓流年。

一地暗香，流淌着已成定局的宿命。他恭敬地站在门前，从脸上看不出丝毫的局促，反而彰显出了文人特有的斯文。听到急促的门铃声响，姑姑张茂渊心怀喜悦地去开门，当她看到这个须发整洁的人时，又立即换作了一脸严肃，隔着狭窄的门缝隙扫视了眼前这个人后，还不及他开口说话，便将那扇才稍稍开启的门要硬生生地合上。胡兰成不失时机地伸出一只手来挡住，另一只手又不紧不慢地去掏名片。阳光从远处照过来，透过花丛淡淡地映在他脸上，不凑巧的是他偏偏什么也没有带，只有焦灼中的一抹哀怨、一袭微凉。无奈之中只能央求妇人递出纸笔，于仓促中写下了自己的名字和电话。

纸条刚递进去，门就重重地关上了。风吹过街角，只留下了无尽的徜徉和回忆，还带着淡淡的哀怨和伤痛。

对张茂渊来说，这些年的各种经历早已让她见惯了人情世故，或许是受伤太多，所以她永远都是以不冷不热的面孔，来拒绝着所有陌生的造访者。

既然素不相识，管你是谁，胡兰成亦是如此。

漠思回首，明月当头，只是晚风不识愁，无语寄风流。面对着怆然紧闭的大门，胡兰成还是想起了苏青的劝告，看来素以孤傲示人的张爱玲真的不愿见人，更何况又是他这样的陌生人呢？未曾想到的尴尬并没有让胡兰成失望，这些年他遭遇的挫折真是多得述之不尽，小小的闭门羹又算得了什么呢？其实，胡兰成更看重的是张爱玲的才学，至于以后从两情相悦中陷入情网却又是从未想过的。"我要你知道，在这个世界上总有一个人是等着你的，不管在什么时候，不管在什么地方。反正你知道，总有这么个人。"如果说这样的爱需要经受反复的验证，那么人生中的每一段相逢都是相见恨晚。

此前，为解救身陷囹圄的胡兰成，张爱玲还陪苏青一同去了南京，恳请周佛海能够出面帮忙出手相救。作为都市独立女性的代言人，能为一个人如此奔波，这不免令人产生太多的想象。张爱玲欣赏苏青特别物质的性格，苏青是乱世中的盛世人。在她人生最好的年华里，整个中国都处于烽火之中，孤岛上海仍然歌舞升平，成就了她的一段传奇。"尤其她像一束独立熊熊燃烧的火焰，在无比热闹的爆炸声中，时常能让张爱玲从中能看出以后的生活状态。或许是基于这样的想法，她才愿意答应了前往。"无论如何，两个女人的敢作敢为还是感动了牢狱中的胡兰成，虽然胡兰成已有妻室，还喜欢狎妓游玩。

这一天其实非常难挨，闲居在家的胡兰成便觉着实在是无事可做，无尽的期望，换来的却是数之不尽的失望和心寒，无法忍受的痛苦就像是一把剑，渐渐地朝着内心最软的地方刺了过去，让他不敢再去相信所谓的命运安排了。对他而言，其毕生的精神所寄无非就是政治的宦海中，努力实现人生的所谓梦想。仕途的终结，已经开始动摇着他人生中最重要的等待，现在除了女人，已没任何东西可以弥补他空虚的心灵。

没有希望，就没有失望。或许他已经习惯了失望，可无法习惯的却是寂寞。吃了闭门羹后的胡兰成并没有轻言放弃，这种做法让世俗的苏青颇感意外。她时常心怀不羁，自诩生命中遇见过各种各样的人，平实而又热闹的文字中更是透着对男女情感的深谙。在某种意义上，她认为男人们只在乎如花隔云端的神秘，一切激情终会在时光流逝中被淡忘。只是这次，却没有想到这个男人已在自己心里占据了如此重要的位置。面对着窗外的无比繁华，这个拥有着圆熟和丰腴美的女子，第一次尝试到了热闹之外的幽沉，这种感觉是她惧怕的，在理性与真实中开始怀疑起自己的判断。

胡兰成的无意出现，注定要让两个女人心中的火同时烧起来，同时又要将她们置于进退维谷的争端中。1944 年 5 月，在苏青主编的《天地》月刊上，胡兰成的《论张爱玲》发表了。他给张爱玲很高的评价和赞誉："确实鲁迅之后有她。她是个伟大的寻求者。和鲁迅不同的地方是，鲁迅经过几十年来的几次革命和反动，他的寻求是战场上受伤的卫士的凄厉的呼唤，张爱玲则是一株新生的苗，寻求着阳光与空气，看来似乎是稚弱的，但因为没受过摧残，所以没有一点病态，在长长的严冬之后，春天的消息在萌动，这样的苗带给了人间以健康与明朗的、不可摧毁的生命力。"

胡兰成怀抱美人，还要一意孤行地盘算着另一位美人，这种不考虑后果的自私做法，注定会让两个本来情同手足的女人生出诸多矛盾。

这才是女人间最为真实的生活。

张爱玲最懂得苏青，与恃才傲物的张爱玲不同，苏青的婚姻不幸，性格中不近悬崖，不树异帜，在世俗中活得非常实在，能够让人看清楚这份火热。苏青的火热被胡兰成视为干柴烈火，从而将她柔软十足的内心搅扰得翻云覆雨。现在，胡兰成又要情倾好友，苏青自然要将各种怨恨归于张爱玲。在《小团圆》一书中，张爱玲心甘情愿袒护着胡兰成，也不小心流露出了对苏青的忌恨。当然，这都是后话，当前最要紧的是胡兰成如何与张爱玲见面。

也不懂那漫长的夜晚是如何度过的，正当浑身无力的胡兰成无聊地读着书时，一个陌生的电话打来了。想了想他还是拿起电话，话筒里立即传来了那柔弱而坚定的声音，虽说彼此话语不多，但还是听清楚了与回访有关的内容。在放下电话的那刻，胡兰成脸上已漾出了欣喜的光彩，因为打电话来的人正是不食人间烟火的张爱玲。

久违的声音，瞬间融化了他所有的不快；难得的主动，在他内心生出世俗的幸福。一根细细的电话线，更是将这位民国的临水照花人，从尘埃的芳魂中款然地约出来，又用复杂而凌乱的感情纠葛连接起来。

人世间不外乎两个悲剧，一是想得到的得不到，二是想得到的得到了。看来确实如此，就和这世上本就没有无缘无故的爱，亦没有无缘无故的恨一样，只是这一切全都因缘而起。

世间执念

人生的幸福，一半争取，一半随心。

如果你相信命，那么一切的偶然都是注定；如果你不相信命，那么一切的注定都是偶然。张爱玲颇为好奇地从姑姑手中接过了纸条，只是这次她并没有同以往那样顺手扔进纸屑筐，偏偏又正儿八经地瞧了几眼，发现纸条上赫然写着胡兰成的名字。

或许真是寂寞开成了海，张爱玲平静如水的心底忽然无端掀起波澜，本是很随心、很正常的一次拒绝，现在她却要在自我的迷失中开始思虑如何去补救过失，甚至萌生出了不该有的期待。那夜一个人在床榻上思来想去，还是觉着回访不失为最便捷的办法。

在上海滩，胡兰成的名字是家喻户晓，宅居的张爱玲又怎么能不知道？现在冷不丁地提出回访，无非就是从他身上看上了某种希望。灼灼桃花十里，取一朵放在心上；任凭弱水三千，只取这一瓢饮。既然无法拒绝，那么就在这美好中能够撩动心弦，奉上最热烈的爱恋。于是，张爱玲之前的冷漠全然消失了。

　　张爱玲无疑是天生的完美主义者，事情在没有准备好的情况下，绝对不会轻易表明其观点。这种为人的谨慎，表现在她招待熟悉的朋友时，也会精心装扮后才会坦然面对。现在，在对待这个乱世里的风尘男人时，她开始变得与以前大为不同了。这种自我的改变无法让人说清楚是出于何意，但她如花的年龄，相信没有人会愿意拒绝这满含欣赏的眼神的。

　　第二日午后，张爱玲拨通了胡兰成的电话。不期而至的电话，无疑打乱了他的所有计划，甚至比之前的闭门羹还要让人摸不着头脑。

　　从电话里传递出的意思，就是做人不能太失礼仪。如约而至那天，张爱玲身着一件时尚靓丽的短旗袍，外搭了一件咖色的呢子长大衣，既能挡风，又可以将青涩和成熟完美地融合在一起，尤其从那细碎而又精致的步履中，还让人可以看到稍露的脚踝竟是洁白如瓷，白晃晃地直闪烁人眼。

　　上帝曾说要有光，便有了光。这个被光环笼罩着的青涩女子，以其无比火热的激情，轻缓而又不失礼节地敲开了位于大西路美丽园的胡宅。门刚打开，还不及胡兰成发问，那从骨子里渗出的气质，带着生命中溢出的温润气度已拂面而来，让人不能直视却又无法拒绝。

　　从接到电话那一刻开始，胡兰成就焦灼地等待着门铃的响起。等待仿佛就像一扇窗户，让他从期盼和纠结中隐约看到了自己的幸福。这恍若梦想的奇妙中有假想、有烦恼、有注定，总之在短短的时间内，他对这个惊世骇俗的奇异女子产生了太多想象，渐然中才明白，所有的快乐不仅仅是为这个让人心动的名字，而是内心无法说出口的想念与煎熬。他把杂志上的照片反复看了又看，冥冥中不能忘怀的是那清纯妩媚的眼神。

开门后的第一眼却让胡兰成倒吸了口凉气。"我一见张爱玲的人，只觉与我所想的全不对。她进来客厅里，似乎她的人太大，坐在那里，又幼稚可怜相，待说她是个女学生，又连女学生的成熟亦没有，我甚至怕她生活贫寒，心里想战时文化人原来苦，但她又不能使我当她是个作家。"千年轮回，只为等待一个人；三生缘分，换得你一世笑靥。这种以貌取人而导致的强烈落差，分明让胡兰成深深地觉着了幻想的破灭和无情，但他还是颇有城府地不露声色，用一张难得的笑脸来恭迎张爱玲。

素来孤傲的张爱玲能主动来见胡兰成，自然还有着感激的原因在其中。当初，胡兰成因"文字狱"被抓，苏青和她一同前往南京救助。出狱后，胡兰成很快将结稿的《论张爱玲》发表在《天地》杂志上，其中新颖别致的论述观点让对文字挑剔的张爱玲眼前一亮。张爱玲是个不按规矩出牌的人，因文字而起的好感，还是让她无意中记住了这个男人。

有了这层难得的因缘，张爱玲才要匆匆去见那位陌生的男人，仿佛从那时开始，彼此就在期待着这次相遇。在最美好的年华里，一个心灵与另一个心灵的邂逅，似乎只有一朵花开的时间，但那温柔的流转中，虚幻的愿望也似乎要变成久别重逢。

与君初相识，犹如故人归。虽说见面前还有些心怀不满，但彼此饶有兴趣地谈了五六个小时，那份等待、那份梦幻又不知不觉地荡漾在彼此心底，一切都是那么地自然，让这样的遇见有些类似芸芸众生中的清音流年。是的，每个人都有属于自己的世界，但这样的相聚偏偏又同途、同步，这对很少同人交往的张爱玲来说本身就是个奇迹，就连时常在红粉堆中穿梭的胡兰成也感到了不可思议。眼前这个瘦弱清爽的人，似乎有着一肚子的渊博讲不完，虽然在细心聆听，但简洁的回应中却有着宠辱不惊，甚至比胡兰成还有着更多的沉稳。"她的神情，是小女孩放学回家，路上一人独行，肚子里在想什么心事，遇到同学叫她，她亦不理，她脸上的那种正经样子……她但凡做什么，都好像在承担着一件大事。"涉世浅，点染亦浅，张爱玲渴望激情的单纯中，有着不可一世的优越，又不乏单纯聪明的幼稚，这些在见多识广的胡兰成看来，却像发现了长在繁华都市中的奇花异草，越发喜欢得不愿放手，尤其是她那副故作正经的小模样，更是不断地加剧着胡兰成想要表达的欲望。

既然是因为文字而相识，那么文学的话题自然不能错过，在论及当下的中国文艺现状时，胡兰成还是比较客观而实在地点评了张爱玲的作品，虽多为溢美之词，但还是在不经意中触动了她的内心，点亮了她的灵魂。徐徐茶香带着柔弱无力的氤氲，彰显出随性、低调、闲适、安然，听着他任职南京政府时的奇闻八卦、挣扎在家庭与情感间的迷茫、现实中演绎的激烈情感，认真倾听的张爱玲会不时地报以真挚的微笑，虽说她偶尔也会提出个别幼稚的问题，但终究还是保持着好听众的形象，在不动声色中展现出女人无比的温柔。到底是什么力量在紧密地缠绕着这对生命？

他们又该如何用温情来感化这段生命中的偶然交会呢？

痛苦与欢乐，现实与梦想，各种矛盾的交织中，体会最深的还是人间的冷暖。既然是这样，何不索性说个痛痛快快，看看眼前这位听众的定力到底如何。而张爱玲也不愧为名门出身，自幼接受过良好的教育，长时间的端坐静听根本就不是什么问题。一段话、一杯茶，带着灵魂的沉稳，让悸动的心在言语的冷峻与温柔中渐然平静下来。"你的《封锁》是非常洗练的作品，简直是一篇诗。我喜欢这作品的精致如同一串项链，但也为它的太精致而顾虑，以为，倘若写得巨幅的作品，像时代的纪念碑式的工程那样，或者还需要加上笨重的钢骨与粗糙的水泥。"轻微的煽情拂过，让天马行空的独有调侃，充满太多的人情味道，听后如同在享受岁月的质朴和优雅。一念成魔，这何止是滴水不漏的言语，那完全是充满着灵性的情感皈依，试问情窦初开的小女子又怎么能抗拒？

岁月是一条河，左岸是遇见的温暖，右岸是快乐的记忆，而其中流淌的却是如水年华，在这美好的氛围中，张爱玲应该是醉了，这样的赞美不要说是当红作家，就是上帝听后也会动容不已。

温情与残酷、美丽与苦难，让张爱玲在高傲中享受着文字的快感。她在心底揣测着这位男人，从侃侃而谈中知道他一定熟读过自己的作品，便不由得佩服其用心来。确实，为了能够结识张爱玲，他也是下了功夫去翻阅了她以往出版的作品，并从中总结出自己独到的观点。

为深入了解张爱玲，他不但阅读她的作品，还数次去了南京的张爱玲旧宅，从雕梁画栋的繁缛与精巧中，用心感受着这个女人不同的身世背景；从假山流水的激越声中，聆听着那唯美超脱的人间景致；从满地铺陈的黄绿相接中，享受着意境中的心无羁绊；在想象和神秘的交织延展下，身世两意着最美的风景。胡兰成发了疯地想要走进她的世界，现在终于有了机会，他自然是毫不吝惜地要反映出女性全部的美来。

悄无声息的奉承，要么让人成熟，要么让人坠落，张爱玲不失时机地抓住这种稍纵即逝的情绪，把自己开出了如花般的灿然。

桃花带泛泛，立有月明里。若要细细品味这种生活中的不约而至，那种欲说还休的波澜，真是有着千万种滋味在心间激荡。你说这样文雅的撩拨谁能拒绝，谁又甘愿去拒绝呢？就如同之前张爱玲执意要见这个人时的叛逆、冲动一样，动的不仅是心，乱的还有安静生活中的情绪。

彼此开心的交谈中，不再有欲说还休的犹豫、猜测和躲闪，取而代之以潜藏于心的热情与甜蜜。

众所周知，张爱玲笔下的文字的世界时而静谧如水，时而万丈狂澜，那波浪滚滚中营造出的神秘与风情，恰恰有着精妙绝伦的迷人，就如同磁石在深深地吸引着人们来议论，来感受与众不同的魅力。走进张爱玲海天一色的空间，才发现她的情感世界里透着空白，像悬挂在蓝天下的曼妙绸缎，像静止不动的白色泡沫，根本感觉不到"乱石穿空，惊涛拍岸，卷起千堆雪"的豪放壮美。胡兰成处心积虑地准备着与张爱玲见面的各种方法，就像即将上台进行答辩的老师。察己则可以知人，察今则可以知古，虽说风流不在谈锋健，但作为上海、南京政要名媛圈子里的座上宾，胡兰成的风趣幽默常常令无数人折服不已。见面后，那种温文开朗的谈吐，动情流畅的得意，都悄无声息地注入她冷冰冰的情感中。到底是玩弄情场的浪子，他将各种优美动听的言辞运用得行云流水，而后又故意漏出些小破绽，可谓是全方位调动着她的欲望。凡是熟悉胡兰成的人都知道，通常情况下他有三件法宝来对付身边的女人：一是以不幸的往事来换取同情；二是以糜烂的情史来显示尊重；三是以花女人钱视为亲密接触。这种离经叛道的手法竟在各色人前屡试不爽，几乎没有出过任何纰漏，对眼下这位循规蹈矩的张爱玲来说，她的出现注定是要痴醉成迷的。

窗外听喧哗，高楼共饮茶。云雾缭绕的茶世界中人来人往，蕴含着极为丰富的人生哲理。不论是消遣寂寞，还是灵魂救赎；不论是幽径春华，还是否极泰来；不论是和风细雨，还是意味孤独，这片树叶最终让想象见证了最美好的一天。

茶凉了又续，续了又凉，彼此都不愿先开口道别，其实情感又何尝不是这样呢？得与舍、始与终，在不完美的人生中犹如眼前这杯清茶，把初时的苦涩渐然变成了恬淡香甜，全然浸润在幽香的诗意中。两人从文艺谈到生活，从创作谈到稿酬，几乎是信马由缰地阔谈着，似乎每一个话题都可以轻松展开。茶芽似起舞的精灵，在色香俱浓中怡养着心神，在回味无穷中品尝着人性，以致要送张爱玲回家时，突然发现连昏黄的夜色都变得如此迷人起来，从那一扇扇窗户中闪烁出来的星星点点，以其微不足道映着远离黑暗的温暖与感动，好像要在慰藉与希望中点亮这两个人的一生一世。香风细细的行走中，张爱玲心跳的速度不断加剧着，只感觉要在幽幽的路灯下逐渐迷失自己。

路并不算长，行人也不多，可流淌在弄堂里的时空漫远，却让她一辈子都无法忘记，相反还增添了要继续走下去的勇气和希望。

张扬而又无比孤冷的灵魂，终于遇见了生命里期待的那个人。虽然以这样直接的方式出现，但还是一下子就融化了她的柔软，就像是春日里一点一滴消融的冰雪，任触动灵魂的句子深深烙印在内心深处。

胡兰成的不凡谈吐，张爱玲的认真倾听，让她见识了生活中不同的新鲜与趣味，也让他起伏的心中又多了份说不出口的"惊艳"。都是才情极高的人，这样的悄然走近，自会有着相识的心动和信任，还有着魂萦梦牵的美丽。"他们花费了一辈子的时间瞪眼着自己的肚脐，并且想法子寻找，可有其他的人也感到兴趣的，叫人家也来瞪眼看。"现在来想，这行文字又该是多么经典，如果没有经历过这样的感情，又怎么会写出如此委婉的感慨呢？

情亦如此，相逢又何必曾相识呢？纵观人世间的种种际遇，无非是初始不相识，以后不相认。不论怎么说，胡兰成这壶饱含阅历的老酒，不喝无法知道人生况味，喝多了又会倍感寂寞。好多时候，这种生命里的萍水相逢，更多只是像流云一样慢慢飘散而去，但就是这样的短暂停留，仍然一下子迷醉了张爱玲亟需滋润的心。"我的惊艳是还在懂得她之前，所以她喜欢，因为我这真是无条件。而她的喜欢，亦是还在晓得她自己的情感之前。这样奇怪，不晓得不懂亦可以是知音。"没有说护佑一生，也没有说终此一生，但这样的相遇相知谁又不懂呢？无论在时光里相距如何遥远，该出现的总归还是要出现的，本来是想以调情的方式，来俘获一个当红的作家，结果却不小心让自己成了被俘的对象。

就这样，两个人肩并肩前行着。

"你的身材这么高，这怎么可以？"云缠绵，水缱绻，作为看惯风月的情场老手，这话中分明隐藏着别样的辗转相思的暧昧和调情。张爱玲对这唐突的言语并不以为然，只是在朦胧和惘然中感受着猜不透看不透的炽热，并非她听不懂其中传递的意味，只是疑惑眼前这男人真会如此随便？竟然神奇地打开了她那扇始终关闭着的爱恋之门，至少在过眼云烟的生命中有了不再孤单的心暖。

想到这些，张爱玲的脸色不由得兀地变红起来，两个可爱的小酒窝映衬着那抹淡然的笑容，立即从骨子里透出许多亲和与诱惑来，就像是一团温柔的火焰，从微微翘起的嘴角荡漾起十足的美来。这样的诱惑自然无法抵挡，两颗陌生的心陡然间又走近了许多。

巧笑倩兮，美目盼兮，原来爱情是如此之美，恍若游蛇悄然潜入心扉，顿时就打乱了张爱玲始终保持的矜持和方寸。她一路幸福地回到家，把少女的心思全都沉浸在一杯红茶中，细细回味彼此接触过的每一个细节，突然发现满心底都满溢着他的笑容，时不时地就会让人想起。那个只为一人而唱的夜晚，这位始终紧闭着心扉的女子，终于从静寂中感受到了长夜漫漫的味道。

现在，又到了灯亮的时候，

我喝了一口街上的朦胧，

倒像清醒了，

伸一个懒腰，

挣脱了，

多么沉重的白日梦。

从远处送来了一声"晚报"！

我吃了一惊，移乱了脚步，

丢开了一片皱折的白纸，

去吧，

我这个一天的记录！

爱是如此地缠绵悦动，任百年的孤寂只为一人守候。而跃动的思绪如电闪雷鸣、如喁喁细语，从卞之琳的小诗中读出了人世间所有的欢喜与清醒。

如果真是这样，相信张爱玲愿意花费生命中的每一分每一秒，来期待着再次相逢。

花开尘埃

相遇，既然一如绚丽的烟花在夜空中绽放出美丽，干脆就在这乱世里灿烂开遍，在温情记忆中水深火热。

总之，张爱玲就这样开始了人生中的恋爱。

恋爱的感觉无疑是甜蜜的，"见了他，她变得很低很低，低到尘埃里。但她的心里是欢喜的，从尘埃里开出花来"。突如其来的喜悦让这位无比孤傲的仙子，用心感受着流光溢彩的重重包围，就像身处开满桃花的雨巷，在瞬息万变的璀璨中不断麻木着情绪。她或许也知道浮华褪尽一场梦，但是宁愿委身也不想醒来。

其实，岁月已经非常眷顾奇女子张爱玲，让这段美好的"爱情"出现在她最美好的年龄。而她呢，也是许以芳心全力付出，丝毫没有辜负这注定光彩的绝代风华。

那刹那间的灿烂，烟花的尘埃也散发出温暖，当人们都在为这样的盛放谈笑风生时，却无人顾及繁华之后的无比寂寞。现在来看这灿若烟花的爱情，才发现惆怅的人生中还有着别样的精彩。是的，这个叫作胡兰成的男人执意要让她记住这一生的美丽了，以后几天连续都来找张爱玲促膝长谈，变相延续着谈情说爱的方式。政治场上严重受挫的他，现在全然要以男女调情的方式来满足着其无比变态的欲望，那恍惚中的兴奋像杯中晃动的酒精一样，开始让张爱玲不平静起来。

他每一次风情万种的到访，其实都是用寂寞和无聊在撩张爱玲，各种不经意的变化像是微波荡漾，像是日光倾城，摆脱不掉的却是美好而温暖的感触。好多时候她也在自问，难道他就是一个梦境做了千年的男神吗？这种似水真情的感觉来得不早也不晚，让她无法去拒绝什么，只能以从未有过的美妙在勾勒和点缀着人生，以致偏执地想起那些含笑的言谈时，张爱玲内心就似千瓣莲花在慢慢绽放，她准备要全身心地投入倾世的温柔之中了。

虽然彼此都是生命中的匆匆过客，但对相互爱慕的人来说，却是用幻想织就的整个世界，一任这如同瘟疫在蔓延的相遇，在悄然掏空着温情滋养下的灵魂。说真的，她也不知道这是什么样的感觉，除了心脏在怦怦然作响外，剩下的就是在不断地迷失。

看来即便是场梦魇，也要让彼此在迫不及待中成为永恒。

照花前后镜，花面交相映。素来习惯于自我保护的张爱玲，每每在面对他的出现时就会深感不安和纠结，也许是真的不懂爱情，但这样的陷入并非逃避，而是神魂颠倒的身不由己。对胡兰成来说，爱情无疑是浪漫的，只是此时的张爱玲还没有出脱到招人喜欢的地步，面对她弱不禁风一吻丢魂的模样，他更多看重的是聊天时的有趣，但就是这一点却也渲染出了这个女人无可替代的特征。"以至于多少年后，胡兰成并不觉得她看上去漂亮——

张爱玲属于那种貌不惊人的人，甚至没有照片上面光彩照人，倘若要说特别，不是她有会讨人喜欢之处，真正让胡兰成心动的地方，是她并不显山露水的文采。这样的低调也是他不曾想到的，如果两人只是在人海中相视而过，注定将都是彼此生命中的匆匆过客，根本不会在情海中如此波澜起伏了。"确实，张爱玲老到而又不凡的文采，任谁也无法想象出她到底有多世故，然而等真正见了面，其身上表现出的羞怯却又让人不知所措。兴奋与忸怩、主动与腼腆，强烈的反差疯狂颠覆着读者的认知，也让阅人无数的胡兰成有些手忙脚乱，也正是在这样道不尽风情的情况下，这两个人却不由分说打得火热起来。

一个长期孤傲冷僻的人，或许天生就能抵制这种若即若离的撩拨。但偏偏胡兰成又不同于别人，以有意的唐突和执着，恰到火候地把握着张爱玲的临界点，让她在轻松与刻骨铭心中体验着难得的快感。

所有的一切都在按预想进行着。

寂寞之中，你无论遇见谁，都是你生命中该出现的人。他不按规律出牌的放荡不羁，确实给张爱玲带来了实实在在的惊喜。意想不到的事情很快发生了，这次是胡兰成被请进了活色生香的闺房。房间不大，收拾得甚为洁净、雅致，粉色系的环境让人恍然来到了独处一隅的世外桃源。还不待细看其中的陈设，特意打扮过的张爱玲就出现在了眼前，一身飘逸的宝蓝色绸缎袄裤，一副时髦的嫩黄色边框眼镜，一双带着流苏的绣花布鞋，给人感觉这所有的繁复华美都是从骨子里散发出来的，虽然有着咄咄逼人的气概，但朦胧的气氛中更多的还是不施朱粉的纯粹。"恍如十七八岁的女生正在成长中，却连女学生的成熟亦没有，但衣着打扮却又透着华贵雍容之气，一时间让人近身不成。胡兰成面对此情景，当下便不安起来。虽说不只妖娆风情，却绝对是清纯洁净。"精巧优雅的家具陈设，混合着淡淡的体香、粉香、檀香、幽香，似乎连空气都为此变得安静起来，以其温和、凝练默默地融入木质纹路中。稍等心绪平和，他才放眼细看过去，斑斑点点的阳光照着高高低低的红木家具，从闲适惬意中闪烁出属于一个时代的鲜艳色彩，丝线绣着图案的短幔铺陈在上面，四周的流苏如同绿藤垂下，不失风雅和静谧。袅袅升腾的烟气中，这样摆设全然超脱了富贵家庭的奢靡，根本看不出丝毫带着炫耀的粗俗。无论是软柔的光彩，还是精致的富丽，这摆设与主人的品位、爱好、气质、性情息息相关，看不尽的是乱花渐欲迷人眼，悟不透的是无法按捺住的诱惑。

其实未必是张爱玲想要通过这种方式来放大自己，但他原本想玩弄贫困女作家的心思还是落空了。随之而来的不安如同带着凉风的秋雨，像被风无情追逐的落叶，在动荡、难堪中不断地掠过温热的脸庞。少了臆想下的欺骗，平添了些许愁绪，也不知道接下来还会发生什么。"但我使尽武器，还不及她的只是素手。"无尽的落差中，他只是觉着自己如此卑微，就像游走寂寥街道上的人，任由雨水慢慢地淋湿全身。

这些年走南闯北，胡兰成什么样的大富大贵没见过？但此时身处错落有致的陈设之中，虽然不会轻易地被这些精美物件所俘获，可还是忍不住为之一振。粉色的窗帘在眼前不住拂动着，像琴弦，像香烟，轻漾着诸多无法言说的奢华。喜欢一个人是身不由己的，之所以会从这种氛围中走不出来，都源于他年少时特别喜欢看人结婚，结果有次从花轿外看到了娇艳欲滴满含幸福的新娘，两双眼睛不经意对视在一起，突然有种"千秋无绝色，悦目是佳人。倾国倾城貌，惊为天下人"的感觉。他立即被美人既醉的凝眸娇柔打动了，皓腕霜雪般的白皙似乎从雪山上流下的冰水，在凝香艳露中如同盛开的芙蓉。也正是从那时开始，他记忆里就留存下了这美好的意境，云一涡，玉一梭，以致带着无数向往到了现在。

回忆起这些多年前的往事时，胡兰成的想象膨胀到了极致，他心神不安地看着张爱玲，更多了时尚的情趣、文艺的味道。这一切恍如历史与真实的写照，更像京戏中的典故桥段。当年，据说哭江山的刘玄德死了心爱的甘夫人，周瑜在多次派人讨要荆州未果的情况下又心生一计，虚情假意要将孙权的妹妹许配与其。刘备一听内心就开了花，神机妙算的诸葛亮也是假戏真做，竟然让"周郎妙计安天下，赔了夫人又折兵"。最出乎意料的是，刘备最后还得到了孙权母亲的疼爱，不听不闻执意要坚持着置办婚礼。当年，孙夫人屋里的这些陈设不也是散发着淡然的香味吗？刘备初次走进去时，也是按捺不住内心的激动和不安。胡兰成与刘备相比自然有着不同境界，但在审美情趣上却都是大同小异，尤其是这种如此相同的感觉下，让所有臆想又萦绕到了他身上。

张爱玲朝他莞尔一笑，丰富的表情慢慢地绽放开来，在清香中神秘而又富贵，耀眼的光色让他说话时都紧张了。"你这里布置得非常好，我去过好些讲究的地方，都不及这里。"张爱玲只是谦逊地回应道："这里的一切，都源于母亲和姑姑的精心布置，只是住久了，便习惯了。"本是一句无关轻重的说辞，却又不经意地说到了对方心里，或许这才是心心相印的感觉吧？

那天，他在闺房中待了很久，张爱玲既没有表现出反感，也看不出任何的局促不安，她更像小学生一样，只是安静地听着，偶尔也会插上几句。而他侃谈着理想、人生以及那些所谓的曲折经历，最后巧妙地都引申到了小说《孽海花》上，并对主人公威毅伯，也就是张爱玲的曾外祖父李鸿章赞誉有加。说者有心，听者有意，张爱玲何等聪慧，怎会不知这人物的真实原形呢？她微微起身，从身边的几案上拿过纸笔，从容不迫地将祖母李菊耦的诗句誊写给他。

> 鸡笼南望泪潸潸，闻道元戎匹马还。
> 一战何容轻大计，四方从此失边关。
> 焚车我自宽房琯，乘障人谁惜狄山。
> 宵旰殷勤犹望捷，群公何以慰龙颜。

岁月虽然无声，但沉淀下来的定然是快乐、幸福、自足。在这样的时刻，因为一首诗使得彼此的谈话越发有了意趣，透过那俯身挥笔的女子形象，让人从梦里花飞中又增添了些许想象。正是如此，才让内心隐隐的快感变得妙趣横生起来。他的目光萦绕在幽深中，只是还不待张口说话，张爱玲又稍作停顿后，文思敏捷地提笔写出了另外一首。

痛哭陈词动圣明，长孺长揖傲公卿。

论才宰相囊中物，杀贼书生纸上兵。

宣室不曾留贾席，越台何事请终缨。

豸冠寂寂犀渠尽，功罪千秋付史评。

用心细读，无论是朴素有力的字迹，还是流传已久的诗文，都有着引人注目的理由，婉约的墨迹中，又何尝不是一种说不出口的遥望、守候之美呢？这哪里是在誊写诗文，分明是在情意悠长中抒写穿越流年的清丽。认真读了几遍后，他忍不住击掌称好，不料想张爱玲却并不为这样的示好所动，只是轻描淡写地说祖母作诗的技巧不很纯熟，这些诗都是经过祖父反复修改后才得以示人的。如果要说诗中表现出的凄凉、复杂，那确实是一点也不为过，尤其是对马江海战失利后的无比痛惜，以及对于国破家亡的沉重哀叹，都于绵密的脉理中能够读出指陈时事的悲伤。原本是一段因嫁女而生的诗话，结果便被她活生生地肢解开来。他心中的张爱玲变得越发锐利无比，才艺绝代，那种知书达礼就似散发着清新的溪流，溢满着智慧和才情。张爱玲的确与众不同，她在肆意表现的同时，又不时会触及这个男人的所有好奇。缘是切磋、缘是询问、缘是关切，缘又像是怜爱，不经意中流露出美好的风韵和清纯。好多年后，这个深陷其中的男人依然深有感触："男欢女悦，一种似舞一种似斗，而中国旧式栏上雕刻的男女偶舞，那蛮横泼辣亦有如薛仁贵，与代战公主在两军阵前相遇，舞亦似斗。"不论是要征服女人，还是要征服世界，现在看来激情似火的征服从来都是男人的梦想，或许是甘甜如蜜，或许是心旷神怡，两个人不动声色的比试，犹如烟花柳月下的云水苍茫，无法阻拦的却是不妥协下的包容。

相聚总是如此短暂，恍若一世转瞬。尽管天色在变，但他心中只想着如何来维系这份难得的融洽，所以就不愿起身别过。张爱玲亦是端坐在旁，款款有礼，不急不躁，如夜色中弥漫的花香诱惑，每时每刻在牵动着神经。他恍然间觉着渺小了许多。原本是两个人的比斗，现在成了美如春花的恋慕，谁都想不动声色地攫住对方的心。

总之，张爱玲死心塌地要恋爱了。无论是甜蜜还是无奈，她的内心中陡然生出了风姿和柔媚，所有的细腻顿时在空灵中泛出冰清玉洁。

谁也没有想到爱情会来得如此之快。这些年，她一个人苦心付出和期盼，不就是为了此时的微雨燕双飞吗？至于他有家有室又如何？张爱玲的爱意如同火焰肆意蔓延着，像她性格中的从不妥协一样，似乎要将所有的传统礼仪全部烧掉。张爱玲才发现自己的身体变得发烫起来，就感觉自己仿佛是即将爆发的火山，不仅要烧掉自己，还要无情地毁了别人。不知是对人生的真实摹写，还是冥冥中早有预兆，张爱玲曾在《烬余录》中写下了香港空战期间，有学生登报结婚的生活世相，当时真不懂这样的夫妻在一起，是想依偎着躲避战争，还是为了乱世中的真爱？当一对对男女怀着某种目的走到一起时，实际上却只是为了苟且地享受。那么自己呢？

人其实都是这样的。看别人时，她都是清楚的；一旦换成了自己，却始终一片茫然。

等待的尽头是海角，想念的那端是天涯。陷入了爱情的男女，便不在乎个体的渺小，而是以轰轰烈烈的燃烧来面对这些机缘，像李益与霍小玉，步非烟与赵象，关盼盼与张惜，在征服与折服、渴望与期待的纠结中相互交织。山雨欲来风满楼又有何妨？反正一段爱情要在彼此最寂寞的时空中上演了。

眼看着暮色重得如同墨染一般，他才不好意思站起身来揖别。昏黄的灯光下，张爱玲削细的身形让人联想到太多说不出口的鲜润，饱满得像水果、柔弱得像早熟的麦子，连那明暗交错的眼神也变得十分多情起来，俩人不知不觉在闺房中聊了五六个小时，竟然不饥不饿，不累不乏，全身上下都散逸着无比的兴奋。以致回到家后，满眼都是柳眉幽眸的他又依顺着性情，提笔书写长信一封，在其中大书爱慕欢喜之情，并愿顺应着这缘分走下去。众所周知，胡兰成除了人品、立场差之外，琴棋书画才艺等皆佳，虽然在这封信中未曾按捺住情绪，却分明让人感觉到了对女性态度的浅薄可笑。他已经全然不在乎这些了，只想着赶紧把这封信立即就发走，把信中所谓的爱恋传递给对方。

这封浓缩了千言万语的求爱信，瞬间就将彼此间的所有试探全部定格了。张爱玲迫不及待地打开信后，又面色娇红地扶着眼镜，以渴望而又急切的心情反复读了几遍。

你曾是我的红尘客栈，我曾是你的驿路梨花，像数千年前的缘定三生，因了这爱情，不由分说牵手到一起。趴在窗前，窗外是来来往往的电车。张爱玲只感觉那颗不安的心要飞出去了。或许真是宅居得太久了些，现在想要感受外界的不同，眼前中出现的却是他的一脸窘状，久久拂之不去。

络纬秋啼金井阑，微霜凄凄簟色寒。孤灯不明思欲绝，卷帷望月空长叹。无比的忧郁中，张爱玲这座火山被点燃了，从此再也没有人可以阻挡她对爱情的向往了。

又是一天下午，张爱玲端茶静观窗外，一杯香茗淡然入口，眼前便浮现出了堪比画卷中的万水千山。天边云卷云舒，而那些逝去的岁月，分明就是流过指尖的如水时光。在人来人往中，熟悉的身影又一次出现了，他只是微微侧身回头，却如闪电一样直抵内心深处。

相思甜，相思苦，相思如酒让人迷恋。虽非美人，享受倾尽天下又何妨？只是四季的轮回，已让生命在不知不觉中如影相随。那天两人握别之后，年华似乎从此停顿不前，万般无奈的凝视后面，只任一行热泪渐然汇成无声的河流，才懂得相思如此之苦。

以后的日子，胡兰成每隔几日都要去张爱玲的寓所里吃茶聊天，"谁能克制住不沉醉于贝多芬的第九交响乐，巴托克的钢琴二重奏鸣曲、打击乐以及硬壳虫乐队的白色唱片集呢？"没办法，彼此精神上的情投意合，不但给平时安静的寓所带来了诸多的欢笑，还在对方的心灵深处烙下深深的痕迹。他的眼里，张爱玲这杯红茶是生命里的无比喜欢；在张爱玲眼里，他这杯红茶更酷似毒酒，只是散发着太多香息，让人一时无法自拔。或许只有这样的凝视才充满着情趣，才会在你来我往的谈笑风生中逐渐成为传奇。

见过大世面的姑姑有自己的想法，一是对眼前的这个已婚男人充满着不屑；一是对两人迅速升温的感情并不看好。她多次以过来人的直觉数落、指责她，更多的担心是这般亲密的关系会毁了侄女的清白。而身陷情海的张爱玲也似乎从中觉着了不妥，可她无法控制自己，只能任由着性情在红尘中继续离经叛道。

或许只是敷衍给姑姑看，等到再次见面时，张爱玲的脸上突然生出了些许愠怒，甚至连言谈中也开始变得冷淡。这让胡兰成一时不知所措，却也不敢过多去问，只是在匆匆别离时收到了一张纸条，上面简单地写着以后不要相见的话语。说不出的失落感顿时汹涌而来，只是一想到那份清纯中的妩媚和温柔，又铁下心不去理会这柔弱的拒绝，依然厚着脸皮前往她的寓所。

这种置若罔闻的做法，确实让张爱玲没了主张。在寓所内，他笑谈着天文地理、文化艺术，仿佛什么事情也没有发生过。也曾顾及姑姑反感，张爱玲只好当面又说出了"不要再来"的话，但眼神中的分外迷离，丝毫掩饰不住慌乱的内心和难以断绝的情思。在他面前，张爱玲完全就是个透明人，没办法，世故的他已经完全吃透了女性的所有心理变化。

她说她的，他则默不作声。这种貌似无礼的做法似乎在激怒着张爱玲，却也让她所有的坚强在愠怒中变得犹豫不决。于是，姑姑苦口婆心的相劝成了耳边风。等到再次见面时，他故意说到了《天地》杂志上刊登的那张大幅照片，那若有所思的无比温柔，那眼眸中的无比诱惑，让人看了之后真的难以释怀，尤其是从嘴角间溢出的沉默，更是携带着女人的善良与雅致。听了这一席露骨的奉承话后，张爱玲只是面含羞涩一笑了之，结果第二天她竟然以原版的照片相赠予，并郑重其事地在背面写下了一行字：因为懂得，所以慈悲。

懂得，从来都是张爱玲的春药。自始至终伴随了她多情而又丰富的一生。还要说什么呢？再多的文字未必就能懂得，再多的激情未必就能面对。痴情和宽容在不断地淹没着张爱玲的情绪，注定让她在这汹涌而来的波涛中失却全部。

所有这些经历，在张爱玲过往的生活中都不曾有过。而赠予照片的那刻，实际上是以含蓄的内在来表达以心相许，像臣服、像自愿、像心灵间的默契。作为女人，在那个时代能做的也只有这些了。他什么都明白，越发喜欢得不行，手拈照片长时间凝望后，这才猛然抬起头来直直地对着她那张充满渴望的脸，心平气和地说："我不喜欢恋爱，我喜欢结婚。"当时，张爱玲尚不满二十三岁，虽说对结婚的话题不惊不诧，但毕竟还有张纸没有捅破，却不知道她当时是何原因，竟然用真诚而又低声下气的话语说："你太太呢？"

思索了片刻后，他才慢悠悠地说："我可以离婚。"人一旦陷入了情海，又有谁的话可以去相信呢？

想想也是，一个是猫，不停地试探戏玩；一个是鼠，尽情地玩弄挑逗。

"我现在不想结婚。过几年我会去找你。"

话虽然这样说，但张爱玲已对自己以后的形势发展有了清晰判定，并且在脑海中升起了一幅充满和谐情思的画面：战争结束了，心中的那个男人已仓皇逃往一座偏远小城中求生，她闻讯后不远千里、一路劳顿地找了过去，也不管他会不会拒绝，两人最终相逢在穷乡僻壤的青灯下。窗外是呼啸而过的风，不停地拍打着窗棂，惹得窗纸不时地发出惊悚的声音来，彼此紧紧地依偎在温暖的被窝里，听着熟悉而又渴望的气息长时间不说一句话。这种只会出现在小说中的情节，被张爱玲全然不顾地照搬了过来。在她看来，只有经历过生死的爱情才会更加唯美和持久。

言谈中的将来，承诺中的天长地久，对于张爱玲来说都是无法想象的遥远。她既然能够放下身段恭迎这变态的爱情，自然就不曾打算用一生一世来相守。可以看出，十分务实的她只在乎的是眼下这男欢女悦。

爱情的力量真的如此之大？反正这个男人感觉他要用心呵护这尘埃中长出的花朵了。不过确实也是变化，从那时起他确实再也顾不上南京那个原本温暖的家了，而是守着张爱玲品茶醉眠，晨昏不分，任眼前的人生幻化出太多美妙。对于真正懂得的人，张爱玲从不会去浪费时间、拖泥带水，而是飞蛾扑火般全副身心投入，以自信来表现她最为柔情的一面。这在他后来出版的《今世今生》中也曾提及："她却又非常顺从，顺从在她是心甘情愿的喜悦。且她对世人有不胜其多的抱歉，时时觉得做错了似的，后悔不迭，她的悔是如同对着大地春阳、燕子的软语商量不定。"

本就是无关错对的感受，从偶然相识到情深意切、从纸上相识到谈笑风生，所有张爱玲的谈吐卓识、聪明伶俐，都撩得他不得不另眼相待这位如月光一样美好的女子了。从他写下的文字中可以知道，这位民国奇女子张爱玲还是有着不同妻室之处："我已有妻室，她并不在意。我有许多女友，乃至换女友游玩，她亦不会吃醋，她倒是愿意世上的女子都喜欢我。"

到底是该窃喜还是倍感幸运？是不胜感激还是横眉冷对？张爱玲的谦卑反让胡兰成乐得自在。既然昏黄油灯下无法共度，那就成为彼此生命中的过客吧？只是这种相逢的情趣，注定要在朝朝暮暮中被无限放大。面对着终将要被毁灭的这一切，张爱玲已不在乎繁文缛节的铺陈了，纵然前面是刀山火海也无所谓了。人生一世，何必那么拘泥于享受生活的态度和情趣呢？这就是她对于爱的态度，在不断享受着阳光雨露的滋润与呵护的同时，让爱的花朵在悬崖峭壁上生长。

人生不就是要求得轰轰烈烈吗？冰冷如水的张爱玲终于扑进了火热之中，因果于她是悲是喜，决然是不会在意了。

第四章

何须厌红尘

乱世佳缘

"人活着不在于世界让你高兴，而在于你选择了高兴。"张爱玲在创作生涯的黄金时间里选择了这个男人，且不说命运是如何使然，仅他满口的甜言蜜语就已经使她去除了所有防备，娇弱无力地缴了械。

"嫁给我吧？"

这位臭名远扬的文化汉奸丝毫不顾及众人的指责，竟然在扬扬自得中开口求婚了。那一刻，他也厚颜无耻地相信了这种诚恳。

"他若懂我，这就足够了。"

张爱玲连丝毫的考虑都没有，便凭借着内心的欢喜，勇敢而又坚决地点头应了下来。

高手过招，不外乎就是你死或者我亡，总归注定有人要被降伏。至于这两个不食人间烟火的人，真的无法知晓到底是谁输给了谁。

所有这一切进展都是出乎意料之快，一直到了举行婚礼那天，被蒙在鼓里的姑姑才在惊诧中得悉信息。眼看着一切已成定局，也顾不得去指责谁，只能自怨自艾看不清这个复杂多变的世界。

1944 年 8 月，三十八岁的胡兰成与二十四岁的张爱玲结合到了一起。虽然彼此年龄悬殊，但看上去倒也算般配，但所谓的婚礼就真有些拿不出手了。先不说婚礼为何要选在爱丁顿公寓里举行，仅就是那简单得不能再简单的结婚现场，最多也只是比平时多了几个人的热闹。真不知道张爱玲面对着这种草率时，又该如何屈尊自己的内心来接受人生中最为浓重的仪式。难道她真的不在乎这个形式？难道她真的只是在乎这个男人？或许是，也或许不是，但从中看出的是张爱玲在当下这个阶段的百般无聊。大概是战争把人们压抑得太久，让这场本就形同闹剧的婚礼，为平淡的生活增添了几分情趣。

夫妻对拜心相连，
婚书签约诉衷情。
媒证面前三世缘，
洞房花烛娇声喘。

随着司仪一连串的口令，花烛下，两人在众人的关注中开始书写起闪烁良辰美景的缠绵。无论如何，笔下生花的张爱玲在爱情面前总归是一张白纸，只能任由他在这无比的生涩面前毫无顾忌地描绘。他只是想着如何早日抱得美人归，才不在乎外人是如何看，又如何作想。也正是这种不断展现人生阅历的自鸣得意，才不经意洞穿了凝结在张爱玲体外的那层硬壳，一下就让她难耐的寂寞得到了宣泄和释放。对张爱玲而言，这种热情四溢下的放荡不羁，让他更多地融和民国文化人的书生气息，甚至连举手投足间都有着太多无法拒绝的中年男性魅力。她能做的只是任由着暖暖的阳光投射过来，让生长在尘埃中的那朵花儿自由绽放。

如果再说得实际一些，张爱玲也并非那种不谙世事之人，她从小就因为父母、家庭等变得早熟、敏感，从中积累下来的情感经验，一直找不到人来掌手。而这个男人不失时机地出现，瞬时让她带有挑战性的内心安稳下来。要说到男女之间最惬意的事，调情则莫过于首当其冲。而一个热忱无畏，在貌似平淡的世间经营着自己的江山和美人，在艺术和知识的伪装下，俘获了一个又一个的纯情女人；一个是技高一筹，于不动声色中游走于各色人的心扉之中，至少让他有着如醉如痴的兴奋。

生活时时都是这样无比奇妙，对于张爱玲来说，所有用心经历过的事情，最后又都在回味中以另一种方式出现在了笔下，饱含唯美和自信的文字，便成了见证传奇故事的密码，等待着一批批的"粉丝"在不同时期去解码。

这样的文字自有其精彩之处，就如范柳原曾对白流苏说："你是医我的药。"一个"药"字，便道尽了人生的所有理论；再如乔琪乔对葛薇龙说："他是眼中钉——这颗钉再没希望拔出来了，留着做个纪念吧？"其实，这颗"钉"如若换成了其他词语，还真是让人一时半会无法体会所要表达的那种感觉。

作为这场婚礼的参与者，好朋友炎樱一直伴随在左右，她眼中始终充满着无尽祝福。其实又有谁知道呢？人群包围中的那位青衣马褂，头戴礼帽，身上斜披着红布的男子，曾经也让她在无数个夜色里心潮澎湃、夜不能寐。只是命运造化让人不解，他为什么会与自己最好的朋友结为连理？或许是出于这种原因，她乐意用这样的心情来陪伴张爱玲，一起享受这幸福得让人只想流泪的时光。只是她此时不能哭，纵使有再多的爱恋与惆怅，也必须让往事从此消遁。

内心上下起伏的炎樱整理好情绪，手端茶盘向前走去。盘内置有婚书两封，上面赫然写着：胡兰成张爱玲签订终身，结为夫妻。细细看着这大红的婚书，她内心又是一阵说不出的思绪缥缈。当她看到他无比幸福的眼神时，还是坦然送上了最美好的期许。她知道，一切都注定要成为往事了。

月儿弯弯照九州，

几家欢喜几家愁。

几家夫妇同罗帐，

几个飘零在外头？

为表现出忠诚和对婚姻的重视，胡兰成还专门在媒体上刊发了两条消息：一条是与新欢张爱玲永结同心、不离不弃；一条是与旧爱全慧文、英娣解除婚约，再不来往。篇幅虽然不大，却甚是引人注目。张爱玲知道后，胜出的感觉带给她诸多无法言说的欣慰，同时也隐隐约约感到些许的酸涩。在《小团圆》中，张爱玲只是把现实中的主人公换了姓名，而且真实地预设了结局。"她把报纸向一只镜面乌漆树根矮几上一丢，在沙发椅上坐下来，虽然带着笑，脸色很凄楚。"

其实，怀揣着同样心情的还有姑姑张茂渊。作为张爱玲最为亲近的长辈，即便是这场婚礼再简单，也该开心地出席、见证和祝福，可她理性地拒绝了众人的请求，把自己关在里屋忧伤地发着呆。

张茂渊的反对自然没错，但从中也看出了人生的无奈。虽然她以旁观者的清醒看透了胡兰成虚伪、玩弄女性的伎俩，真正疑惑不解的却是张爱玲到底在追寻什么？

确实，现世安稳的强烈愿望下，是时局的越发动荡，是人心的无比浮华，是带着迟暮之气而来的苍凉之感。骄傲的张爱玲定然是清醒的，只不过她更愿意以唯美的想象，带着所有梦想成为胡兰成最后的归宿。

婚礼继续进行着，当两人郑重其事地写下"愿使岁月静好，现世安稳"这行字时，现场传来了喧哗和掌声。那一刻，他俩是在完成着婚礼的仪式，还是原本就不在乎这些虚无的名分？就像张爱玲笔下的男女角色，从未有过皆大欢喜的圆满结局。也是，对一个之前从没有想过爱谁的人来说，又能刻意挑剔什么呢？现在坦然地牵手，不就是为了将来洒脱地分别吗？只是这牵手，却注定了她要用一世的清白来换取。

谁也不知道这场婚姻的结局是什么，张爱玲就像一艘全力开进的船不断地加速着，至于前面是冰山暗礁，是汹涌浪涛也全然不在乎了。至于那些"我永远和你在一起，我们一生一世都别离开"的话，现在听起来却是如此地享受，更无须说那些"生与死与离别，却是大事，不由我们支配的。比起外界的力量，我们人是多么小，多么小"的自欺欺人了。

无比纠结之下，让张爱玲不愿去追问任何世事。她只想将这段才子佳人露水相逢的倾城之恋经营好，能在每日的安稳中枕梦寻安好。至于世间的柴米油盐、琐碎平凡，以及所有不入眼的缺陷，都似乎与她无关。

因为懂得，所以慈悲。而乱世里的姻缘，就如同开着妖艳花束的曼陀罗，在无比纷乱中迷惑着眼球。反正只是一场精神的狂欢，干脆让肉体放开享受好了。

婚后那段生活是幸福的，可谓世事安详，情深意切。在小寓所之中，两人时时刻刻都沉浸在男欢女爱中不能自拔。无论是他得了红颜知己，还是她添了闺中良伴，所有轻松欢快中的抚慰都胜过了一切想象。宁负天下不负卿，三生三世结桃花。尽管家国沦陷，尽管民不聊生，但欲仙欲死的享受却绝不能少，尤其是那种用惊喜和风流渲染而成的情绪在不断地涂抹着苍白，成为这个年度里最蔚为壮观的幸福上演。

柔和的灯光下，胡兰成不无满足地欣赏着眼前这位才女，以无比懂得细心呵护着、纵容着、赞美着，他只想近距离地看个透彻、读个明白，知道关于她所有的审美、好恶、相貌等。张爱玲需要的正是有人能理解、能欣赏、能爱慕，包括无比的顺从。某种程度上，熟谙女性的胡兰成早已在精神和肉体的交合中，完全把张爱玲供奉到了香火膜拜的高度。没办法，他骨子里就是个讨人欢心的厉害角色，尤其哄女孩子的技巧从不落俗套，把张爱玲内心熨帖得平平展展。更让人感动的是，只要有空闲时间，他不论远近都会赶过来陪伴其左右，帮助她完成着生命的怒放。

张爱玲是个爱起来很决绝的人。爱情中的无比欢悦，时时在刺激着她的灵感，也带给她无法想象的自信。她就像是春天里饱受滋润的植物，每天里都为那男人心甘情愿地拔节着、抽枝着，如胶似漆的快感，已经没有任何人能够阻止。偶尔安静下来的时候，张爱玲也会以自己的漠然、冷静和惶恐不安，来思考需要面对的生活。有一次，两人正相拥着在灯下读书，无意间的抬头凝望却让他来了感觉，顿时觉着眼前开出了一朵灿烂无比的花。他也知道平日里张爱玲不善言笑、不擅交往，便不由自主用大手轻抚其脸，任眼前幻化成一轮皎洁晶莹的圆月，突然就那么高悬在冷清的夜空之中。

"你的脸好大，像平原缅邈，山河浩荡。"

原本就是一句不中听的话，但偏偏此时是处于相看两不厌的状态，她听后笑着说："像平原是大而平坦，这样的脸好不怕人。"这既是自我解嘲，又不容他心生尴尬。随后，她又巧妙地说起《水浒传》中宋江见玄女的桥段，以"天然妙目，正大仙容"来进一步化解这种不适。本是一句形容玄女的词语，但此刻用在这里确实是巧妙不过。他真心要服了这女子的知识渊博，但一时语塞，只好语无伦次地称赞她的绣花鞋精巧细致，不落俗套，无意间见张爱玲起身端茶倒水，又惊叹她有着弱柳扶风般的美不胜收。张爱玲听后自然是喜不自胜，脸上露出了难得的笑容。

爱情的云烟中，从来都充满着女为悦己者容，士为知己者死的玄妙。而张爱玲不但将这种爱恋演化成诚惶诚恐的顺从，还表现出了情愿委身于泥尘的姿态，完全将自己放到非常低的位置上，甚至包括她从门外无意看到胡兰成潜心读书的背影，也会开心地写下："他一人坐在沙发上，房里有金粉金沙深埋的宁静，外面风雨淋漓，漫山遍野都是今天。"

初享爱恋的无比甜蜜，却已经火热到这种不可思议的程度，确实超出了彼此的想象。分外强烈的爱慕，让生性并不浪漫的张爱玲，极力展现着内心的依恋，如同孔雀一般表现着华贵的羽毛。表现在生活中，她调皮地用手玩弄他的眉毛，嘴上就会说道："你的眉毛。"而手却已经不经意地到了眼睛上。然后她又会说："你的眼睛。"等抚摸到嘴唇上端时就又自言自语说："你的嘴，你嘴角这里的涡我喜欢。" 不近情理的动作，完全就透着小孩子的天真无邪，让人哭笑不得，却又有着太多的乐趣在其中。

这些，原本才是爱情的真实模样。

张爱玲婚后的变化很大，就连她在叫"兰成"时，竟也是透着满腹的亲柔，竟然呼唤得他不知该如何应答了。试想，一个风月场的老手在面对临花照水的唯美时，能变得无任何想法，这完全出乎人的意料之外。当然，这仅仅才是开始，擅长调情的张爱玲却还要硬逼着他开口叫"爱玲"，可偏偏他又尴尬得无法叫开口，于是便会一系列的作难纠结，结果脸色很快地就变成了酱紫。

纵然这样也无法推诿过去，便难受得不知该如何开口，嘴里只好吱吱哇哇想蒙混过关。

爱玲自是不依，非要他重新叫，而且一定要带着浓浓的爱意。等他好不容易叫出了口，却已是浑身发热，开始坐立不安了。恰恰这些窘态在张爱玲眼里，是顺从的满足、欢喜的怒放、不无快意的放松。

而她喜欢的就是这些。爱情不就是这样简单吗？只愿这幸福能够无限地延续下去，直到海枯石烂，天荒地老。那些时日，他甘愿只做一个平凡的人。想想也是，以他这样两眼向天的身份，着实不易。

相信，就会相遇。

其实，不论他们以什么样的方式相遇，那种胶着都可以视为爱情，即便如同火光般短暂，却也一样地让人无比动容。在接下来的日子中，彼此的情感越发地升温着，两人就算身处闹市也如入无人之境。

有天午后，天色晴朗，微风轻扬，他又携手张爱玲款款出门去散步。出门前，张爱玲还对着镜子细心收拾了一番，那蓬松秀发下的淡淡红唇，桃红旗袍下的玲珑曲线，俨然就是画报上万种情怀的民国风景。而在他的印象之中，旗袍多出现在白墙青石的小巷之中，撑一把沾满雨滴的油纸伞，袅娜的身姿就像天地间飞舞的桃花瓣，就像人世间半开半合的唐诗宋词，在一步一鬐中散发着丁香的幽然。那一刻，与张爱玲耳鬓厮磨的他被眼前的这景致惊呆了，竟然忘记了要做什么。

这古典诗意的美，是荡气回肠；

这光阴暧昧的美，是三千痴缠；

这妩媚和风的美，是烟花绽出月圆。

这美，纵有千万种语言，都无法表达出张爱玲的那种美来。

见此情景，张爱玲只是意味深长地宛然一笑。

又是一日，两人去看朝鲜著名舞蹈家的表演，返家途中天空突然落起了雨滴。刚才卿卿我我的情趣，顷刻间就变成了人群中的四处慌乱。好不容易叫来了一辆黄包车，张爱玲便赶紧挤上去，撒娇着斜斜坐在他身上。雨水带来了清新，也让他享受到无比柔情的依偎。车缓然向前行着，也不知是淡然的香息让他来了灵感，还是其他什么原因，反正他突然觉着怀中的张爱玲身形高大，如此抱着竟有着诸多不合时宜，思前想后却又不知道如何开口，就只好在风雨中沉默起来。张爱玲根本不知道这些想法，依然开心着、享受着。

有一种牵挂叫相思，有一种深情叫心碎。总之，张爱玲给这个男人带去了一种甘之若饴的感觉，让他在深情中不忍忘怀，在思虑中难以割舍。

往事重重，这样的爱却也让人沉醉。

情海孽缘

1944 年 10 月，"七·一五"反革命政变的主要人物因病医治无效在日本去世。

随后，他的遗体被追随者们运回南京。随着盛大葬礼的结束，胡兰成不禁开始忧心如焚，他最直接的感觉就是如漂萍不知该何去何从。窗外依然是枪炮声声，屋内却充满着一连串的唉声叹气，仿佛偌大的上海、南京两座城市，突然间没有了其容身之地，恍然间才觉着安稳是如此之好。

汪伪政府坍塌后，胡兰成失去靠山只能赋闲在家，除了回想以往政界的辉煌，只能寄情于诗书，只能缠绵于闺房。如果要说还残存有希望的话，那就是他时刻对整个社会局势的预判。在他心中，政治永远都摆在首位，毕竟这才和自己后半生的命运休戚相关，并非张爱玲所向往的读书写作。他很清楚，眼下日本人在中国已逐渐由强转弱，但内心里却又不愿意他们弱得那么快。极其矛盾的心态下，他一方面撰文鼓吹日本撤兵，为自己的未来谋取出路；一方面又四处奔走，想解除大难将至的压抑。以至于有次同张爱玲在江边散步，看到夕阳西下，两人竟然心有灵犀地同时发起感慨。

胡兰成随口借用了《汉乐府》里的句子："来日大难，口燥唇干；今日相乐，皆当喜欢。"

张爱玲心领神会，径直接过来说："这口燥唇干好像是你对他们说了又说，他们总是不明白，叫我真是心疼你。"

随后又说："你这个人哪，我恨不得把你包起，像个香袋儿，密密的针缝好，放在衣箱藏了好。"张爱玲只关注着眼下的爱情，在自我的小空间里，做着怜花惜人的梦想，自然不懂得他此时所面临的"大难"。

在思量了许久之后，他才缓缓说道："我必逃得过，唯头两年要改名换姓，将来与你虽隔了银河必定找得见。"说罢手手相牵，身身相依，仰望着那抹灿烂的红霞，两个人的背影注定要定格，成为时光中难以相忘的印记。

若无相欠，怎会相见？"那时你变姓名，可叫张牵，又或叫张招，天涯海角有我在牵你招你……"

佛说：伸手只需一瞬间，幸福便会很多年。无论你遇见了谁，都是你生命里必须要出现的人。如果可以这样平凡而又默默相守，真实地书写着朝夕厮守的情感也未尝不错。

在张爱玲的世界里，她尽心尽力地扮演着妻子的角色。时局于她不懂，也不愿去懂。她需要的只是能感受到对方的爱恋，其他都无所谓，包括名分也不在乎。所以，她可以放弃手中事务，陪伴他出席各种与时局有关的会议，偶尔也会别出心裁设计时装来消遣时光。这样的幸福时光真心充满着惬意，在外人眼里更像年轻人的恋爱。

仅从用钱这件小事上就可以看出，张爱玲的梦想是何等单纯。她自己曾说："用别人的钱，即使是父母的遗产，也不如用自己赚来的钱自由自在，良心上非常痛快。可是用丈夫的钱，如果爱她的话，那却是一种快乐，愿意想自己是吃他的饭，穿他的衣服。"

新婚的新鲜感很快就走向了结束。正当百无聊赖的他不知如何是好之际，日本主子考虑着他尚有利用价值，又着手安排他去了武汉主持《大楚报》的创办工作。种种形势的发展，通常不以人的意志为转移，就和张爱玲当下的现状一样，反正也看不清楚远处是什么，就只能过好眼前。好多时候，她面对着男人那张忧郁的面容，在心疼之际更希望他走的路是条死胡同，或者说能早些从政治舞台上摔下来。就可以实现闲时上街游转，乐时谈论文艺，在人间烟火中享受平凡夫妻爱恋的生活了。

很快，胡兰成就去了武汉筹办报纸。汉口已经被炸得不堪入目，整座城市都弥漫在烟尘之中。空袭让人司空见惯，盟军的炮火也在反击中成为家常便饭。朝不保夕的恐慌感不时地刺激着他，为谋划长远的发展，他又亲手创办了一所政治军事学校，作为日后重出江湖的资本。

他每天都要乘着轮船渡过汉江去报社，这一路上其实并不安宁，因为随时都会有炸弹从天上掉下来。当水花形成水柱翻腾着向四处飞溅开来时，除了要死的心之外，又常常庆幸躲过了生死之劫难。即便这样冒着生命危险，他也是干得尽心尽力，唯一有压力的就是《大楚报》始终见不到任何起色。在这兵荒马乱的当口，谁还有心思在读书看报中消遣偷生的生活呢？但是他却不愿放弃每一个机会，为了转变生机又开始琢磨着要将杂志改办为文学刊物。

面目全新的《苦竹》一问世，还真是赢得了不少读者的青睐。患难妻子张爱玲更是全力以赴，亲自伏案撰写了《谈音乐》《自己的文章》等一系列文章，甚至为谋关注连好朋友也拉了进来，让炎樱帮忙设计杂志封面和文章翻译。在混乱的时局下，文坛已非常萎靡，可张爱玲耳目一新的文字还是受到了读者的认可。

杂志确实很快就有了转机，正当张爱玲准备大干一场时，他又将眼光再次转向了政治。也就是从第三期《苦竹》开始，原本消遣性情的文艺又投向了空泛无趣的时政报道。本来是帮夫未曾尽兴，张爱玲现在却只能望刊兴叹。稿子自然是无法写了，那就干脆鸿雁传书诉衷情吧？回忆一起读诗品画的谈笑风生，畅想同住同修的宠爱知音，诉说两地别离的相思之情。每封书信都深深牵系胡兰成的心思，让他在最猛烈的炮火下欣慰地生活着。

这样的牵挂无疑令人感动，偏偏在胡兰成无聊的生活中，又出现了一位长相清秀的小护士，名叫周训德。话说《大楚报》的寓所和汉阳医院单身宿舍毗邻，时间一长大家都变得熟识起来，慌乱时局中能有这些光彩照人的护士相伴，对于文化人来说又多了心灵上的安慰。小护士们对这个男人的名气仰慕已久，知道他是社长并且住在这里时，更是禁不住内心的仰慕与崇拜，常常过来主动帮忙打扫卫生、提水、晾晒被褥。或许是营养不良，胡兰成眼中的这些护士都长得土里土气，全然没有时尚淑女的迷人可爱，如果真要从矮子里拔将军，只有那位想学诗作对的周训德还算说得过去。

关于学写诗歌之事，胡兰成一直推托着不曾答应，到后来实在执拗不过，只好同意让其每日里帮忙打扫卫生。时间稍久，最终还是没禁得住小周要替他抄写诗文的甜言蜜语。也不知道这周训德使得哪门子迷惑术，开始让风流才子心生邪念，从此在谈笑厮混中变得心猿意马，有意无意中便把张爱玲给忘记了。这个时节，张爱玲自然不会想太多，她永远不会想到那原本属于她的温暖怀抱，又要重新纳入新人了。

没有了"红玫瑰"的陪伴，便开始耐不住寂寞。现在来看，男人们喜新厌旧的心态是如此明显，只要有人陪着，哪怕是"白玫瑰"或者狗尾巴草也未尝不可。尤其这些涉世不深的少女们才刚刚走出校门，别看她们平日里一副素面素心，但只要稍加收拾就会显出水灵秀气。在他不放弃，也不加拒绝的情形下，利用老男人的勾魂手段，很快就解除了那抵挡诱惑的能力。之前还是带着敬佩之心膜拜，现在却要低声下气让自己如梦如醉，想想都是非常值得炫耀的一件事情。

他先借口请吃饭以示感谢，进而又以讲诗、散步等老套路来献殷勤，娇滴如水的小周很快就坠入男欢女爱织就的情网中。

他开始不在乎旁人的眼光和说辞，成天里和小周亲热着成双入对，毫无遮拦地享受起炮火轰鸣下的同居生活。小周完全改变了自己，她带着对于这个男人的无比尊敬委身，她已在内心中甘愿和他成为乱世中的露水夫妻。

乱世虽乱，但也有着正气。就比如《大楚报》有位副社长叫沈启无，平日里做事情就特别正直、无私，他感觉自己实在看不过眼前这龌龊的行为，便私下里找到小周加以好心规劝，并实情相告胡兰成已有家室的情况。然而正迷恋于他渊博知识和身体的小周，又哪里听得进去这些推心置腹的话呢？后来也是觉着不好意思，只能是在表面上答应，却始终见不到任何变化，反而是变本加厉地陶醉在自我营造的幸福中。

有一天，小周应了他的要求，亲自上门去送自己的照片，或许是出于感激和那种男女间说不清楚的情愫，还特地在照片后面题写了一首刚学的诗："春江水沈沈，上有双竹林。竹叶坏水色，郎亦坏人心。"

本该是妻子写给丈夫的情诗，小周稀里糊涂地用到了此处，大概是她真心喜欢眼前这个男人吧，而他也从此细节中感受到另一种幸福。先是手捧照片细细端详，接着又是一番精致到位的点评。小周哪里听到过这样的夸赞，而他又是赫赫有名的人物，于是又多了份柔情和娇弱在眉宇。

"吾来悟道无余说，云在青天水在瓶。"这两人说归说，做归做，却在眉来眼去的挑逗中，竟也酝酿出了肌肤间的酣畅淋漓，等狂风暴雨过后，当彼此放松身心躺着闲聊，胡兰成无意中听到了沈启无规劝小周的那席话。那种从心而起的愤怒，恨不得即刻就去问个清楚。

第二天上班，他径直冲到沈启无的办公室，当着众人就怒斥开来。

"你对小周说什么了？说话如此龌龊！简直就是卑鄙。"如此过激的反应，确实让沈启无没有想到。面对这种盛气凌人，他竟然不知所措，其实又能够说些什么呢？徒增的只是无尽悲哀。

当然，沈启无所做的这些事，除了骨子里的应有的正义之外，更多的是对张爱玲的敬佩。他喜欢她文字中的温情练达，尤其是对人物刻画的细节描写，完美地表现出了当时社会的丑陋与不满。在这种不依不饶的境况下，他唯有选择默默离去。

这些内幕，张爱玲自是无法知晓的。当她听了胡兰成的片面之词后，还特意把这段笑谈写进了《小团圆》。"报社正副社长为了小康小姐吃醋，闹得副社长辞职走了。"爱情往往就是这样，不得不承认这样的盲目中错失将是怎样的幸福。即便在这个时候，她还敬佩这个男人能够勇敢而坦率地说出与自己有关的情事。当然，这些只能归于她对于胡兰成嘴脸的不甚了解。更确切地说，张爱玲是被自己的痴情蒙蔽了，包括人性。此时，他却只管沉醉在新鲜的男欢女爱中，以致在《今生今世》中欣喜地写道："后来事隔多日，我问训德：'你因何就与我好起来了？'她答没有因何。我必要她说，她想了想道：'因为与你朝夕相见。'我从报馆回医院，无事就去护士小姐们的房里，她们亦来我房里。我在人前只能不是个霸占的存在，没有野性，没有性的魅力。那种刻激不安，彼此可以无嫌猜。我不喜见忧国忧时的志士，宁可听听她们的谈话，看着她们的行事。战时医院设备不周，护士的待遇十分微薄，她们却没有贫寒相，仍对现世这样的珍惜，各人的环境心事都恩深义重，而又洒然如山边溪边的春花秋花，纷纷自开落。"

笔下的文字算不算爱情？但清晰明彻的是他的内心深处，已经把这种感情升华到了生命的层次。唯一让人不知的是他们之间的床笫之欢。

对了，张爱玲是不会知道的，可小周呢？

小周经事不多，性格上甚至还潜藏着粗犷的痕迹。或许是接触过太多的纯情，这点却满足着他的全部好奇。与张爱玲相比，小周从骨子里散发出的乖顺，以及无底线的服从，自是胡兰成从未感受过的新鲜。这让他胜不自喜，常常还施以小恩小惠予以帮济。从未见过世面的周妈妈闻讯后，内心深处满是说不出口的感动，可以说，她已经被这个所谓大人物的行为感动了，时常嘱咐着女儿要学会知恩图报，至少要用心来服侍好先生。

小周便懵懂地答应了妈妈，甘愿在暗下里成为小妾。《今生今世》中有这么一段："她的做事即是做人，她虽穿一件布衣，亦洗得比别人的洁白，烧一碗菜，亦捧来时端端正正。她闲了来我房里，我教她唐诗她帮我抄文章。她看人世皆是繁华正气的，对个人她却敬重，且知道人家都是喜欢她的。有时我与她出去走走，江边人家因接生都认得她，她一路叫应问讯，声音的华丽只觉一片艳丽。她的人就像江边新湿的沙滩，踏一脚都印得出水来。"从文字的描述中，读者无法看出私情。其实，小周在他的调教下已经是欲罢不能了，虽然她也知道其身后还有个张爱玲，却不能有任何的妒忌之心。

一边是情感上孽花绽放，一边是事业上欣欣向荣。此时的张爱玲可谓是顺风顺水，她的小说《倾城之恋》先是被改成舞台剧，旋而又开始要拍成电影。除了要牵挂的人之外，她把全部心思都放在文学创作上，虽然也听到了一些关于小周的风言风语，却从没有过多疑心。

伊人柔情为谁似水？愿用等待来换取一世的不离不弃。转眼就到了年关，春节的鞭炮声响中，张爱玲双手合十默默祈福，心中满是牵肠挂肚。

不管是花丛中的蝴蝶，还是画阑凭晓的雪，小周的千娇百媚却是墨染青衫，让这个男人很难再想起张爱玲来，就如同他此前想不起英娣一样。无比热闹的气氛中，怀抱着娇弱无力的小周，他还是从心底深处升起一股惆怅和茫然。"昨夜西风凋碧树，独上高楼，望尽天涯路。"只是不知他这样的心境又是为了谁？

伤痛无期

"今生无理的情缘，只可说是前世一劫，而将来聚散，又人世的事如天道幽微难言。"读起这样的句子，便从悲悯中会透出淡然的无奈和一语成谶的苍凉。曾经是执手相看泪眼的死生契阔，现在却要在低眉回首中成为伤痕累累。或许真是心已迟暮，已无法在行云流水中开出曼妙的花朵。

小周亦是个本分人，早已陷入情网中无力自拔，加之又惧怕他的名声和无休止的胡搅蛮缠，只能委身于小妾的角色定位上。她对这个男人从来没有太多的需求，只是每日里尽其所能地服侍好，如同对待今世恩人一样地细致温柔，根本就不在乎他是个有家室的人，也不去考虑以后的路如何走下去。

时局虽乱、民不聊生，但始终没有影响到两人在夕阳下散步，在微风中绿波泛舟，让不明就里的人很是羡慕小周的幸运。性格使然的他到周家也从来不会低调，不仅当着周母的面大谈儿女私情，而且也堂而皇之谈及以后与小周的婚姻大事。

虽说后来周母也曾数次催促结婚，每次都让他振振有词的话压得哑口无言："我因为与爱玲亦且尚未举行仪式，与小周不可越先。"

小周懦弱惯了，但她并不愿意身边的人勉为其难。随着时间的不断推移，嫁为人妇的憧憬也成了泡影，只能在花言巧语中变得更加沉默。

日子，平淡无奇才是真实的，其实没有想象中那么好。

1945 年 3 月，他从武汉回到了上海小住。说是小住，其实就是换换口味，顺便再炫耀他本不寂寞的生活。人回到了上海，自然每日都要恩爱一番，在得到身体和精神的满足后，又开始惦记结识的小护士周训德。对于张爱玲这样懂他的人，他毫无隐瞒自己的婚外私情，还不待细问，就已将细节全盘托出。柔弱的她能说些什么呢？"男子憧憬着一个女人的身体的时候，就关心到她的灵魂，自己骗自己说是爱上了她的灵魂。唯有占领她的身体之后，他才能急匆匆忘记她的灵魂，也许这是唯一解脱的方法。"青春是道明媚的忧伤，张爱玲似乎并未全信这些话，面对如此张扬的私情，她甚至"糊涂得不知嫉妒"，只能够在精神与生活中寻找着平衡。

有一天，两人看戏回家的路上，张爱玲突然拉住了胡兰成的手，说姑姑给她介绍了一位外国朋友，只是没接触多久便想要与她发生关系，每个月还可以补贴些生活费用。她本人对这事不反感，反倒希望身体上的快意应该多些才是。可他听后不由得大怒，当下就要去找姑姑理论。看着刺激已经达到了预期目的，喜在心上的张爱玲，于失落中多少也有了一些熨帖。她明白，人生苦短，只有抓紧时间相伴厮守。

爱，在胡兰成的世界里，全然是建立在身体上的愉悦，是男欢女爱的欣赏，是那么淋漓尽致地显现着中国文人的心理状态。而这样的爱对张爱玲来说，让她在全副身心付出的同时，也忘记着自己的存在的价值和意义。太多的不解，让张爱玲明明心灰意冷，却又不愿让孤独的心灵黯然伤神，只能放任心中的痛楚一寸一寸袭向心口。

王者归来，俨然就是一派夫主的形象。就在昨日，他还身处张爱玲与小周的两难选择之中。身心不定的游离，多情目光的犹豫，都深深地在刺痛着她的心。真不知道人生为何有着那么多选择，如何选择才是好呢？在他眼里，新欢与旧爱就如鲜花和剩饭，可以扮美心情，也可以填饱肚皮，偏偏此时，他还要用言语来狡辩、来理论。狡辩从来都是他的强项，也是他天命难违的绝妙见证。

"我待她天上地下，无有的比较。若选择，不但于你是委屈，亦是对不起小周。"

两个特别的女人，让他不愿费心思去选择，真正的目的无非就是想全部占有。没办法，习惯了鱼臭的人，就会忘记了兰草花的芳香；沉溺于男欢女爱的人，就会迷失掉自我的人性。

本是恬不知耻的做法，却要和儿女情长牵强地扯到一起。说实话，小周和张爱玲有什么可比之处呢？话虽这样说，可聪慧的张爱玲没有吱声。在她自我丰满的人生里，一直都希望能拥有着完美的爱情，之所以不愿去面对胡兰成的花心成性，无非想用爱情来逃避婚姻的不幸。结果，那个出现在生命里的笑容却如同湍流暗河，让她费尽心力却又无法替其自圆其说，恍然间只能觉着爱情竟如此容易动摇。

曾经，你给我一滴眼泪，我就看到了你心中所有的海洋；此时，为了眼下世俗的快乐和幸福，只能是默默承受。为了让这段时光更值得记忆，张爱玲在两人相处的日子里强忍脾气不去发作，并装出若无其事的洒脱。其实，若不是高傲而又自卑的心理在作祟，她的心底世界并非大得能容纳一切。因为小周，这忧伤而明媚的三月，分明就在抽枝发芽中饱含悲情的隐喻，似乎像风吹过流年，要吹碎这最美的笑容。

这样的泛爱，是不求结果的圆满，是以乐忘忧来换得暂时的满足。张爱玲的短视在于，她只看清了文人的表面，便要以生死相许来求得天长地久。在同好朋友炎樱的聊天中，她首次谈到了男人世界中的多妻主义，这些言论似乎在为丈夫的屡屡出轨开脱。张爱玲在爱情面前的退让，完全是为这个风流倜傥的男人丧失了自我。"理论上甚至可以赞成多妻主义，只是心理上无法接受的。"不能不说，张爱玲阿Q式的心理，完全是在俯下身体屈辱求爱了。"如果另外的一个女人是你完全看不起的，那也是我们的自尊心所不能接受。结果也许你不得不努力地发现她里面的一些好处，使得你自己喜欢她。是有那样的心理的。当然，喜欢了以后，只会更敌视。"

张爱玲始终在尽力帮他开脱着，人生中出现的暗影，似乎也让这个男人有了些许的愧疚与悔。于是在一番思前想后再次指天盟誓，要一生一世对张爱玲好，珍惜这难得的爱情。

然而他前脚刚离开上海滩，就因为过分地贪恋和沉溺，让所有的承诺在没有止境的欲望中忘得一干二净。见到了小周的第一眼，他很快就在甜甜的梦乡中忘记了满脸愁绪的张爱玲。

天水相隔的守望的背后，他又开始了乐不思蜀、飘飘欲仙的享乐。只是这次之行，让他对整个社会发展的趋势看得更为清楚，甚至还对日本即将垮台的大致时间进行了准确预判。与把酒言欢后的人生快意相比，这种无味的政治更有着别种意义在其中。

时局越发动荡不安，国家的命运前途一时间也让人无法看清。这时，各种与胡兰成相关的议论又开始甚嚣尘上，无形中也波及了张爱玲。这些迎面而来的恐惧就像无尽的黑暗，要将张爱玲毫不留情地吞噬掉，她终日里为此忐忑不安，心中时时掠过无比的幽暗。先是上海大时代出版社出版了一本《女汉奸史》，她的名字与佘爱珍、川岛芳子等赫然出现其中，这让张爱玲的脑子里一片空白，心中仿佛被沉重的石块压得喘不过气来。其次攻讦张爱玲是大汉奸胡兰成的小老婆。这突然而至的一切，让张爱玲变得不知所措，成天在屋里焦急地走来走去，内心烦躁不说，手心里还不停地冒着冷汗。此时此刻，她不知道自己干了什么，也不知道自己又该怎么办。

整个上海滩都弥漫着紧张可怕的气氛，部分媒体为了抓人眼球，又不失时机地捏造出"张爱玲做吉普女郎"的新闻噱头来。熟悉张爱玲的人都知道，她英语流利却始终不关心政治，对于政治圈中的人物更是不屑。可以说，她只为内心的那份安稳而自顾自地活着，至于提及张爱玲和美国大兵的谈笑风生，这何尝又是件值得挂齿的事情呢？在当时，如宇垣一成、熊剑东等日伪政府的诸多高官，通过各种途径想结识张爱玲，虽然多数情况下都遭到不近人情的拒绝，只是这些拒绝依然成了网罗罪名的口实，并没有洗掉强加在身上的罪名。

一个人如果没有话语权，无论错对，自然只能听任媒体的描画。例如，伪政府为了营造沦陷区的繁荣文化景象，积极主办了第三届"大东亚文学者大会"。开会就开会罢，最让人不可思议的是，他们还虚张声势地在报纸上刊列出一长串与会人员的名单，其中就有着张爱玲。

无意中听说此事后，张爱玲立即致函组委会进行辟谣："承聘为第三届大东亚文学者大会代表，谨辞。张爱玲谨上。"能以这样的做法，来直接地表明自己的态度，又怎么会是汉奸呢？可报刊上的铅字终是无法抹去，又如何去说得清楚呢？

细细思虑，张爱玲所遭遇的这一切，其实皆因为风流成性的胡兰成而起。

到了8月，日本作为战败国无条件投降，这一震惊世界的大事，也让这个男人神仙般的好日子结束了。他也没心思与小周继续厮混缠绵，也自知恶行重重，难以逃脱重庆政府的严惩，便开始心神不定地琢磨着如何逃生。

大难来临各自飞，原本他的心思就没放在张爱玲身上，现在连那个不谙世事的小心肝也是无法顾及了，只匆匆给周家留下了十两黄金、吃剩的半袋大米和一些日用品便开始了逃亡生活。在

《今生今世》中，他记下了这段往事。

"是日半早晨，训德为我烧榨面干，我小时出门母亲每烧给我吃，是像粉丝的米面，浇头只用鸡蛋与笋干，却不知汉阳亦有。我必要训德也吃，她哪里吃得下。我道：'你看我不惜别伤离，因为我有这样的自信，我们必定可以重圆。时光也是糊涂物，古人说三载为千秋，我与你相聚只九个月，但好像自从天地开辟时起已有我们两人，不但今世，前生已经相识了。而别后的岁月，则反会觉得昨日今晨还两人在一起，相隔只如我在楼下房里，你在廊下与人说话儿，焉有个嗟阔伤远的。'训德听我这样说，想要答应，却怕一出声就要泪落。"声情并茂的文字、绘声绘色地写出了彼此难得的情感，着实让人在这样的思绪中动容。只是不知道当张爱玲读到这些文字时，心思敏感的她又会作何感想？

境遇已经如此，只是这位文人起家的大汉奸并不甘心就此被历史的书页匆匆翻过，很快就和国民第二十九军军长邹平凡勾结起来，自恃拥兵数万在武汉宣布独立，以此来对抗重庆政府的接收。无论是理想也罢，梦想也行，当他迫不得已地面对着政府的委任状时，才知晓大势已去。

草草十三天的武汉"独立"失败了，为求生存的他只好扮成日本伤兵，赶紧星夜乘船离开武汉，然后开始了没完没了的躲藏。当全国开始搜捕和围剿汉奸时，张爱玲每天里都是提心吊胆，惦念着颠沛流离中的男人，希望他的生活能够安稳下来。

逃亡之际，他又化名为张嘉仪回到了张爱玲住处。从前的意气风发没有了，浓云密布的脸上写满着心事。此种境况下，张爱玲却是心怀惊喜，终于可以和眼前的这个男人相依相伴了。

心中虽然对小周这个人难以释怀，转念却又生出些许心疼来，毕竟他带给自己太多的快乐与欢笑。偏偏那夜，两人并没有多余的话说，以至寓所内竟然像冰一样沉寂。一个是不知道说什么，一个是不知道怎么说，从未有过的难堪让彼此都不愿先开口。在《今世今生》中，胡兰成笔墨不多地写到了张爱玲："唯对爱玲我稍觉不安，几乎要惭愧，她是平时亦使我惊……我当然是个蛮横无理的人，愈是对爱玲如此。"情感的流逝，让他连文字都不愿意多给旧人了，还会有什么执手相悦的欢爱呢？而体现在《小团圆》中，可以知道张爱玲当时的心境是无比痛楚的。"我临走的时候她一直在哭，她哭也很美的，那时候院子里灯光零乱，人来人往的，她一直躺在床上哭。"真的无法说清人生中的爱恨情仇，只是没想到爱竟然会消失得如此之快，不知不觉已走到了人生的边缘。有过猜疑，有过误解，有过相守，有过牵挂，更多的是从熟悉到失望，还有着让人不易察觉出的恨，那是一种想要杀人的恨，难免让素来大言不惭的胡兰成也感到内疚了。

其实，对张爱玲来说，哪怕是无情的欺骗也行。可自诩多情自负，却在这乱世中不愿给她半点尊严。第二天清晨，天色还没有完全亮起来，他又趁着朦胧消失在海面上。彼此没有任何的告别和温情，只有那股熟悉的气味飘散在空荡荡的房间。面对人去楼空，张爱玲突然有些不适应，耳边能想起的只是那句话："同住同修，同缘同相，同见同知。"

而他始终没有回头，直接上船去往温州，水花不停地翻滚着，承载着太多的忧郁。随着船从眼前消逝，这段曾让人看好的倾城之恋，注定着要在无情的刺激中如花般萎谢。

为了求得人世间的安稳，她宁愿过最为简单的生活。这对张爱玲而言，也渐然要成为一道奢望。

假如人生不曾相遇过，那么也就不会有太多的牵挂。牵挂是深沉的爱，是纯美的情，是烂漫的暖，是质朴的真。牵挂很苦也很甜，很忧伤也很幸福。那些时日，张爱玲可谓是日思夜想，度日如年，她把所有的心思都牵系在那个出门在外的男人身上，关于他的一举一动，只言片语，甚至连梦中出现的场景，也会为此感到寝食不安。确实，世界最美的风景不是感情，而是人与人之间的牵挂，要不然怎么会有不舍的相守呢？

从海上消失后，他别无选择，以往的朋友又都不愿收留，只能仓皇逃窜到浙江诸暨的一个古村落里避难。

他年轻时曾来过这里，在同学斯颂德家中客居达一年之久。这地方相对偏僻，一个个的村落是以合围的形式筑建而成，人在其中很难被人发现。故地重返，只是心境已大不相同。无论如何，他不经意的出现，还是让斯家人感到了分外意外和惊喜。相互问过平安之后，才得知其眼下处境艰难，斯家便颇费周折地安排庶母范秀美，及时送他去她温州的娘家避难。

范秀美虽说大他两岁，人却生的是弱柳扶风，姿态万千，让人远远看去，就会生出莫名向往。再说两人一路晓行夜宿，确实也受尽了磨难，但也并非想象中那般狼狈不堪。都说读书人眼中是净土，他们偶尔间也会派生出闲情逸致，或寄情诗画，或吟咏山水，倒也是其乐陶陶，充满着情趣。

人生大抵不过如此，对他们来说，与其心忧痛苦，不如追求快乐。出身凄苦的范秀美，早年被卖到了斯家做妾，刚刚尝试到男欢女爱的妙不可言，结果斯家老爷却无福消受，一场病后撒手人寰。从倍受疼爱的小女人，再到倍受指责的寡妇，范秀美纵有千万张嘴也无法说清眼前落差的人生。她一天里也无事要做，除了闭门不出外，便用洗洗涮涮来虚度人生。没想到忧郁之时，他的出现一下子搅活了死水般的寂寞。

与其说是护送，倒不如视为陪伴。只是这一路上的优哉游哉，人还未到温州，却已在言语和眼神的撩拨中，互许了情意。所有的传统道德都被激情抛到了脑后，他们更是以夫妻的名义生活在了一起。

纵然它不是真爱，至少也会在不经意中留下了刻骨铭心。

到达温州后，曾经养育过范秀美的小院已变得十分破败。青苔遍地，断壁残垣，风中吹过的萧瑟，似乎全然抹去了记忆中的美好。"寂寞天宝后，园庐但蒿藜。我里百余家，乱世各东西。"一路奔走，总算在温州有了暂时的存身之地，彼此并未将此种荒凉的情景与当下联系起来，心有所思，也不去在乎环境的恶劣了。于是，温州的日子虽然清苦，但也算过得平稳安逸。"家家门前清流如镜，可洗菜洗衣；吃食海鲜居多，餐餐有炊虾，小菜都是冷的，像是供神；有时去家门口附近大士门的明朝宰相遗址走走；正月十五去海坛山看庙戏；三月三去五马街看拦街福……真的是'岁月静好'，可惜的是与另一个女人。"

身在上海的张爱玲，则没有了如此惬意，她把女人所有的细腻心思都投放在他身上，既然是东躲西藏，他的生活定然是十分糟糕，好不容易得知他的行踪后，强烈的思念之情，让张爱玲突然萌生出千里寻夫的念头。对弱女子张爱玲来说，这样的举动定是有着深入骨髓的爱、有着深深的牵挂、有着浓浓的思念、有着柔情万分的渴盼。只是不知她这一路走来，能否带给这个负心男人由衷的惊喜。

同时，她也知道因为小周彼此有着罅隙，但终究还是无法敌过男欢女爱的力量。因为这味人生的毒药一旦药性爆发，什么理智、修为统统都无济于事。

1946 年 2 月，空气中依稀还带有着料峭的寒冷，张爱玲一路上转换三轮车、轮船、汽车，终于到达了温州。

说起山水诗的发祥地温州，似乎总与情感有着太多联系。游历至此的孟浩然、曾任永嘉太守的谢灵运、甘受清贫教书的朱自清等人都留下了不朽的传唱，现在张爱玲也为寻夫来到这里，然而迎接她的却是人生中最为悲凉的场景。

本该是患难中的美好，然而，当两人在温州城中不期而遇时，所有现实中的际遇，都超出了张爱玲丰富而美妙的想象，也出乎了胡兰成的料想。只想着冰释前嫌，梳理清楚烦乱的情绪，张爱玲急着重新找回属于两个人的美妙生活，她真的不在乎胡兰成的身份。汉奸怎么了？战乱怎么了？流离又怎么了？就算他曾经阅过千万个女人，现在都可以不予计较。这样的大度，是基于当下的流离受难。按理说，面对着风尘仆仆的张爱玲，胡兰成只需要轻轻一个拥抱，两三句甜言蜜语，就能在瞬间化解掉所有不快。可他并没有因此感动。

这一切都很意外，这男人并未因她一路艰辛而倍加感动，甚至连个拥抱都变得十分吝啬，仿佛张爱玲本就是个陌路行人。他一副不依不饶的模样，当着周围的人不可一世地扯着嗓门大喊："你来做什么，还不快回去！"

张爱玲何曾这样为人所不屑？他之前在自己面前可是大声都不敢出的啊。满腹委屈顿时化作了一腔泪水，除了流泪，她根本不知道自己该如何应付这个难堪的场面。刚才还是急切切如火燎的心情，现在却如一盆凉水倾身泼了过来。

站在门前，走或不走其实都很难受。

既然来了，便留下吧。

胡兰成的态度已大不如从前那么真诚恳切，张爱玲全然感受其中。无数个难耐的夜色中，她只想对着心爱的男人诉说思愁，可他只为掩饰隐藏其他女人的尴尬，草草地将她安顿在附近的一家小旅馆中，并再三嘱其以兄妹相称，借口竟然是警察查夜，不能留宿。

妹妹就妹妹，想那么多做什么，只要能够相守在一起。"我从诸暨丽水来，路上想着这里是你走过的，及在船上望得见温州城了，想你就在那里，这温州城就像含有珠宝在放光。"说这么煽情的话，分明就是夫妻间的暗语，而他却丝毫听不进去。

没办法，他人是在难处，却有了新欢范秀美。

在张爱玲眼里，这个男人是珠宝，是他的全部，是委屈之后的依靠，是值得珍爱一生的人。他却不这样认为，丰腴的范秀美从十八岁时开始守寡，身体保养得十分好，而眼前的张爱玲只是徒有文采，根本感觉不到女人的味道。自从他落难来到范家后，范秀美便禁不住风流浪子的百般挑逗，毫不犹豫委身于这个生性多情、人见人爱的男人。由于出身贫寒，范秀美居家过日子是行家里手，服侍人也远胜过小周和张爱玲，那妥帖的享受足以胜过任何的人间天堂。出身高贵的张爱玲不流于习俗，只是在这个纷乱的时局下，文艺对他起不到任何的帮助作用。

当然，张爱玲的突然出现也不是全无用处，至少也给胡兰成乏味的生活带来了难得的乐趣，而这些乐趣主要是以讲述外界发生的新鲜事为主。对于只顾忙着奔走的人来说，这些大量的生活信息无疑是有趣的。他知道，张爱玲能置大乱之下而不顾，千里迢迢地找寻自己，这份爱无疑是真诚可贵的。他也会在一个人时扪心自问，自己的爱到底去哪里了？回头去看，却连自己也无法认清。

无论如何，他白天里总会抽出身来同她说话，晚上则回窦妇桥去陪范秀美。毫不知情的张爱玲虽然也奇怪彼此生疏的表情和交流，但更多时间都陶醉在重逢的喜悦之中。没有办法，只要看到眼前这个男人，她心中所有的愁绪和忧郁都消散得无影无踪。抚摸着他的眼脸、细看他的须发，开心地谈文学、说电影，似乎又回到了之前的热恋之中。直至后来出现了范秀美，她也没有多想什么，三人有时会谈天说地，有时也会在附近的商店看家具、木雕，只感觉这样的日子也过得无忧无虑。

转身别过

人生为什么总是这样，口口声声山盟海誓永不变心，到头来却是劳燕分飞。

破落的小旅馆里，两人相敬如宾，虽然有亲热，却又难以遮掩疏远与生分。张爱玲并没有去多问，她只想在这兵荒马乱的时节，凭借柔情挽回逝去的一切。

"你与我结婚时，婚帖上写现世安稳，你不给我安稳了？"面对这样声泪俱下的逼问，他才低头不语。追问得急了，又从嘴角里挤出几句话来："世景荒芜，小周已为我下到监狱里；我与她有无再见之日也不可知，你不问也罢……"本想着缓解彼此间的紧张情绪，消除数日未见面的陌生感，不料又无端扯出了小周来，以致让人顿时心生不快。温州的日子，除了偶尔出游，大多时间是待在旅馆里，几乎快要让人发霉生出芽孢了。趴在窗前，看那些美好的景致，不由得会想起从前恩爱有加的生活，相携着逛街看戏，谈天说地，其乐融融，不胜欢喜。

张爱玲就是张爱玲，她只要见到心上的男人，就可以暂时搁置心中所有的隐痛。

此时的隐痛，更多是来自范秀美。

来陪张爱玲时，他偶尔也会带着范秀美。随着接触次数的增多，范秀美有时也会单独来送些食物和日用。敏感的张爱玲很快从中觉出了异样，也先后几次试探着问过，而他始终只说范秀美是诸暨斯家的老关系，目前既然居住在范家，只能暂以夫妻相称，否则怎么避过当下的难关呢？这理由确实是天衣无缝，张爱玲更多是顾及着男人安危，便单纯地相信了。

夜深人静之际，张爱玲才知道自己根本无法安稳睡去，说不清楚是什么原因，因为只要是一闭上眼睛，她脑海中就会浮现出他面对自己的惊慌表情，看似无助、无辜，其实在脸庞上却有着无法说出口的可憎。

是啊，作为正常的女人又怎能不去想这些呢？对于爱之深的张爱玲也是如此。否则真的愧对她的天性独特了。有天清晨，胡兰成早早来到旅馆，先是兴致勃勃地同张爱玲聊西洋文学，谈兴正浓时忽然感觉到腹部不适，想着痛疼感很快就会过去，不料这竟持续了许久不去，一时间满头大汗，连脸色也变得苍白不堪起来。张爱玲发现后十分关切，先用手轻揉其腹部，接着用湿毛巾拭去额头上的汗珠，最后扶他躺下休息，可他竟然以无甚大碍的理由冠冕堂皇地推过。既然无事也好，可范秀美刚进得屋来，他便如小孩子见了母亲，立即上前说自己身体是如何不适。范秀美赶紧询问病状，又是端茶，又是倒水，好一阵子的忙乱。

这秀恩爱的场景，以前分明就是张爱玲的专利，现在让她突地感到了十二万分不安，慌乱之中又不能上前抚慰，只能眼睁睁地站在一旁观望，虽说也会上前端水递毛巾，极力扮出表妹的样子来，但内心甚至要生出死的念头来。在《小团圆》一书中，张爱玲那犀利而又带有预先感知的笔触，把小女人的矜持和敏感刻画得真真切切。那一刻，她全然明白了眼前的这一切。只是出于对这个男人的疼爱，让她不敢往坏处去想，只怕这样的想法不小心成为真实。

张爱玲并不想让范秀美难堪，也不愿意看着他纠结。面对事实，只能尽情地让他们"表演"，从那一举一动的亲昵中，咬牙切齿着这太多的不寻常。

千里寻夫，原本是要找寻回完整的爱情，给纯美爱情一个交代，并不是要面对这无法接受的现实。不料想，他贪恋一己欲望，却要狠心地将张爱玲视为局外人。此前，他言谈中的那些神情与语气，都是专属张爱玲一个人的，没想到这么快又换成了别人。先是与护士小周的风流韵事，在社会上传得纷纷扬扬。正不知该如何处理之际，小周被羁押入了监狱。现在又出来个范秀美，而且还端端地就在眼前大秀恩爱。相信任何一个人都无法面对，但恰恰就是大家同处一室时，他心底里分明已将自己视为了陌路之人。

为了不去破坏这气氛，她只有违心地附和着，心痛如绞地夸赞着范秀美，甚至还主动提出要为她画幅人像。彼此坐定之后，她一边画像还一边不住地说："范先生真是生得美，她的脸好像中亚细亚人的脸，是汉民族西来的本色的美。"其实，她这话分明就是说给他听的，而他听后还真凑到画像前仔细端详，不时地加以指点。

画画对于张爱玲来说，实在有些过于简单，好在她上学时对这门技艺就已是熟练在心，包括后来出版的作品插图也多出自她手。现在，寥寥数笔就勾画出了范秀美的脸廓，俊秀的眼眉唇齿，只是画到了一半时，拿画笔的手却突然停在半空中，几滴泪珠子径直地砸在了粗黑交错的线条上面。他却是视若无睹，依旧不停地催促着不要停笔，可她的笔就是不愿动，怎么说就是不动。彼此都是心知肚明，并没有大声地争辩，都在顾及着范秀美的感受，分明又可以感觉到内心的抵触。

待到范秀美离开后，张爱玲的泪水才不禁奔涌而出，她低声说："我画着画着，只觉着她的眉眼神情，她的嘴，越来越像你，心里好一阵惊动，一阵难受，就再也画不下去了，你还只管问我为何不画下去！"这些话虽然柔弱无力，却似千万支利箭在不断地刺痛着张爱玲。面对张爱玲无比的幽怨和委屈，真不知道他又会作何感想。然而在这样的境况之下，她依然还在不断地说服自己，为其龌龊的私情寻找着所谓合理的理由。

这个内心摩登现代的女子，因为爱情却早已丧失了自我、尊严和自信。如果说，她一步一步丧失自我的退让只为求得人生的安稳，那她退让的代价几乎是"向后猛跌"，让这场婚姻与想象的差距越发遥远。以往的心高气傲没了，冷眼观世也没了，也不知道消失在什么地方，能给人看的只是华丽外衣被无情剥落之后的尴尬。于她，所有的一切都逐渐变得凄凉起来，绝非是梦中想要的绚烂爱情。

岁月很长，日子却短。这日，两人一同上街去转，无意中又谈到了小周。他自然又是一番狡辩，可能是他本就喜欢目前的现状，能不谈就不谈，能拖延就拖延。没办法，天下的女人都被他视为掌中的把玩之物，至于是谁其实并不重要。

张爱玲对名分并不看重，只是想借探望他来说个明白，却没想到小周的问题没有厘清，现在又冒出来一个范秀美来。然而，周训德的单纯可爱、范秀美的丰腴贤惠，都躲不过这个赏玩之心的诱惑。

"生在这世上，没有一样感情不是千疮百孔的。"她真的快要绝望了，压抑让她根本就无法喘过气来。

在温州不冷不热地待了二十天，张爱玲不得不提出了离开。既然对方给不了自己安稳，也只能这样无关痛痒地告别。原本还想多待些时日，陪伴他度过担惊受怕的日子，可现在已全然没有再待下去的勇气。

是不是爱到深处，才会有寸寸成痛的感觉呢？可以说，温州之行是张爱玲带着情感余温的幻灭，是失落之心的黯然坠落。反正这所有的一切，都让情缘在朝着结束的尽头走去。

又是一夜绵绵细雨，张爱玲漠然地收拾好行李决定离去。"生命是残酷的。看到我们缩小又缩小的、怯怯的愿望，我总觉得有无限的惨伤。"留恋是用心的付出，也是对他恋恋不舍的选择。既然爱他，就只能放任他去，这样的爱或许才会更久长一些。张爱玲不由得又想起了那夜，她独自去了胡兰成与范秀美同居的小屋，简陋得让人不敢相信，曾经风光无限的他会寄梦想于此偷生。虽享有家庭之乐，只是这种沦落更让人伤痛。夜分外静寂，三人共处一室，却是相视无言。至深夜时，不舍离去的张爱玲终于提出了告别，两人也没有过多地加以劝留，而她在那一刻更加清楚了自己离去的选择是对的。

这离去，一段美好的青春时代成为烟飞云散般的回忆。于心于人，于情于理，都是心底柔软的舍不得。

在温州，张爱玲还算是开心的，至少她脸上焕发着开怀的笑容，虽然无人知晓她内心是怎样的纠结。

天才的女人在夜色中变得越发黯然无光，她感觉自己在不断地向下坠落着，根本不知道何处才是尽头。你说她怎么能够不去纠结呢？自己深爱的男人，转眼间就成了别人怀中的恩宠，自己却还要装作若无其事的模样给人看。如此自欺欺人绝非是张爱玲所擅长的，可为了爱情又不得不去面对羞辱，以求得人面前的所谓安稳。

雨中的别离，是从来没有过的想象。淅淅沥沥的雨飞落在油伞上，也似石块重重地砸在身上。没有了以往的情趣，也少了以往的浪漫，而这一滴滴的雨残酷地把初恋岁月的美、青春时代的张扬，毫无保留地给撕碎了，又一片一片扔进风雨中。

张爱玲已无力去阻挡这种残忍，依然只能是默然面对。为了爱，这些都不算什么，尤其是爱到了极处，能伸手救助她的似乎只有这个男人了。此时，他就是个高明的术士，手中掌握着无比神奇的药方，只要他愿意施舍，张爱玲就可以永远无虞地滋润着、开心着。而此时，他断然没有时间去考虑人生和爱情，只需要精神和肉体上的愉悦，就和当初疯狂追求每位心仪的女子一样，然而只要得到了，就可以暂时松上口气，再将目标再转向下一个。

他何尝不懂这些做人的道理，只是不愿去伸手罢了，他要眼睁睁地看着张爱玲在翻滚的水浪中挣扎、挣扎，最终还是无休止地挣扎。看起来风平浪静的生活，其实已没有了任何挽回的余地。现在，无论对这世界是否有着千万般的不舍，张爱玲都只能在无比辛酸中饱尝自己选择的人生。

谁也没有想象过这样的别离，甚至连梦里也从来没有出现过。前方雾蒙蒙的一片，真的不知道还会发生什么，张爱玲倚着船舷，浪花和着雨水扑面而来，让她明白别离之殇是何其之痛，那痛就仿佛海面上跃动的波浪，视线所及之处全都沸腾了起来。

"这上海，无人来，往事已故此景谁还在？烛残漏断频欹枕，起坐不能平，世事漫随流水，算来一梦浮生。"十数天后，凝望着窗外，心中有着太多压抑的张爱玲，在心事重重中写下了书信一封。

信中说："那天船将开时，你回岸上去了，我一人雨中撑伞在船舷边，对着滔滔黄浪，伫立涕泣久之。"附信还寄去了三十万元的稿费以济生计。

世界上最遥远的不是天涯，也不是海角，而是心灵的距离。当两个曾经相爱的人再也感觉不到温暖时，爱情也即将走到尽头。手捧无比沉重的信笺，一任往事历历在目，说不出口的只有潜在心底的痛楚。

纵然人间再乱，也乱不过当下的心境。这段看似难以挣脱的感情，更像是无法说清的命运，一念成痴，时时萦绕着张爱玲。这到底是一种怎样的感情？不言梦醒肠断时，爱到千年难知。

"我想过，我倘使不得不离开你，亦不致寻短见，亦不能再爱别人，我将只是萎谢了。"

人生往往就是这样，对自己拥有的一切不予珍惜，失去后才知道可贵。一场乱世之恋的弦断音绝，以人间喜剧的形式隆重开场，又以无比辛酸的方式草草结束。

这之后的八九个月时间里，张爱玲尽量想让自己心情平复下来。这时候，一直以深刻面孔示人的她，突然变得不明白爱情的含义了，饭量少了，话语少了，连脸上那抹淡淡的桃花晕也不见了。姑姑和炎樱三番四次前去安慰，却也是无济于事。总之，所有天荒地老的美好都全然被毁在温州了，这个从来不肯在人前落泪的女子，为了爱终究还是在阁楼中以泪洗面。

"没一个男人值得你这样。"姑姑不停地安慰着张爱玲。其实从胡兰成踏入家门那刻，张茂渊就认定这个人根本就是不靠谱的主，可缺乏经验的张爱玲却始终听不进去姑姑的好言相劝，自投罗网中成了刀下鱼肉。

张茂渊何尝不知道，现在仅凭这片言只语想将她从痛苦中救出来，确实是不大可能，可是不说，又无法尽到一位长辈的责任。时局的发展已经让人无法看清楚，张爱玲才从温州离开，范秀美的住所周围便陆续出现了大批的士兵，他们每日里四处搜寻着汉奸胡兰成，吓得他躲避在房屋中不知所措，这个时候的男人才知道家是最温暖的，才知道再美的梁园都非久留之地，才知道这个世界只有张爱玲是真正对他好。

此地已经不能久留，他只得再次打算离开温州。

范秀美一边收拾着简单的行李，一边畅谈着温柔乡中的缠绵。此时的张爱玲虽然无比反感，却还是会定时书信，偶尔也会捎去些钱财衣物，以缓解他奔波途中的流亡之苦。这样的挂念如果换为他人，该是多么满足的幸福啊，但习惯了风流的他根本就不在乎儿女情长，更衷情于飞扬恣意的水性杨花。他们一路逃窜，一路留情，把一个本分实在的范秀美又滋养得心驰神往，许久未有过的体验，又重新在逃路中被找回来。

很快又回到了诸暨，由于顾及旁人，他和范秀美在行为上自是收敛了许多，至少不能在光天化日下放浪形骸了。以后的日子里，他只有偷偷看范秀美的举止，在意淫的世界中躲进小楼成一统，尽心尽力完成有着亲身经历的《武汉记》。现在我们来看这本厚书，延展出的是他九个多月的流浪生活，与其说是在书写文字，不如说他是在回望美好，畅想人生快意。同样，在张爱玲的心神不定中，想要幽禁的也是诸多不解的愁怨。不是吗？他们的身体都是自由的，可彼此的内心中何尝不是倍受禁锢呢？

手扶凭栏秋意浓，秋蝉凄凄独自凌。窗外是星星闪闪的灯光，拉长的是寂寞，渲染的是昏黄下的潮动，表现出的是无助。似乎还在昨天，两人卿卿我我如胶似漆，从那些吟哦的文字中听出的都是情深意厚，儿女情长。现在是孤馆寒窗，成了佳人独坐，成了漫长幽怨的等待。是在等那个多情男人的回心转意吗？是在等心中早已了断的人吗？混乱的她什么都不知道。

一杯红茶、一本闲书，在袅袅的热气下，散发出一个又一个延续起来的无尽黑夜。

随着局势的稍微好转，这个男人偶然也会回信说说自己的近况，少而又少的文字中，依然流露出无法掩藏的得意。张爱玲只有牵挂，在一次次无尽的失望之中。原本以为日子就这样平静地生活下去，但范秀美又出现了，她专程从温州赶到上海，并且找到了张爱玲，让她真的不知该如何来面对这种尴尬和悲痛。

范秀美怀孕了，准确地说，她肚子里跳动的小生命是那个男人的。斯伯母心知肚明，只能是打碎牙齿往肚里吞，顾及家丑也不愿多说，只是让她尽早去医院自我了结。到了上海后，范秀美自己很快就联系好医院，并且约好了手术时间，本想着悄无声息地结束这趟行程，结果却因结算医疗费用差钱，只好手持着胡兰成写的纸条找到了张爱玲。

范秀美自是一脸窘状，站也不是坐也不是。张爱玲更加难受，又不知道如何是好，在思索良久后还是忍住了眼泪转身进屋，钱几乎都接济了那个男人，她只有不舍地取出母亲留下的金镯子送给她。同为女人，她能理解男女之间发生的一切；作为妻子，她真的觉着自己到了崩溃边缘。

张爱玲如同一只孤独的小动物，在茫然无措中四处张望，就仿佛自己做错了什么。那张望中有期盼，有等待，又似乎还有着漠不关心。等送走了范秀美后，她就一直待在屋里没有出来，浑身无力地躺在床上直想死去，姑姑在门外揪心地安慰着，却只能听见从屋内传出高低起伏的哭泣。

人间的各种极致，总归要从琐碎的生活中回归日常。没错，是他将张爱玲从凡间带入飘飘欲仙的世界，在享受了美好的床笫之欢后，又将她重重地扔进了世俗中。手术费一事对张爱玲伤害太深，让她好多天不能回过神来，她真的不知道如何去接受和面对。一旦天上人间的氤氲之气散尽，这样的感觉便更是摇摇欲坠。她不能找人诉说，不愿当面指责，反正是一时间寻求不到任何解脱的方式。

桥归桥，路归路，本就是各不相扰。原本一切都会随着时光轻描淡写地过去，但这样的日子里偏偏又出现了这个男人，从而让所有的生活节奏都起了变化。如果说是缘分，那分明已让张爱玲感到了生活中的突兀；如果说是幻觉，那分明又带着久别重逢的熟悉。

因为斯伯母平时在周围，无法像以往一样和范秀美恩爱，这种难耐的憋屈，又让他开始怀想起温州的神仙生活。恰好近日时局好转，天气也格外晴好，他便外出活动身体，才觉着来诸暨已有些时日了，突然间又想起了张爱玲，便生出了离开的念头。

说走就走。是日，他便前去向斯伯母和范秀美告别，虽然她的眼神中充满太多幽怨与不舍，但还是无所牵挂地走了，就像一阵由地而起的风，不带走一片痕迹。

路过上海时，他去见了张爱玲，或者说，他是直接奔着张爱玲而来。性情惯了的张爱玲一见到风尘仆仆的他，铁石心肠就像上上下下的吊桶，又开始东碰西撞，一种恍若少妇怀春的感觉顿时冲动全身。

几多时日不在一起，张爱玲心潮澎湃地望着他，傻傻的神情生怕他一转身后就不复存在。那种焦灼如风吹来，把所有笼罩在眼前的雾霾全部吹散去。

金风玉露一相逢，便胜却人间无数。那夜，两人重新冰释前嫌，紧紧相拥在一起，在男欢女爱中诉说着思念别离。好久没有这般放松，全身慵懒的他有种说不出的舒服。手抚着张爱玲光滑细腻的身体，又开始炫耀和范秀美之间的乐事来。张爱玲本来就在逃避着，一直担心着臆想会变成事实，现在却连这难得也成了奢望。纷至沓来的言语，却根本容不得她有任何的回避余地，恼羞成怒之下，爆发了两个人相识以来最为激烈的争吵。在屋内，双方谁也不愿意让着谁，谁都觉着自己有理。只有疼爱她的姑姑生怕她伤心，无奈地坐在里屋黯然神伤。

激烈的争吵之下，刚烈难犯的张爱玲彻底对感情失望了。起初，她还想着用委曲求全来妥协，现在却只能在痛苦中改变自己。所有的和颜悦色被拂去了漂亮的外衣，剩下的只是赤裸裸的你死我活。

大吵大闹之后，两人开始分房而住。他只是想在乱世中排解寂寞，可这次纵然有着回天的能力，也无法愈合彼此撕破脸面的冲突和裂痕了。起初，胡兰成还以为张爱玲在使小性子，便用手去轻拍她的后背，这一拍却点燃了她情绪的导火索，让性情和善的张爱玲又得以再次发作。而素来所谓名士风范的胡兰成也是不依不饶，于是两团碰撞的火焰，直接烧向相敬如宾的隐忍与成全。

是夜，彼此都躺在床上难以入睡，情绪的爆发无疑触及了他们的内心深处。在这苍凉的人世间，人与人之间的依恋，纵然是善始善终的白头到老，又能算是真正的拥有吗？现在来看，所有为人赞誉的完美，不过都是在加剧着生活的挣扎。

夜半时分，面对着生命的热爱与痛彻，他还是轻轻地来到张爱玲床前，借着微微月光细细地看过去，这些年的种种流言和担当，已让她面容上分明生了鱼尾纹。再看过去，发现她的眼角还有泪未曾拭干，在沉睡中分明带一丝的幽怨。他只想俯下身子去抱抱，给她这一刻里最为真实的温暖，哪怕只是轻轻的一个吻，旋而却又担心再度引起不快，便在犹豫不决后步入屋中重新躺下，等着天亮后彼此重归于好。

天亮得很早，一夜未眠的他又再次去了张爱玲床前。或许是这些时日的折磨已让她身心俱累，她蜷缩着身体恍若仙子一般沉睡着，看到此处，他还是忍不住俯下身子去吻她。而她突然从暖暖的被窝里伸出一双玉臂，只是紧紧地抱住了他的脖颈。顿时，一声声亲昵的呼唤，有温情、有绝望、有惋惜、有作别，让爱伴随着泪花逐渐溢散开来。

爱与恨全部交织在震撼中，为过往淡而又淡的情绪画上了句号。

一切都是那么地静。

敢问世间情为何物，只教人生死相许！当爱情真的变成了索取、渴望和负累时，不期而来的注定是分手和别离。也是，当两个人的秘密爱恋，成为天底下的公开话题时，不论时光如何流逝，他都会成为张爱玲心中无法抹去的印痕；而作为华丽旗袍里最大的那只虱子，他注定着要痛痒难耐伴随其一生。

> 来易来，去难去，数十载的人世游。
> 分易分，聚难聚，爱与恨的千古愁。
> 于是不愿走的你，
> 要告别已不见的我。
> 至今世间仍有隐约的耳语，
> 跟随我俩的传说。
> ……

也只有伤透了，才会让她一如死灰般彻底，然而爱情就这样萎谢了。当这场大幕徐徐拉上之际，一个努力向着全世界寻求完美的张爱玲已不复存在了。至于倾国倾城的情缘，也随风消逝在滚滚红尘中。没多久后，他收到了张爱玲寄来的信函。

"我已经不喜欢你了，你是早已不喜欢我了的。这次的决心，我是经过一年半的长时间考虑的，彼时唯以'小吉'故，不欲增加你的困难，你不要来寻我，即或写信来，我亦是不看的了。"

可他对于这段感情仍心存侥幸，先后几次借着赴港之际取道上海。一路上都想好了如何开场和道歉的说辞，然而这次他却未能如愿，心如枯木的张爱玲早已不知何时搬走。面对着物是人非的熟悉空间，真不知他该做如何猜想，唯有惆怅满腹地离去。

人世间的完美爱情，就这样在风轻云淡中荒芜了。

第五章

铅华始消尽

相守沉默

破碎就破碎，要什么完美？

红尘飞扬的生命中，谁没有几段刻骨铭心的情感呢？正如张爱玲富于情调的一生中，始终为情感徒增着忧烦。

原本不为人看好的婚姻，就这样在风雨中匆匆结束了，如萎谢的花束。萎谢，让一个只想在乱哄哄世界里求安稳的人，无端地陷入人生低谷，甚至连文字都不愿再触及。

张爱玲真的要放弃自己了，完全辍笔放任的这一年，既有对爱情绝望的哀叹，也有躲避外界沉重的吃力。生活中的种种意想不到，暴风骤雨般袭了过来，所有的梦想都给浇灭了。原本还是沾染着校园气息的小姑娘，曾对生活带着无限的向往，现在却被重重地摔在地上，可怜地再也找不到踪影。那个承诺给她安稳的男人，也跟着感觉去了另一个温柔乡，享受着醋畅的鱼水之欢。

所有这一切，只有张爱玲自己来面对了，以往只有在小说中出现的情形，现在栩栩如生地把让自己演绎成了主角。不要说后悔，就连夜晚发出的叹息似乎都是那么软弱无力。就是曾经视为生命的文字，也无法和灵丹妙药催生生命的激情与惬意，一切都在枯竭着。

带着"惘惘地威胁"，却只能让身心在泥潭中陷得更深。社会如此残酷，但人还是要活下去，无论是绝望还是求助。无论如何，当活色生香的爱情无奈地结束时，满腔的热烈和尴尬也随之消失。过往的炫耀与飞扬，也从一反常态中渐变为平实的岁月。张爱玲的"冬眠"期似乎很长，长得让她对生活不再有任何的幻想与热情，甚至让年仅二十七岁的张爱玲开始衰老。有一天独自行走在街道上，她突然看见一个苍老的身影从商店的橱窗中映出来，等她再停驻脚步细看时，却被自己的憔悴吓哭了，细细一想，竟然有几个月都没有来例假了。所有不幸都在加剧折磨着张爱玲，老父亲的身体每况愈下，风烛残年的生活透着心酸；母亲常年居住英国，似乎回来过一次，从此便终年音信全无；弟弟也来看过她，依旧没有太多话说，只能是极其不自在地告别。

张爱玲身后的那个大家庭正在走向败落，可以想象，当那堵坍塌破败的墙倒掉后，看到的也将是各自苟活着的人。

这就是人生。

人生是永恒的悲剧，这是人所能达到的最高的，也是最真的认识。没有了文字的张爱玲，活下去的意义便不大。其间，她也一直思虑着以后的出路和归宿，可能选择的只有继续写作或重修学业。好多时候，读者和学界都认为张爱玲的华丽转身轻松如是，实则又有多少人了解她的彻夜不眠呢？这个阶段，没了那个男人的甜言蜜语，没有了无休止的纠缠，却感觉周围一切都空荡荡的，甚至连牵挂也变得无味起来。只有姑姑忧心重重地爱着、安慰着，鼓励她拿笔写出心中不满，写出人生际遇，写出岁月悲切。偏偏这一切都变得不顺心、不顺手，等张爱玲刚有了动笔的欲望，接踵而至的却是一家家刊物的先后停办。即便以往关系不错的报刊，也都刻意和她保持着距离。

这一切，敏感的她都懂。

经历了一系列人生的意想不到后，张爱玲曾悄声地问自己，那个前呼后拥的荣光时代，难道就要以这样的方式告别？纠缠不清的宣泄，处在风口浪尖的谩骂中，一点一滴地湮没着眼前的快乐与幸福。

日本政府无条件投降后，汪伪政府也在冰消水解中惨不忍睹垮台。汉奸，作为中国历史上一道令人憎恶的风景，虽然政权没了，但汪伪要人的汉奸行为必须要予以清算，不清算不足以惩治恶行。如此纷乱的境况下，许多压抑许久的民众发出了不满和声讨，并且把矛头都朝着这个单纯女子。这些都是张爱玲所不曾预料到的，一个忘情负义的男人，在仓皇离去后竟然还能掀起如此大风浪，无非就是爱错了人嘛，至于引来这毫不留情的杀戮？

好吧，既然如此那就选择沉默，收敛才气，面对风暴，忍受骂名，总可以了吧？这些非议着实也让张爱玲感到了人言可畏，感受到了来自政治方面的威胁。此时，还是血脉相连的弟弟关注着姐姐，虽然潦倒也无力相助，但在汹涌而来的打击中，依然悄悄祝福姐姐平安无事。

"抗战胜利后的一年间，我姐姐在上海文坛可说销声匿迹。

以前常常向她约稿的刊物，有的关了门，有的怕沾惹文化汉奸的罪名，也不敢再向她约稿。她本来就不多话，关在家里自我沉潜，于她而言并非难以忍受。不过与胡兰成婚姻的不确定，可能是她那段时期最深沉的煎熬。"弟弟懂她，而他们的心思也是联系在一起的。至少从他平实质朴的文字中，能读出以自我解脱来化解无比悲愤的情绪。

弟弟的良苦用心，不知能否带给张爱玲内心的安慰。但这样的沉寂确实有些太久了，连不少读者也不情愿她就这样沦落下去。上海有家《辛报》，考虑到当时读者的强烈反映和需求，还专门策划了一期调研文章——《张爱玲哪里去了？》，通过这种方式来表示关注。与那些放肆谩骂的文字相比，这微不足道的火星给张爱玲带来的却是难得的鲜活。张爱玲知道，如果自己不努力在文坛上复出，以后还将要无休止地忍辱负重。确实，她这个人就是这样，可以不在乎身边任何人、任何事，却不能有人对她的文字表现出不屑。

张爱玲的文字不是"飞刀和匕首"，但在某种意义上能够自我疗伤，让她从萎谢中重新绽放新绿。很快，她的新作《华丽缘》便刊载在了文艺刊物《大家》创刊号上。故事依旧是此前的那种风格，写男女之间浪漫唯美的爱情，然后又以犀利的反讽手法，逐渐写出了生活中不为人知的哀痛和人性。

懂一个人，有时不需要语言，但却很温暖。《大家》的主编龚之方，那时才三十多岁，他生性豁达，先后从事过画报、影视、戏剧等，被朋友们戏称为"龚满堂"。之所以要在有争议的境况下，冒险发表张爱玲的作品，无非是喜欢她独特的文字风格。尤其那悲剧色彩下的人性欲望描写，不仅神奇中享受到视觉的强烈冲击，而且也于不经意中触及灵魂的痛处。或许是对生命的理解相同，那种静观俗世下的冷漠、傲然、苍凉，也让他们通过文字开始有了"同情的了解，了解的同情"。众人避之不及，龚之方却不在乎，从而让张爱玲在不曾想到的落寞中，重新树立起了创作的信心。

看来有文字，真的不会再寂寞。

对张爱玲而言，这是重新复活和认识人生的契机。认识人生，其实就是认识人生的悲剧，这种认识虽然不能够改变现实处境，却足以带来安慰。于是，《华丽缘》刊出后没几天，张爱玲突然想去会会龚之方。她先要精心收拾一番，好久都没有这样盛装了，对着镜子精心装扮时竟然有些莫名激动。以往的浓妆淡抹，只为那场如烟花般的不期而遇；当下的轻描淡写，只想在这个薄情的世界里深情地活着。

张爱玲步伐轻盈地出现在龚之方的办公室，这位达人正忙着编撰案头的稿件，似乎恨不得要将自己埋在这些纸堆中间。她站了一会儿见无人搭理，便将厚厚的书稿放在了书桌上，不待龚之方抬头发问，径直就说："我要你帮我做一件事。"

"你哪位啊？"龚之方是丈二和尚摸不着头。

"张爱玲。想请您看一部书稿。"这样的开场白和炒豆子一样干脆直接，没有丝毫的拖泥带水，龚之方只能拿起书稿认真对待。而一旁的年轻导演桑弧，也将这情景全然看在眼里，当即也被这位奇女子的特立独行惊呆。

从来就没有人会对龚主编这样说话，这难道就是传奇中的张爱玲？看上去并没有那么冷艳炫目，却让他不敢抬头直视，仿佛她身上附着了无比耀眼的光环。在那一刻他才恍然明白，岁月山河里的孤单并非绝望，刻骨感情中的沉默依然平静。最奇妙的是，他并不知道这无意的凝望，将要开始一场温情似水的男女爱情。当然，也因了这样的相逢，才会让彼此成为对方世界中的一盏明灯。

不去深入接触，看到的只能是表象。此时的桑弧导演又哪里会知道，眼前这张爱玲正处于人生最困顿的时期。生活真的不是在演戏，从温州回来后她茶饭不思，每天里只喝些西柚汁勉强度日；感情上"那痛苦像火车一样轰隆轰隆一天到晚开着，日夜之间没有一点空隙"；创作上，拜"汉奸妻"的名头所赐，任何刊物都拒绝刊登其作品。正如柯灵笔下记述的一样，人生失意中的张爱玲患上了"内外交困的精神综合征，感情上的悲剧，创作的繁荣陡地萎缩，大片的空白突然出现，就像放电影断了片"。

从此，乱世中的奇女子逝去了，但张爱玲的人生历程中却有了新的标记。

生活有所转机，日子仍有压抑，好在不少朋友想真心帮助张爱玲。1946 年 7 月，老朋友柯灵突然邀请张爱玲去参加一个晚宴，许久不曾出门，她便开心地应了下来。

宴会的举办者，是年轻导演桑弧。

桑弧，1916 年生于上海，先后执导多部影片获奖，在上海的电影圈中有一定的影响力。桑弧与柯灵是交往多年的好友，追根溯源要说起来，他俩与张爱玲之间还有着微妙的关系。当年，张爱玲的作品《倾城之恋》被搬上了舞台，柯灵收到了张爱玲特意送来的丝绸面料。当他将此面料裁剪成长袍上身之后，大家都是赞不绝口，只有桑弧不晓内情唱反调，每天都用上海话尽情开涮。本是说笑的事，等他知道这面料与张爱玲有关之后，从此不再言说玩笑。

桑弧对张爱玲的创作才能十分欣赏，所以彼此在宴会上刚见面，便迫不及待邀请她进入文华影业公司做编剧。同时还有一层用意，就是想鼓励她能够重新拿起笔解决生计。只是张爱玲平时言语极少，那天也是从头至尾闭口不说，桑弧在无果的情况下只好作罢。

不过，这个以温暖著称的年轻人并没有放弃自己的目标。几天后，他和龚之方一起登门拜访了张爱玲。

张爱玲确实迷恋电影。作为那个时代品位、时尚和身份的象征，电影这种直观化的视觉媒体，无疑充满着理想化的诉求。出身于官宦家庭的缘故，张爱玲从小就开始接触电影，并常常陷入故事的情节中不能自拔。确实，张爱玲小时候常常一个人去看电影，用心感受着电影中嬉笑怒骂的真实，等到电影散场，她又会乐呵呵地站在马路边等着车夫来接她。上车后，她就滔滔不绝地开始讲述故事发展的情节，有时会把车夫惹笑，有时也会将自己逗哭。随着年龄增长，她对电影就变得更加痴迷，常常会三五人结伴一起去看，有时候为了看一部新片，竟然可以从很远的外地赶过来。除了爱看电影外，她还尝试着写下了一系列很有特色的影评、剧评，不但用中文写，还用英文来写。

现在，影业公司诚心上门详谈拍摄电影的相关事宜，自然不能够敷衍了事。剧本倒是不难写，写作过程中还可以回忆与电影结缘的种种趣事。

1947 年，桑弧导演同民族资本家吴性栽合作，投资创办了上海文华影片公司。由于吴性栽平时很少抛头露面，所有的事务性工作都交由桑弧打理。为尽快出好作品，他们找到了张爱玲。身处困境的张爱玲并没有推辞，很快就试着写出了一部与情感纠葛有关的故事，这部剧的名字叫《不了情》。剧本大意是中年企业家夏宗豫与女家教虞家茵萌生爱意，当他同太太准备离婚的时候，家茵却"经过理智与情感的挣扎"去了外地教书。

好莱坞中最常见的故事情节，却让张爱玲巧妙地加以了"中国化"。看到剧本的第一眼，桑弧就眉开眼笑起来，他连续读了好几遍后，脑海中竟然能清晰浮现出故事中的人物来。于是，他向吴性栽极力推荐，并将其视为公司的重头戏进行拍摄。

为显重视，桑弧不但亲自执导了电影《不了情》，还邀请到当时上海滩最红的刘琼和陈燕燕分别出演男女主角，拍摄阵容可谓空前强大，电影上映后也是好评如潮，拉动票房收入直线上升。巨大的轰动效应之下，张爱玲又重新成为家喻户晓的公众人物，而这部电影也被称为（抗日）"胜利以后国产电影最适合观众理想之巨片"。凡俗世界里的喧哗和挥不去的悲凉，让张爱玲趁势将《不了情》又改编成了中篇小说，以《多少恨》刊在《大家》杂志上。

为了让读者明白她此时此刻的心迹，张爱玲又特意在小说标题下面写了这样的话："这一篇恐怕是我能力所及的最接近通俗小说的了，因此我是这样的恋恋于这故事。"

其实，《多少恨》的故事很简单，主要想反映出人与人之间的爱怨。一个是想摆脱旧式妻子的可怜，一个是想远离厚颜无耻的骚扰。迫于种种无奈，爱情最终只能是劳燕分飞的嘲讽和讥笑。从这些人物可悲可叹的经历中，似乎也可以读出张爱玲曾经的不幸经历。但从这"冷冷的成熟"中，却又有着"泽及万世而为不仁"的暖意。尤其是虞家茵对夏宗豫的那种需要，以及对于"大女儿"身份的认可，完全可以视为虞家茵对健康、完满爱情的追求和渴望。这似乎与张爱玲的童年相似，也从另一层角度解释了她依恋那个男人的根由。

谁也没料想到，张爱玲试水的第一部电影会有如此之大的反响。于是，桑弧又不失时机地邀请她写第二部电影。或许是因了《不了情》的倍受热捧，张爱玲当即应允下来，并按照导演要求的框架和思路，又开始了新的创作。戏剧色彩深厚的《太太万岁》妙趣横生，没有情感的幽怨，少了人生的传奇，无形中多了日常生活中的世故、势利、精明和无赖，从而使这部家庭生活剧即刻有了不尽的笑声与泪水。

于乱世中偷欢，于波澜里看平常。张爱玲的电影《太太万岁》一反中国传统观众对苦戏、对传奇的特别看好，用轻松幽默的笔法写活了小市民的日常生活百态。"中国观众最难应付的一点并不是低级趣味或者理解能力差，而是他们太习惯于传奇。不幸，《太太万岁》里的太太没有一个曲折离奇可歌可泣的身世。她的事迹平淡得像木头的心里涟漪的花纹。无论怎样想方设法给添出戏来，恐怕也仍旧难于弥补这缺陷，在观众的眼光中。但我总觉得，冀图用技巧来代替传奇，逐渐冲淡观众对于传奇戏无魇的欲望，这一点苦心，应当可以被谅解的罢？"

随着电影在市场的畅销，《太太万岁》一举成为中国电影的经典代表。这为张爱玲带来了不菲的收入，也为她的重新复出打了一剂强心针。这样的强强合作，让桑弧对张爱玲的认识也更为全面。

"张爱玲的小说或剧本，总是力求做到能为普遍读者或者观众所容易接受……我认为这是值得我们思考的一种观点。"

一个人要活成什么样子，关键在于她的内心。如果内心简单，看什么都不会复杂。随着一部部电影的成功拍摄，张爱玲的社会交往也逐渐多了起来。对她来说，生活在情感和文字的世界里，永远都是那么性情和单纯。确实，这个时候，大家突然都觉着她与桑弧十分般配，由于彼此常在一起谈论剧本和拍摄事宜，难免会让人生出许多想法来，也有热心人前去撮合说媒，但每次都不出例外地遭到拒绝。

桑弧比张爱玲大三四岁，在电影史上颇有建树，人也长得眉清目秀，尤其是那双眼神下的深邃、沉静，更是有着诸多无法言说的男人气质。只是这位工作狂平时只专注电影拍摄，对爱情一窍不通。他并不知晓张爱玲的短暂婚史，"性格内向，拘谨得很，和张爱玲只谈公事，绝不敢斗胆提及什么私事来的"，只是傻傻地喜欢着。在大家极力撮合这件事上，龚之方表现得最为热心，有次还专程寻到张爱玲来挑明此事，然而才受过伤的张爱玲除了惊诧地摇头外，只能是摇头拒绝。"她的回答不是语言，只对我摇头，再摇头和三摇头，意思是叫我不要说下去了。不可能的。"好心的龚之方非常尴尬，他看不明白张爱玲的拒绝，不知道是因为伤得太深，还是因为理智而不想再步入婚姻。

灿烂背后是灰烬，光彩背后是黯然。

张爱玲看似我行我素的背后，始终有着她望远皆非的悲凉。这是她的行为准则，也是人生奈何的虚无。不论外人是否懂得，张爱玲自己是明白的，就算彼此结合在一起，也未必会有旁人眼中的幸福。确实，她对暖气质的桑弧有着另一种感觉，私下里也保持着某种亲密接触，只是在人生的苍凉中看不清理想的光泽，才会在传闻中偷偷地选择了同居。或许这只是蜷缩在世俗中的生活方式，但这又深深地连结内心的隐秘，那种不可名状的信心，消除掉的却是自身的不安、恐惧、绝望。

爱又一次来得这么快，让人眼花缭乱甚至来不及细细回味。选择同居，让张爱玲在男权社会里不需要独自承担，不需要倾心全部，不需要不顾一切，却又可以慰藉曾经被抛弃的灵魂与失落。

一念红尘短，一念天地长。情缘就这样结束了，似乎什么也没有发生过，却真真实实地停留在张爱玲的记忆中。与那个男人相比，桑弧既不风流，也不勇敢，文雅下的懦弱让他将爱深藏于心，也注定他无法掀起情感的汹涌波浪。"生活的艺术，有一部分我不是不能领略……在没有人与人交接的场合，我充满了生命的欢悦，可是我一天不能克服这种咬啮性的小烦恼，生命是一袭华美的袍，爬满了蚤子。"既然如此，那就用沉默来怀念这尘埃里开出的花，以沉默来呵护这份难得的爱，以沉默来面对这不寻常的烟火幸福。

锦瑟流年，两两相忘。

花落无奈

虚能引和，静能生悟。

漫长而短暂的人生当中，每个人都有太多不完美。张爱玲亦如此。

月光映在夜色中愈发缥缈起来，当一个人只能面对寂寞时，张爱玲终于在了无着落的张望中，感觉到了剜心的疼。从她曾经辉煌的人生大场景中来看，那场婚姻无疑如同文章的败笔，确实只能以无言的沉默来应对，慢慢地，她也明白，这个世界总归要由人来评说的，人家要怎么说，那是人家的事。

无谓的消极，实际上起不到任何抵御作用。抗战的枪炮声愈响愈烈，上海滩又像炸开了锅一样，有人四处逃窜，有人深居宅所，还有人忐忑不安地感受着外界的不安。只有张爱玲并不上心，自己就是个以写字为生的人，从不沾染政治，无论是谁的天下，写风花雪月总不碍事吧？动荡的时局下，又有人不想让她安稳下来，时常以各种各样的方式来搅扰她，尤其是一些进步的左派作家，集体发声来质疑和批评张爱玲，想要从她以往的文字与经历中找出所谓的证据。

没想到名气带来的荣耀，现在却变成了无尽烦恼，与那个男人短暂的婚史，又一次让她处在风口浪尖。本就是一段不愿说出口的伤心事，那里经受得住这么多的流言蜚语？可眼下这些所作所为却像针一样，结结实实地扎在心口上。"时代是仓促的，已经在破坏中，还有更大的破坏要来。"以往的清醒，是对世俗的判断，一旦预言和现实惊人地重叠后，张爱玲只剩下了无比的惊慌失措，在无法预知将来的情况下，便只能在心中生出无端的害怕。此时，张爱玲真是宁愿萎谢了生命，也想求得一丝安逸；宁愿失去精神家乡，也要求得众人理解。在当时的社会大背景下，所有人都惶惶不可终日，谁也不知道生命将会以何种方式呈现，又以什么样的方式终结。

人言可畏又算得了什么呢？

身处大上海解放前夕的敏感时期，她只觉着被挤压得没有形状了。1944 年，张爱玲的《传奇》增订本出版。在前言中，她终于说出了此前一直想说的话："我自己从来没想到需要辩白，但是一年来常常被议论到，似乎被列为文化汉奸之一，自己也弄得莫名其妙。我写的文章从未涉及政治，也没有拿过任何津贴。至于还有许多无稽的谩骂，甚而涉及我的私生活，可辩驳之点本来非常多。而且即使有这种事实，也还牵涉不到我是否有汉奸嫌疑的问题；何况私人的事用不着向大家剖白，除了对自己家的家长之外我没有解释的义务。所以一直缄默着……"压抑，委实让张爱玲喘不过气来，她努力挣扎着以示命运的不公，但这一切却像投入河中的石子，只能看见圈圈涟漪，却听不到任何声响。张爱玲忠于自己的坦荡，好多时候顾及了文字里的情节，却不在乎故事的背景。反正是说也说了，但这种发声太微不足道，没有人能够伸手帮她。

时局变化确实很快，上海很快就解放了。喧闹声中的张爱玲，也渴望着能够突破周围的杂扰，用鲜活的笔触来见证人生，不料想时局不允许，内心也同样不允许，她只好一个人在孤寂中踱步、翘首，在百无聊赖中整理着纷乱的书稿。近段时日来，媒体上关乎她的消息很多，有人贬低，有人推崇，几乎都是伴着时代的欢呼在四处飞扬，这其中还有著名作家夏衍。

仰以察古，俯以观今。人活着，不在于世界让你高兴，而是在于你选择了高兴。

抗战刚结束，作为"左联"元老的夏衍从重庆来到上海，担任上海市委党委兼宣传部部长。除了感受到大上海的繁华外，他还带有一项任务，就是联系那些"原不属于进步文化阵营的文化名人"。其实早在沦陷时期，他就陆续读过张爱玲的作品，对她的文学造诣感到由衷敬佩，虽然彼此不熟识，但始终觉着这样有才的年轻作家实在不可多得。"张爱玲一直是个有争议的人物。她才华横溢，二十多岁就在文坛上闪光。"等接管部队进驻上海后，为及时宣传新政府的立场和态度，尽快打开文化建设的新局面，夏衍又及时联系龚之方、唐大郎等进步作家，说明想筹办新报纸的想法，同时也捎带打听了张爱玲的消息。

1949 年 7 月 25 日，《世界晨报》就被改版成四开四版的《亦报》面世，主编唐大郎，社长龚之方。与此同时，另一份《大报》也随之全新推出。新报的出现与以往流行上海街头的小报大为不同，一股股清新的面孔替代了颓废，一缕缕明快的文风取代了芜靡。不仅受到了大多数的读者欢迎，进而也吸引了周作人、丰子恺等名家陆续投稿。这时候，唐大郎和龚之方也联系到了张爱玲。

对文字从不排斥的张爱玲，骨子里始终充满着各种瑰丽的都市故事，也正是这样的个性文字，才让她在岁月的流转中变得简单纯净。对于《亦报》的连载约稿，她欣然同意，只是提出了用笔名发表的要求，这可能是对于当时体制的观望，也可能是自我敏感的保护。写长篇对于张爱玲来说是挑战，不仅要改变以往的传奇故事手法，也要契合时代风潮，张爱玲并没有去想太多，只是同以往一样又陶醉在文思泉涌中，享受着每日里写字的快感，再也记不起人生中的种种悲哀。

姑姑看到这些，心中也开始变得宽慰起来。

1950 年 3 月，《亦报》上开始连载起署名"梁京"的小说《十八春》。小说着力描写了几对男女阴差阳错的爱情婚姻，表现出都市情感的纠葛与缠绵。从整部小说的构思来看，这是张爱玲步入新时代后的第一次写作，她在迎合政治与形势的同时，也自觉地褪去了以往文字中的华丽与苍凉，融入了积极向上的精神面貌和政治理想。

阳光暖暖，享受着红茶的张爱玲，每天陪着姑姑心无旁骛地读着报纸，在铅字中悠然度过每一天。只要能和文字进行交流，她便是开心的。连载之前，《亦报》上还特地发表了推荐语，称赞："梁京不但有卓越的才华，他写作态度的一丝不苟，也是不可多得的。在风格上，他的小说和散文都有他独特的面目。他即使描写人生最黯淡的场面，也仍使读者感觉到他所用的是明艳的油彩。"报纸对于张爱玲的垂青有目共睹，而张爱玲也未曾辜负报社俯身书写。

作为张爱玲生命中的第一部长篇小说，《十八春》虽然根据美国作家马德宽的《普汉先生》进行改写，却在读者的热捧中连载了317期，直至1951年2月11日才全部结束。旅美期间，她对其中的带有政治色彩的内容进行了删除，易名为《半生缘》出版发行。

这些荣耀都要归功于眼光独到的夏衍，只是张爱玲对此并不知晓。

1950年7月24日至29日，在夏衍、巴金等人的发起下，在上海虹口的解放剧场举行了第一次文学艺术代表大会。会前，张爱玲也荣幸地收到了一封烫金的邀请函，只不过是以"梁京"的名义发来的。邀请张爱玲参会，无疑是当时上海文艺界高层的决定，而这个决定，也为这次大会增添了不少"亮点"。

带着莫名的惊喜、恐慌和感动，张爱玲在对时局重新进行了研判后，决定去感受一下新政府的新气象。仅从出席当时会议的文学界九十四名代表中，就能感觉到这是不小的礼遇。真要出席这样的会议，她真正的烦恼是穿什么衣服才会得体？素来喜欢以服装炫耀的张爱玲，那天与姑姑商量到半夜才迟迟睡去。以后的那些天，彼此最开心的话题就是衣服。

很快就到了开会那天，张爱玲思前想后还是由绚烂归于平淡，选择了身着青灰色素雅旗袍，在外面又搭了件带网眼的白绒线衣。人与衣服的完全融合，让她依然从低调中穿出别样的风韵，旗袍在张爱玲身上散发着白兰花的优雅气质，亭亭玉立中又有着丰腴和柔媚。这已经是她所有行头中最不起眼的装束，到会场后却发现自己还是鹤立鸡群，与那清一色的中山装、列宁装在一起极其不协调。参会代表都在新奇地望着她，婉容的发式，银制的月牙发卡，洗尽铅华的面容上依然有着风情万千，一股檀香的气息在会场淡淡地弥散开，任那雅致、那无心、那落寞、那风采，都在浮华中闪现出不凡的传奇。

时值夏季，张爱玲只觉着尴尬和不安涌上心头，恨不得找个地缝立即钻进去，她只能找到后排无人的地方落座。至于会上讲什么，她全然没听进去一句，只盼着会议能早些结束，除掉这身上的不合时宜。

繁华中的含蓄内敛，原本只是一段自己懂得的传说；少了烟花般的五彩，便成为温柔蚀骨的自责。

好在文字的生命力出乎意料地强盛。《亦报》因为连载文章每期都会大卖，沉闷的上海文学创造了空前新高，有不少热爱张爱玲的读者，其实已经从人生观察的透彻和深刻中，渐然猜测出了梁京的真实身份，但还是执着地写信到编辑部进行询问。遍城纷飞的书信，又让所有不快在回眸一笑中变得缈如云烟。

莫道不消魂，那文字里延展开来的从容优雅，依然是不显山不露水的诠释。唯美的文字意境中，有着布质般的舒适，绸质般的飘逸，更多是顾盼神飞的柔美。

在小说《十八春》中，讲述了顾曼桢与同事沈世钧的曲折爱情，故事中充满太多人性悲劣。软弱无助的顾曼桢十四岁时丧父后，生活成长全依赖姐姐曼璐。而为了养家糊口，有着奉献精神的曼璐只得忍痛放弃爱情和前途，在刚烈中甘愿沦落为风尘舞女。好不容易与身为投机商的祝鸿才结婚，原以为从此就可以洗却过往，却陷入了长期不能生育的痛苦中。无奈的婚姻危机下，移情别恋的祝鸿才又对小姨子生出邪念。曼桢始终埋头苦读，想早些为姐姐分忧解难，也一直拖延着与沈世钧的婚期。直到有天她被沈父认出是妓女的妹妹后，才在一连串无法化解的沉重打击下崩溃，而这个家庭也很快乱成了一锅粥。更不可思议处是，曼璐的前男友这时又阴差阳错来到顾家，结果见到曼桢后便不能自拔。这些举动深深地刺激着曼璐，让她觉着自己年老色衰无人疼爱，便在命运的捉弄下动了加害妹妹之心，想通过借腹生子来保全自己的婚姻。于是，她把妹妹骗到家中并协助老公将其强奸，让曼桢怀上了孩子。性格懦弱的沈世钧误以为曼桢与张慕瑾结婚，在不够热烈的爱中，满怀失望地断了这桩姻缘念想，一怒之下又与亲戚家的小姐喜结连理。

妹妹的囚禁，并没有阻止祝鸿才寻花问柳的陋习，他依然在糟蹋了曼桢的清白后没有收手。数年后，蛇蝎毒心的姐姐去世，妹妹这才得以同祝鸿才分手。当曼桢、张慕瑾、沈世钧三人再次重逢，一系列真相大白于天下时，所有对人性之恶的憎恨、对物是人非的惋惜、对社会的揭露与批判都全然呈现书中。

十八个春秋，也不知人生的曲折是错是对，也不知月夜下是谁装扮了梦，总归是人生如梦，转身一场空。曼桢只以为这个世界充满着恐惧，但与沈世钧相遇抱头痛哭那刻，才知道这种真爱并不能分割。恍若一世的时光，错过的又何止半世情缘呢？"世钧，我们再也回不去了，回不去了。"由于小说情节摹写得过于真实，一时间竟弄巧成拙，让不少读者沉湎在书中。

世间的事本来就大同小异，恰巧有位女读者与曼桢经历相似，始终觉着作者在写自己，便千方百计从报社打听到张爱玲的住址，专程去找她倾诉艰难的人生际遇。人自然无法见到，她只能失望地站在楼下放声痛哭，这哭声吸引了许多路人过来围观，张茂渊实在听不下去，好言相劝其离开了事。从那次事后，读者们陆续知道了张爱玲的住址，时不时就会有人前去拜访晤面。

人生如梦，纵然有太多的妙不可言，只是岁月无法回头。一代才女张爱玲不也是这样吗？待到《十八春》单行本发行时，她又别有用意地改名为《半生缘》，算是对主人公不幸人生的概括，也是对她的生世不安稳进行了恰如其分的抒写。

小说引起的巨大反响，实际上并未真正地让张爱玲觉着安静。在夏衍的安排下，她又随团去农村亲身体验生活，感受基层的人文气息。在苏北参加土改的几个月中，她的生活志向也开始有所转变。那段难忘的生活历程，对于张爱玲来说，除了处处充满着惊喜外，还能接触到各种各样的人和事。她每天都穿着不起眼的衣裳去排队领粮，又逐家逐户去登记户口。平凡而又充实的日子，让她无形中忘记了许多不快，也从中感受到生活的乐趣。其实，日子不就是这样吗？有简单的衣食住行，有基本的生活保障足矣。如果要说还有其他更多想法，那就剩下生命中无法割舍的文字了。说起文字，张爱玲也有着自己的尴尬和苦恼。

有朋友曾私下问她："无产阶级的故事你会写不？"

"不会，只有阿妈她们的事，我稍微知道一点。一般所说时代'纪念碑'式的作品，我是写不出来的，也不打算尝试。因为现在似乎还没有这样集中的客观题材。"

这些约束个性的要求，让张爱玲在内心中萌生着别意。也就是说，她要离开上海。

《十八春》在读者中的热销，让《亦报》又继续同张爱玲续约起小说连载。同样，张爱玲还和上次一样，以很快的速度完成了小说《小艾》。

《小艾》中的用人小艾逆来顺受地任人打骂、糟蹋，在经受了种种意想不到的艰辛经历后，她身体和精神上都落下了病根。在别人眼中，她的人生似乎就是以这个大家庭为中心的；在她自己眼中，这些充斥着太多无法言说的屈辱，让生性软弱的她成了花团锦簇中的易碎品。要说不同，那就是文字风格上有了很大变化，文章结尾也不再凄凉。张爱玲大笔一挥，让可怜的小艾和工人冯金槐结婚成家，生儿育女，享受起了人生的天伦之乐。

这些故事，可能是生活中的真实存在，也可能是她道听途说，总归让人在无尽的叹息中有着惊喜和不同，尤其是思想上的激烈抗争，既有着主人公的梦想成真，也有她对于这个时代的认知。

各种媒体宣传下的繁华过后，很快就归于了冷寂，终如浮云在岁月中苍老而去。从这些闪烁其词的虚伪和苍白中，张爱玲越发地清醒起来，那从血脉中流淌着的阴冷，是末世的冰冷刺骨，是不可思议的特别洞察。

也就是说，经过这一阶段的轰轰烈烈，张爱玲世界里所谓的高涨和热情，只不过是她人生中的短暂瞬间，她又要开始新的出行。这个消息刚传出，很多好朋友都极其反对，只有夏衍还不知道这些变故，他此刻正忙着上海电影剧本合作所的筹备事宜，而且还准备邀请张爱玲前来担任编辑。

只是这一切的真诚挽留，都似乎在催促着张爱玲快些离开。

无关他人的转身，其实只是想活好自己。

人生况味

人生的滋味，难免有时清远微凉。纵是如景繁华，也终抵不过人生的漫远。

要说张爱玲的与众不同，那就是岁月对她始终不薄。在最好的年华有了爱情，在最激情时有了创作，在生活的真实中有了隽永，在漫长的期待中有了厚重……

所有这些风光，都注定要成为张爱玲生命中不可或缺的风景。1952 年 7 月，三十二岁的张爱玲手持香港大学入学通知书，在众人的不解中毅然离开上海，一路火车到了广州，然后又从罗湖口岸出境，以别样的心情再次到了香港。

无论是苍凉抑或繁华，每个人都有自己的宿命，对张爱玲来说，她的宿命便是要逃离一切的决心。不为人知的躁动不安，始终在促使着她不停地漂泊着，似乎只有这样才可以安稳一切。"时代是仓促的，已经在破坏中，还有更大的破坏要来。"遥想张爱玲多年前说的这句话，突然发现这个怅然若失的女子，珍惜的本不是身边的荣誉，在乎的是不知何处才是尽头的脚步匆匆。

十年生死两茫茫，不思量，自难忘。也许是因了这宿命，十年之后张爱玲又重新来到香港这座城市。面对种种变化，只是感觉时光流逝如此之快，而眼前的一切仿佛老电影中的场景，"依旧有那么一刹那，我觉得种族的温暖像潮水冲洗上来，最后一次在身上冲过。"举目无亲的张爱玲独行在物欲横流的街巷，面对香港这个杂乱纷呈的社会圈，能支撑她的只有那些少得可怜的记忆。

花红柳绿中，涌动的是不易察觉的冷漠与虚伪，泡沫一样膨胀着，相互挤压着，让小的变成大的，大的又重叠小的，最后在不断地隆起中塌陷，又继而重新开始。蜘蛛织网不也这样执着吗？看上去密密匝匝，实际上却经不起风吹雨打。

十年前，也是这样萧索的季节。张爱玲不情愿地从香港回到上海，满腹都是说不出的无奈。如果说岁月是一本大书，那上海的每页都是不可多得的精彩，但与香港的充实比较起来，这些精彩背后有着无数不同的故事。不知不觉的十年，确实收获了太多，自然也失去了太多。如果要将当下视为一种归来，那这样的途中便不会有逃避，更多的是对人生的失望，让人不知道去往何处，又从何处而来。

所以这次来到香港，张爱玲心事重重。她只想从所有不堪的回忆中消失掉，让生命忘记前尘，成为云烟。

面朝大海，春暖花开，真正面对浩瀚平静的海水时，心情才能澄澈。天蓝蓝的，几朵云彩点缀其间；风凉凉的，带着潮湿的咸味。游轮上的人们早已陶醉其中，就连一向与人保持距离的海鸟，此时也随便地在船前面飞来飞去。婀娜着身姿的张爱玲倚在船舷，花布旗袍的素净与天际叠映在一起，似乎在思考人生，又像在往事中忧郁着。

城市渐渐远去，灯红酒绿成为幻影。张爱玲不施粉黛的素面素心，如抽枝的绿芽，黄中带绿，绿中沁黄，黄绿交错，正勃发着另一种生机。没有人前来打扰这种沉思，她也任思绪沿着水波汹涌翻腾。海风翻飞着发丝，旗袍随风摇摆着，在来回闪烁着卑微而又骄傲的愿望。沧海桑田般的悠悠过往，梦一样要带走所有的失意和离别。

没有了家的庇护，繁华的盛放也显得虚无。张爱玲怎么会忘记收拾好行李出门那刻，她轻轻拥抱了至亲至爱的姑姑，又亲昵地附在她的耳边私语一番："从此一别，不再通信，不再联络，也不给彼此牵挂的念想。"张爱玲就这样，执意与家划开了距离。

是啊，怎么说忘记就能忘记呢？姑姑泪流满面，只是紧紧地握着她的手，一句话也不说。执手相望，她知道即使前面是万丈深渊，张爱玲也会义无反顾地出发。浓重的咸味飞溅在脸上、发梢上，在这阴冷的晨风里，能听到的只有心跳。

姑姑是个极开明的人，既然这样，那就先献上无尽的祝福吧，祝福她前途安好。小弟除了沉默地落泪外，只能目送着姐姐云彩一样飘向天涯。这些年，弟弟其实过得并不怎么好，先后换过几次工作，始终不是得心应手。所以，这泪水之中既有对现实生活的不满，也有着对姐姐放弃尊荣生活的不解。现在看来，这些与生俱来的压迫感，不过是云烟下的暂时安稳，让她想时刻地逃离出来。

好吧，既是心愿，那就期盼好梦好圆。

背影如此美好，谁又会在乎流泪呢？几家悲欢几家喜，人生不就是这样吗？临去香港前，张爱玲特意前往西湖游览，这个地方实在太熟悉不过了，可她还是在这个不合时宜的季节去了，大概是想以文人的心态，来回望江南的诗意所在吧！透着寒意的西湖还沉睡在料峭春寒中，花未开，叶未绿，情景却像极了张爱玲身上的苍凉与冷艳。这样的景与这样的人重逢在一起，根本让人看不出梦的美妙。沿着湿气四散的西湖行走，苏堤、亭阁、断桥，还有树木丛中的雷峰塔，似乎都映衬出了内心的忧伤。此时，能想到的也只是风月温软。

西湖之行，是为香港之行做出选择吗？留下抑或离开？说实话，她自己也不知道。许多人不明白，张爱玲到底在寻找什么？从她漠然的神情中根本无法看出。

到底是什么样的力量，让张爱玲要抛弃眼前这一切呢？远赴香港，真的可以求得内心的安稳与平静吗？对张爱玲的悄然离去，上海文化圈的名流也是十分惋惜，只是得知这个消息时，她人已经行在海上了。

或许只有这样无牵无挂地走，才不会遭到时代无情的折磨，才可以避免触及过往的伤痕。在船头站得有些久了，张爱玲还是感觉到有些冷，冷让这个惆怅的女人逐渐变得清醒起来。思绪纷乱，无论是在上海的万人簇拥中，还是在西湖幽静而冷寂的水色中，她都意识到自己迈出的这一步无法收回。

总之，上海这片滋养过她的沃土，已渐然成了过往的背影。

"自古圣贤多蒙妒，不遭人妒是庸才。"各种琢磨不定的动荡，无法猜测的瞬息万变，都让她努力在烟火的城中找寻着丢失的自我。关心她的人都知道，张爱玲去香港是要"继续因战事而中断的学业"，只有她自己明白，这种绝世独立的叛逆，已经很难融入新时代中。

复学的事情进行得很顺利。

8月20日，张爱玲以重新完成战时中断的学业为由，再次回到了充满着书香气息的香港大学。这方世外桃源的静谧果真不同，从半山腰的宿舍里就能远眺整座城市。校园无疑是美好静心的，鸟语花香的氛围让她很快就忘却了太多的烦恼。唯一不同的是，走了几次以前熟悉的路，她都无法找回失去的天真了，只好把自己关在了空荡荡的宿舍，忘情地翻译、写作，以此来完成心头上的涅槃。

但这种安静的生活状态并没有持续多久，缺少固定收入的张爱玲必须要为生计奔波，同时还要应付那些慕名来访的"不速之客"。所有这些意想不到的事情，都让张爱玲表现得措手不及。这时，母亲的老朋友吴锦庆闻讯后也出手相助，主动向香港大学文学院院长贝查推荐，并积极帮她申请奖学金，意欲一解她的困窘。

香港这城市不大，张爱玲内心却始终携着难民意识，感觉自己走不到尽头。她喜欢简单、喜欢无人打扰，可眼下要实现这些都变得极不容易，要在这座华美但悲哀的城中立足太难了。好在这种种的不快之中，还有那能够带给她无比欣慰的文学创作。

校园生活轻松而又明快，只是张爱玲却突然少了想象中的新鲜感。为了能在这浮躁的香港孤岛生活下去，她迫切地需要钱来谋文学的出路。她知道，只有在文学上努力坚持下去，才可以带给她无数的风光。于是，张爱玲只得从女青年会搬离，重新找了间没有家具甚至没有书桌的小房子。环境虽然艰苦，但内心却纯净多了，即便趴在床边的小几上写作也是幸福满满。也是这样的原因，她始终觉得这里不是自己的家，从来也不购置任何东西，只怕"一添置了这些东西，就仿佛生了根"。

本当顺理成章地完成当年未竟的学业，现在却要无可奈何地为赚钱想方设法，这是张爱玲内心不愿意面对的，突然而起的困惑让她不知何去何从。好朋友炎樱偶然知道这些事情后，欣然来信邀约她前往日本一起发展。

面对命运的困顿，人生的无常，个性的张爱玲彻底将香港看透了，她终于感觉到这座城市并不属于自己。由心而起的悲伤，反复提醒着她离开这座城市。既然逃不出悲伤的色彩，那么就在这种苍凉的味道中退学吧？刚坚持了不到一个学期的学业就这样中断了，而贝院长和吴锦庆却还在为她的奖学金四处奔波。

阴差阳错让张爱玲没有像从前那样无所适从。来港之前，她曾有过这样的顾虑，可面对现实，只能在困窘后匆匆卜卦，急急乘船去了东京。这样的性格，似乎有些奔走无路，自然注定要经受四处漂泊的困境。然后到了东京后，张爱玲依然没有什么好运气，只能在四处碰壁中心生无比幽怨之情。炎樱也为帮不上好友张爱玲而心生愧疚，只得送她回到香港去谋生。

生命的悲哀，不断地迫使着她从文字中找寻着温暖，在颓废中体验着悲凉。这样的生活阴影，其实是对悲哀的注解，是对社会真相的不屑。除了写作，她似乎什么都不想知道。

重新回到忙碌而又兴奋的香港，看到的一切仍然还是那么地紧张。正在这时，美国驻香港总领事馆新闻处获得了海明威《老人与海》的中文版权，正在各大报刊上征集适合的翻译人选。张爱玲为了生活也前去报了名。据说在现场面试时，张爱玲操着一口纯正的英国腔调对答如流，给现场的负责人宋淇留下了极为得体的深刻印象。宋淇的夫人邝广美在美新处工作，种种原因让她们成了一见如故的好友。

宋淇为著名戏剧家宋春舫之子，来港后一直供职于美新处。他和张爱玲一样非常喜欢中国古典文学，尤其对《红楼梦》的研究更是超于常人。共同的兴趣，让彼此的关系从熟悉走向了信任。从此以后，宋淇夫妇一直无私地帮助张爱玲，没有丝毫怨言。

在二十世纪四十年代的上海滩，光芒四射的张爱玲又是谁人不知呢？她身后有着诸多的拥趸，而宋淇夫妇便在其中。随着逐渐熟悉，朋友们在一起也会提及她"倾国倾城"的往事，但张爱玲总摆出一副冷漠面孔，这样的话题便不了了之。沧桑的过往，让她将爱情全然抛到脑后，从此不想提起，也不再提起。眼下她只想通过文学重新让自己崛起。

应聘后，张爱玲开始以自己的才智和聪颖做起了英文翻译工作，参与到大规模的美国文学作品中译计划中。反正是你给钱，我办事，至于人家让译什么就译什么，什么都无所谓。"我逼着自己译爱默生，实在没办法。即使是关于牙医的书，我也会照样硬着头皮去做的。译华盛顿·欧文的小说，好像同自己不喜欢的人说话，无可奈何地，逃又逃不掉。"虽然有各种条条框框的约束，好在还有着她喜欢的。扎实的功底，让张爱玲在面对这份缺少主动性的工作时很轻松，钟情文字，她很快就忘记了生活中的忧烦，投入精力先后翻译了《美国七大小说》《无头骑士》《老人与海》等大批经典文学名著。

说实话，这些必须要翻译的文字，张爱玲都是发自内心排斥的。可为了生活下去，这种无聊的工作，竟然也让她做到了极致。默默低头苦干外，始终梦想着在奇幻的香港能够找到属于自己的位置。

求学的经历也没有时间去想了，和风吹树叶一样了无影踪。张爱玲在工作闲余开始读书、写作。这种难得的生活让她只觉着身心都充满乐趣。这样的状态表现在文字中，便有了清淡不失意蕴的性情。这就是张爱玲，忙于生计的同时还坚持着文学的创作，确实难能可贵。与此同时，她还会写些电影剧本来聊以自慰，满足着内心和生活上的需求，诸如《小儿女》《南北喜相逢》等剧本，就不失真心真味真诚。

洗尽铅华的文字，只会让女作家的世界更纯粹，更自在。四五十人的团队中，张爱玲的这种表现很快就受到关注，作为美新处处长的理查德·麦卡锡更是对其非常器重。

毕业于美国爱荷华大学的麦卡锡是个中国通，他先后任美国驻中国大使馆副领事，驻中国香港、泰国、越南等地美新处处长等职。虽然张爱玲不属于美新处的正式员工，彼此间还是因为工作结下了深厚友谊，日后还合作完成过一本小说《两个香港妻子》。后来张爱玲漂洋过海到美国后，之所以还继续承担着这份翻译的工作，再后来改弦易辙前往美国之音做翻译，都离不开他的热情推荐。

在美新处的"授意"下，张爱玲又拿起笔开始创作起"命题作文"。

如果说文字是作者的失忆药，是作者人生经历的自传，那一点都不假。在同宋淇夫妇保持着密切来往的同时，张爱玲认真完成着创作。她至今还记得第一部英文小说《秧歌》完成的情景，她把稿件送去让宋淇夫妇把关。那优美畅快的文字，细腻生活的描写，无形中勾起了他们对于故乡月明的怀想。

之后，张爱玲一直未停止创作，但经历了太多的事情后，张爱玲对外界更是漠不关心，她的创作风格发生了很大的改变——文笔少了艳丽的装扮，少了浓彩的灯红酒绿，少了人与人之间的钩心斗角。许多老读者更是始料不及，只感觉这样的文字淡如白水，索然无味。

可人生路上的各种变故，谁也无可奈何，更不要说称心如意了。生活不就是这样吗？要不伤痕累累，要不全身而退。而此时的大风暴正朝着张爱玲袭来，她已没有太多的选择。

风雨一梦

　　人生的无奈，才是这个社会最可怕的旋涡。张爱玲只在乎寂寥孤灯下的文字，只有文字能让她安之若素，抵挡住岁月的无情。"生活自有它的花纹，我们只能描摹。"话虽这样说，但从张爱玲创作的速度来看，香港三年无疑是她的第二个创作高峰期。虽有诸多烦心和搅扰，但一直坚持着写作却是她最开心的事。独处一室，香烟袅袅，神清气爽中完全享受着自我的创作态势，隐士一样将这座城市视为了云水间的茅庐、深山中的庙宇，也便不在乎一窗之隔的喧闹了。这时她是真实的，尤其是在对宋淇夫妇说起这种创作进度时，都忍不住内心的无比兴奋。"写完一章便开心，恨不得立刻打电话告诉你们，但那时天还没有亮，不便扰人清梦。可惜开心一会就过去了，只得逼着自己开始写新的一章。"

　　心思单纯，便不会思虑太多。张爱玲原本不爱动脑，随着创作风格的改变，她的人生也在发生着改变。这既不是人为的较量，也不是迫于生计的无可奈何，只是想让读者从中感受到最底层的生活气息，然而她却失败了。

　　读者喜欢的是风华惊世的花满枝头，她已无法去满足。思考良久，她不知如何应对这种境况，1945 年 10 月 25 日，张爱玲带着仰望的尊敬之心给同为安徽老乡的胡适去信一封，并附寄自己的作品。

　　从少年时期起，张爱玲就对胡适不陌生。虽然从未谋过面，可除了喜欢他的文字，还有种特别亲切的感觉。当然这一切都缘于父亲，因为她经常可以看到他坐在书桌前读《胡适文存》的情景。等到上学后，张爱玲又和弟弟先后读过《海上花》《醒世姻缘传》等作品，那时确实非常痴迷，一遍不够，又会抱起书来反复再读，也不觉得累。最执着的时候是香港沦陷时，她更是投入其中不能自拔，完全忘记了防空洞外的枪炮声。

　　"请原谅我这样冒昧地写信来。很久以前我读到您的《醒世姻缘传》与《海上花》的考证，印象非常深，后来找了这两部小说来看，这些年来，前后不知看了多少遍，自己以为得到不少益处……"

　　尚感欣慰的是她的作品饱受争议之际，得到了胡适先生的大力推崇。此时的胡适虽常年久居美国，却被中国作家视为不可逾越的高峰。1955 年 1 月，胡适在百忙之中给张爱玲回复了信件："你的作品我仔细看了两遍，我很高兴能看见这样很有文学价值的作品。你自己说的'有一点接近平淡而近自然的价值'，我认为你在这个方面已做到了很成功的地步。"张爱玲万人迷恋，胡适之倾倒众生，彼此的书信往来中，张爱玲已然有着太多说不出的喜悦与欣奋，尤其是面对着书上的圈圈点点时，更由衷多了一份亲近，也结识了一份忘年情谊。

人世间诸多的不得意，让生命中在倔强中逐渐败落下去。由心而起的彷徨，就连看天上的流云都是浓得化不开的结。在这样两难的境况下，这位女子也不知该何去何从，她只能想到躲避。

如果说，这样的特立独行本就是一种活着的态度，只是别人还没有理解罢了。那与社会完全格格不入的尴尬，则是人生经历中难得的见证。在香港的那些日子，诸多伤感包围着张爱玲，还不待拂去沉淀在她身上的阴霾，却又被另一层阴云笼罩。再回首熟悉的上海，注定是无法回去了。没有了梦想，就算是回到那座城市也尽是陌生。种种刻骨铭心的体验，让一切都变得微不足道。

手无缚鸡之力，又不愿意接受帮助，张爱玲的表现便有些不合群了。正如她在《天才梦》中写道："我是一个古怪的女孩。从小被目为天才，除了发展我的天才处别无生存的目标。然而，当童年的狂想逐渐褪色的时候，我发现我除了天才的梦之外一无所有——所有的只是天才的乖僻缺点。世人原谅瓦格涅的疏狂，可是他们不会原谅我。"实际上并非这样，熟悉的人都了解她，便也去迁就她，比如好友炎樱与宋淇夫妇就是这样的人，以自我的甘愿付出给予了无数的温暖。

无疑，张爱玲的天才梦想在大多数情况下，是以文字来完成其精神依托的。从她出版的系列作品中不难发现，这些故事里的地点多选择在上海和香港。从小长在上海的张爱玲，对这座流金的城市有着深厚感情。而香港时不时地出现，则是她对社会和人世深入骨髓的了解。在《茉莉香片》开篇中，张爱玲以属于自己的超脱来定义香港"是一个华美的但是悲哀的城"。香港城的灯红酒绿，表面上看起来无法与悲哀牵连，实际上悲哀正是人生无奈、世道炎凉的见证，是内心凝结的痛苦。在接下来创作的《沉香屑：第一炉香》《沉香屑：第二炉香》《倾城之恋》等作品中，这样的悲凉始终在淡然地弥散着。内心的细腻、自信的遗憾，并不快乐的花样年华，都催促着张爱玲过早成熟，使她更清晰地看透了香港的繁华是向上海"借"来的。也正是在这样的畸形变态中，统治地位的人高高在上，享受着男欢女爱、纵情生色；生活在最底层的人为了生存，不惜出卖房屋、子女，甚至一切。这些年的所见所闻，无疑是让人悲哀的。她笔下与香港有关的文字，更多是在书写着人与人之间的冷漠，荒诞社会中的险恶，无助人性下的可悲。

佛云：心中烦恼是妄心，身心安稳是逃避。1953 年，美国政府出台了一项难民法令，大意是鼓励学有所长的外国人来美落户，逐步成为美国公民，远东地区指标为两千人。消息一经传出，觉着在香港已没有前途的张爱玲，又重新看到了人生的希望。她借助与美新处的融洽合作关系，毫不犹豫向美国提出了入境申请。而此时与胡适的频繁书信来往，也为她日后在美国的发展悄无声息地铺平着道路。

申请很快得到了批准。拿到签证那一刻，张爱玲心中又满是说不出的苍凉，就在此前，香港还让人倍感冷漠，转眼间又成了恋恋不舍。

晚秋的风从维多利亚港湾吹来，有些潮湿的冷。这个季节，张爱玲仍然身着旗袍，幽幽地行走在高楼林立中，伴着远处的夕阳，红色和青花蓝相映成优雅。海边有很多嬉闹玩耍的人，她一个人行走着，无人知晓她的内心，自然也无人过多地去关注。

其实，每个人都是一道风景，看不看全在于别人。"淡蓝色的充满着烟愁的海，还有那茵茵得化不开的雾"，伴随着那股海洋扑面而来的腥味，化不开的是潜藏于心的痴迷和留恋。海滩上，张爱玲又回顾了香港的生活，无味中有着乐趣，无聊中有着开怀，只是这样的生活终究不是她所想要的。失落、无助以及创作上的不顺，噩梦般袭击过来，让人不敢想象，也无力去招架。

现在来看，留恋只是人生的一场梦，短暂得不容置疑，短暂得苍凉浓重。真正能记住的又该是什么呢？是人生的悲伤，还是生命的无助？是作品的遭遇，还是社会的疏离？

不知道，真不知道。当然，这些最终都会让挑剔的张爱玲带走，以其一生中最不满意的方式带走，因为只有从这阴影中走出去，才意味着后半生还有希望。

1955 年 11 月，张爱玲又要一个人行走了，她决心要离开这曾给予她好运的"福地"。张爱玲从来都是"想做什么，立刻去做，都许来不及了，'人'是最拿不准的东西"。她不但要提笔书写暗蕴香港人情的"风俗画"，而且要在奇幻的境界中见证生命的启示。自古美人如名将，不许人间见白头。这个决定对她来说是痛苦的，其中也有着刻骨铭心的体验，毕竟这个地方给了她许多创作的题材和灵感。这种上海人的香港情结中，不仅仅是她所亲身经历的人和事，更重要的是在这种交织着各种复杂的情感与想象的华美中，看清楚了映照在香港人身上每时每刻的悲伤而无奈。

当"克利夫兰总统"号游轮悠长的汽笛渐然从海面上拉响时，张爱玲迎着拂面而来的海风，轻轻拭去了留存在眼角的泪滴。此时，不管她是否愿意，船都缓缓驶离着这令人心碎的地方。海鸟不断起伏，随之跃动而起的浪花，也满载着她的清高、淡泊以及悲凉朝着大海深处而去。没有挥别，没有欢悦，依稀只看着宋淇夫妇由大到小，越来越小，仿佛要融入天地之间。

所有的熟悉都在无比的孤独飘浮感中神奇地幻灭了，留给她的却是不知何去何从的命运。"去英国的签证很难拿到，况且她也没有生存来源"，张爱玲并没有去投奔远在英国的母亲，而是在麦卡锡的担保下，手持他亲自签发的签证去了美国。

其实，以张爱玲不俗的才情，如花妙笔定能写尽这座城里的众生百态。要真正面对现实的无情打击时，她又无法做到对这个世界的迁就和宽容。香港的生活与想象中相悖，好多时候就像在做着虚妄的梦，不知梦何时会醒，徒增的只是无休止的苍凉。

岁月人生，流转不定，行走就似写下的成长。这些年的悲喜交错，虽未奏出人生的交响乐章，但能有孤芳自赏也是绚烂无比了。这一切都需要面对和担当。而这一走将是经年岁月，能回望的只能是生命深处的记忆。

踏花拾锦年，枕梦寻安好。张爱玲那颗不安的心，就像这两本书的出版。你若是只想逃避，世事偏偏就会来寻你；你不懂政治，却要将你摆上供桌。张爱玲在香港的"滑铁卢"，成了她文学创作上的硬伤。面对纷杂的言说，她只有接受。

每每夜深人静之际，没有了阳光照射下的惬意，没有了手捧热茶的温情，恍然才觉着人生不如意竟十之八九，而真正的称心如意却都藏在了梦里。对于香港这座城市，张爱玲是用心喜欢的。"太喜欢这城市，兼有西湖山水的紧凑与青岛的整洁，而又是离本土最近的唐人街。有些古中国的一鳞半爪给保存了下来，唯其近，没有失真，不像海外的唐人街。"现在要不得不离去了。

她知道。

风雨路上漫漫无尽，到底又蕴藏着何样的勇敢呢？所有关注着张爱玲的人，都在等待着她华丽倾城的热烈绽放。

或许，只有放下，才能行得更远。

第六章

新梦愁风雨

爱的灵魂

人们常常说，我心安处是故乡，至少现在对于张爱玲来说是这样的。哪里能生存，便往哪里去，就像古时逐水而居的游牧部落。

1956 年 3 月，张爱玲一路火车倒汽车地辗转不停，终于从纽约的女子宿舍，来到了在远离市区的麦克道威尔文艺营。

麦克道威尔文艺营是以美国著名的作曲家麦克道威尔命名的艺术社团，由他的遗孀玛琳·麦克道威尔于 1907 年，在新罕布尔的彼得伯勒设立，主要为一些有才华的艺术家们免费提供食宿、创作等条件。为了解决生计，张爱玲也在麦卡锡等人的推荐下通过申请，允许来到了文艺营，利用为期三个月的时间，在这里完成第二部英文小说《粉泪》的创作。

车向前行驶着，不断地刮起散落在地上的枯叶，苍凉和忧伤都随风散去。雪的痕迹还到处残留着，在一盏盏灯光的映照下，分明就像一块块记忆着陈年往事的补丁。唯有这由远至近的光，带给人以温暖和遐想。

文艺营里的生活很有规律，每天的早餐供应结束后，大家便在工作室内进行创作，到了午餐时间，服务生都会按时将食物放在每个工作室门口的小篮子里，这样避免贸然打断创作的进程和思路。到了下午四点的自由活动时间，彼此才会聚在一起放松精神，在一起尽情谈天说地、谈古论今。张爱玲总算又可以心平气和地书写着文字、架构着故事，暂时不再为每天的吃饭发愁。只是在这些人群中，无论是进餐还是叙话，她都表现得十分得体到位，以东方女子的庄重之美成为大家关注的焦点。

如果不是上天安排好的机遇，那只能认为这是人生的巧合，人生地不熟的张爱玲刚来到文艺营，便在无意中结识了剧作家赖雅，没想到俩人交谈默契，情趣甚为相投。

说起赖雅这人挺有个性，他本是德国移民的后裔，十七岁时就读宾州大学文学专业，随后又考入哈佛大学攻读硕士，毕业之后去了麻省理工学院任教。平日里风趣幽默，不拘小节，有着十足的男人味道。由于天生就有着流浪者的基因在体内，随着他创作的诗剧不断地受到好评，干脆辞去了教书的工作成为自由撰稿人，全身心都投入创作中。本来赖雅的这一切都顺风顺水，已经在好莱坞的圈子里小有名气，却没料到超人才华被其享乐的性格打败，先是协议离婚，又因为两次中风，以致很长时间内没有新作出版问世。这样的销声匿迹也使他迫于生计，只好申请来到了文艺营。

不期而遇的相识，被命运奇妙地安排到了一起。同样的寂寞，是引燃两个孤独者的导火索，一步一步将张爱玲置于奇妙的境地，就像一个回家的游子，突然发现了远处有袅袅炊烟。更多的喜悦后面，无疑又合乎着张爱玲"现世安稳"的愿望。

如果没有记错时间的话，那天是 3 月 13 日。

几天之后，一场不期而至的风雪到来了。屋外是漫天风雪，屋内是热火朝天。兴致勃勃的艺术家们纷纷相约到大厅中喝酒、谈天，任由咖啡的香气遍布全身。敏感的张爱玲一边谈文学，一边听赖雅谈着他以往冒险的各种经历，心中却全然接纳了这个满眼闪烁着安全感的男人。正如《倾城之恋》中徐太太一样，"找事，却是假的，还是找个人是真的"。现在想想，谈文艺说故事，其实都是为私下交流找着说辞，为进入对方的内心创造着机遇。

十分融洽的接触，于无形中弥补着彼此闪电式的相处，仿佛与年轻时恋爱如出一辙。张爱玲思虑再三后，决定将自己的小说让其指点一二。接到稿件的那一刻，这位风月场的老手已懂得了东方人内在的含蓄，他先是从结构、故事情节方面给予了建议，接着又以情人的浪漫，誉其貌美，以父亲的慈爱，赞其文字。一句句话语竟然如同魔咒，让眼前这位奇女子神魂颠倒，俯首倾听。钱钟书老先生说，男女的爱情通常都是由借书开始的，而这部书稿，自然就成了开启彼此心房的钥匙。张爱玲没有多加考虑，心甘情愿地投入无比蛊惑的迷乱中。

这种对文字的自我坚守，是她人生态度的真实写照。这个世界上，张爱玲是一个可以冷落爱人、放弃亲情、击碎友情、怀疑自己的人，而对于文字的执着和自信，根本容不得他人有丝毫的怀疑。赖雅深知这些，以他多情的人生过往，诱惑三十六岁的张爱玲还是绰绰有余。共同的爱好，和着红茶的清香，暂时的快乐，足以让两人执手相谈文字，诉真情定终身。

一生也是阅人无数的张爱玲，面对这位老男人时无法沉静了，如同小孩子一样，富于表情的脸上满是惊诧，似乎只有以身相许才能稍感安稳。同是天涯沦落人的经历，让张爱玲在爱情枯萎许久之后，又开始春心萌动。如果说，恋爱的女人智商为零，此时这样说张爱玲也不为过。在《小团圆》中，燕山曾对盛九莉说："你大概是喜欢老的人。"其实老没什么，只要可以依赖。盛九莉没有回答，只是在心里掠过这样的话："至少他们生活过。"张爱玲和盛九莉的心思相同，不愿意去追寻名誉、地位、身份、金钱，她们要的只是人与人之间的依偎。

他无拘无束地侃侃而谈，却让张爱玲有了意外的感觉，觉着他就是生长在悬崖上的劲松，在生机勃勃中带着不惧困难的挑战，不仅能带来战胜困境的力量，又可以让人享受到安全的呵护。这样的男人，其实最容易让女人心动、上瘾，尤其又是张爱玲这样不安分的人，虽然害怕受伤却又渴望爱情，虽然隐藏内心却又芳心撩人。现在，她又想不顾一切地投入进来。

日子似乎过得很快，在这个独处一隅的世界里，意外的温暖让这两个人感动了，而这种关系也出乎了彼此的意料。之前所有的矜持不见了，已然成为心情激荡下的飞扬。短短两月的接触，他们谈文学、谈人生、谈天上人间，反正谈什么都是那么默契。这种相逢何必曾相识的感觉，让他们等待着一份未曾言说的爱恋，很快就变成了烛光下的浪漫。彼此都禁不住眉来眼去的撩拨，很快就有了你情我愿的鱼水之欢，私下里的同房之好自然愉悦。这股无形的动力，更多地带着无法看清的冒险，却也促使着张爱玲在创作中激情满满，很快就完成了小说《粉泪》。

私下接触的新鲜期才开始，而赖雅在文艺营居住的期限就到了。在申请无果的情况下，只能是带着哀怨和不满，前往纽约州北部的叶耶多文艺营。张爱玲不知道自己是如何去火车站送别的，难分难舍中她还是向赖雅坦白了自己想结婚的念头，并送了一些钱给赖雅。事到如此，感动之极的赖雅也只能如实相告，这样的感情不带有任何婚姻的念头，根本无法保证彼此以后的幸福。从这点来看，这位花甲老人倒也不怎么赖，不是那种风流过后就撒手不管的人。

那天分手之际，他也对张爱玲许下承诺。因为他知道，眼前这位东方美女不是随便的人。怎么去认定一个人随便或者不随便呢？自然是通过各种各样的事情。可在情感面前，张爱玲从来都悲哀着身影，被动着情绪，从来都是慌乱着章法。她当下的情形就像一片极其干涸的土地，需要雨露的恩泽。没办法，谁让他是如此懂得她的文学呢？假设文学是张爱玲的命门，那么懂得就是祛除她心病的药；假设文学是张爱玲的皈依，那么懂得就是引导她前行的心经。只有懂得的人才会知道，文学永远都是张爱玲与人相处的最好途径。所以，在文艺营初见赖雅，这位如同一杯老酒的男人，让她尘封已久的心开始必须要醉了。

执子之手，与子偕老。从此，六十五岁的赖雅与三十六岁的张爱玲开始了浪漫的两地书，信中自是缠绵无尽，也弥漫着文艺气息。这样的交流和沟通中，日子过得很单纯，也很快乐。当中西方文化在你情我爱的氛围中相互碰撞时，爱情就悄无声息地来临了。随着在文艺营居住期限的结束，张爱玲又碰到了件烦心事，她在无意中发现自己已有了身孕，而递交给文艺营的申请一时半会儿又没有任何音讯。

作为上天赐予的意外礼物，孩子原本就是彼此新生活的希望，可这个意外的消息让张爱玲始终无法高兴起来，她在信中一次又一次地忧虑着，好在赖雅每次都会及时回信予以安慰，在想方设法帮她消除掉内心莫名的惧怕的同时，又经过了慎重的考虑后，寄出了一封求婚信，表示要生生世世和她生活在一起。这些让心情凌乱的张爱玲心中又漾起了一丝窃喜。

赖雅喜欢乡村小镇的宁静，那里充满着自由自在；张爱玲乐意居住在繁华的城市，可以彰显随心随欲。只是这个孩子此时不合时宜的出现，无意地惊醒了彼此安逸的生活现状，硬要将两人的现状打破，并活活地捆绑在一起，或许真的应验了那句话：世事叵测，朝暮无常，只是我们都没相信，有一天会殊途同归。

几天后，俩人在耶多的一家小酒馆中见面了，就孩子和婚姻的问题进行了讨论。任何条件都可以答应，只是赖雅始终坚持着不要孩子，而张爱玲考虑到生活和经济，也愉快地答应去拿掉这个孩子。

第二天，还是在这家小酒馆中，本来就充满着传奇色彩的赖雅单膝跪地，手捧着戒指，开口向未婚妈妈张爱玲求婚。明亮的灯光的照射下，突然就没有了以往的喧闹，大家都面带笑容地祝福着这对新人。张爱玲羞赧地起身上前扶起赖雅，接着两人就紧紧地拥抱在了一起。

临分别时，赖雅又专门提到了孩子，他轻描淡写地称孩子为"东西"，甚至以不屑一顾的神情说："生孩子有什么用？有什么用，生出了死亡来。"在对待孩子的问题上，两人意见格外一致。张爱玲恐惧生育，赖雅又不停地催促着张爱玲，尽快去纽约的西奈医院进行检查，并将检查结果写信告诉他。听了这些话后，张爱玲顿时没有了压力，同时更坚定了她尽快拿掉孩子的想法。

她说："我们的精力有限，在世的时间也有限，可做又该做的事情有那么多，凭什么我们要大量制造一批迟早要淘汰的废物？"这些话更多是基于两人生活状况的拮据而言，只不过旁人不知晓罢了。确实，这个时候非要给孩子名分，实在是有心无力。其实就是喜欢，也只能为生活忍痛割爱。更何况，他们现在的想法只是尽情享受，根本没任何时间考虑以后。或者说，以后是什么，怎么走下去他们全然不管，似乎书写创作才是生命的本质和所在。

现在想想，这世间的事情根本无法用错对来衡量。原本都是不羁的人，在对待孩子的问题上，竟然表现出的都是快刀斩乱麻。你又能说谁对谁错呢？几天后，个性的张爱玲独自去医院做了流产手术，在一阵阵痛彻心扉的呻吟中，让她不再有任何心理上的顾虑。

没有了压力，两人又可以轻松地做喜欢的事情。手术没几天，赖雅却没有让她继续卧床休息，而是带她到了一座古老的小镇上参观，流连忘返的快意中，大家很快就无暇顾及手术的相关细节。到了晚上，一餐简单的饭菜后，又开始品着美酒相拥读书，而这一切都在酒色中幻化为美不胜收的虚妄。

生活原来这么美，幸福来得这么快。

只是夜深人静之际，看着赖雅在满足中睡去时，她才有时间从脑海中掠过手术时的种种后怕。在《小团圆》一书中，她也提及了这件事。惊骇自是少不了的，虽然她生命中还有过刻骨铭心的胡兰成、桑弧这些人，但这样的神奇孕育经历却从不曾有过，也许以后也不希望再有。

孩子的出现确实给她带来了惊喜，但也带来了许多烦恼与恐惧，无论如何，她真正地体验了一回做女人的感受，而这是一个女人完整的必然经历。

这次的意外，让与张爱玲相处至深的夏志清颇有成见，他将所有不快全都抱怨在赖雅身上。这样的心情确实可以理解，"孩子对女人就像生命一样重要啊，张爱玲流产后真正是枯萎了！如果她有了一男半女，在以后寡居几十年中会给她带来多大的欣慰和快乐啊！"夏志清说得没错，从人性的角度来看，赖雅和张爱玲在这件事上着实是自私自利，只满足于器官的需要，却不愿意承担抚养孩子的责任，而这也导致了张爱玲终生膝下无儿无女。

又是一夜的狂欢之后，张爱玲这才满足地离开了。生活困顿的赖雅拿不出任何礼物送她，反而又心安理得地接受了她三百美元的支票，之前也是这样，每次都是赖雅在接受着馈赠。其实，张爱玲已没有了以前的风光万千，她现在每开销一分钱都得仔细盘算，可她偏偏要以这样的爱来接济他、安慰他，只是不知赖雅会有何感想。细虑过往，父亲残暴的记忆，以及此前受到的种种伤害，使张爱玲一直都在渴望着能拥有最为平实的呵护，现在她在赖雅身上找到了。

浪漫的两地恋情，自然少不了彼此的相望，还有着更多的坦然和面对。从后来的研究资料中可以得知，也有人说张爱玲初来乍到，更需要尽快找到物资上的依靠，或许有，但赖雅肯定不是最合适的人选。她之所以不怠慢生命中的第二次婚姻，完全是因了这浓厚如同海浪般的父爱。爱来得太快了些，让这两个人还没有完全做好准备，就结伴携手步入了婚姻的殿堂。

大家虽然在这一刻充满喜悦，但谁会知道未来的路上是不是孤独和无助相伴，有没有盲目和喜悦共存呢？

这样的付出，只为生活中能续写安宁。张爱玲不断用爱靠近着赖雅，就像紧紧依附大树生长的缠藤，恨不得把身躯也全部融入进去。她知道，赖雅是爱她的，只是这爱更多时是软弱无力的。至少从眼下来看，赖雅更习惯一个人无拘无束地活着，不去考虑以后的生计，而飘忽不定的生活，又怎么能够为张爱玲提供遮风挡雨的保障呢？两个人谁都不愿意去思虑，只是凭借着冲动时的念头，来暂时掩藏住巨大的生活压力。无论如何，还得感谢这个不请自来的孩子，作为上帝意外赏赐的礼物，使结婚中的一系列琐事顺理成章。

无论是命运的安排，还是生活无情的捉弄，经济上的窘状是张爱玲一时无法解决的，年龄不济，又无积蓄，一系列的矛盾随时在等待着爆发。唯一欣慰的是，两颗太多坎坷遭遇的心在这样的幸福中，又重新感受到了平静的爱。

经过了简单的准备之后，张爱玲又鼓足勇气，准备开始她人生中的第二春。

此时此刻，张爱玲以对生命的无比热爱与痛彻，在努力褪却着孤独无助的身影。那少而又少的行李可怜地堆在一起，绵延两地的思念总算要结束了。这样的选择，貌似对张爱玲来说并非坏事，可生命中带来的喜悦，其实更多是负累。生活是潘多拉的魔盒，谁能知道打开后的种种难言不堪呢？

时光无法逆流，只有祈望幸福长久。君生我未生，我生君已老，恨不生同时，日日与君好。张爱玲并不是满足于爱情的人，不管怎样，在与赖雅缔结的婚姻中又输了一着。她还是把所有心思都集中到婚礼上。即将到来的婚礼，让两个人都努力磨平着苍老与年岁形成的鸿沟。

至于生命中的阵痛，她压根就不愿意去想。

人间烟火

年龄悬殊，似乎不是太大的问题。

从爱情角度而言，生命中该来的都会出现，该发生的也无法避免。张爱玲在最好的岁月，就对男女爱情做过精辟的解说："一个人如果没空，那是因为他不想有空；一个人如果走不开，那是因为不想走开；一个人对人借口太多，那是因为不想在乎。"在这预言般的文字中，她无疑写出了心迹与思绪，引领着她不断地跨越国界，穿越时空，在寂寞的行程中感受难得的温暖，在婚姻中开启新的生活、装扮新的故事。

"爱情使人忘记时间，时间也使人忘记了爱情。"为了彼此的相守，他们甚至激动得连一纸婚契的约束也没有。

总之，他们结婚了。

一个是临花照水风情万千，一个是风烛残年青春不在。眼前的这位老人到底有什么魅力和不同呢？她能给自己需要的生活吗？原本就是对岁月静好的亵渎，却枉说什么现世安稳。

谁人生中没几段难忘的感情充实生命呢？谁生命中又没几个

曾携手风雨的人呢？不论怎样的面对与开始，终会在流年中淡然成人生的必然。

如果说，桑弧情感上的无疾而终，只是如花一样带来了芬芳，那萎谢的只是张爱玲。赖雅不失时机的出现，竟然又一次催开了她生命的葳蕤。在张爱玲冷静而疏离的目光中，注定要以传奇的方式抒写出独一无二的人生。

8月18日，在彼此认识半年之后，这场异常简单的婚礼见证了他们了人生的另一段历程。或许张爱玲已经习惯了这样的结婚模式，她在无比的坦然和幸福中满足了。寥寥的祝福声中，俩人又欣喜地踏上了纽约之行的旅途。钻石老男人赖雅不仅有着男人味，也颇有女人缘，作为对于婚姻的回报，赖雅二话没说就从小镇搬到了城市生活。与此同时，张爱玲也将这件喜事告诉了远在英国的母亲。

婚礼那天，前来祝贺的人并不多，其实也知道不会多到哪里去。这样草率而又仓促的婚姻，让人始终感觉就是在玩过家家的游戏。在彼此的岁月山河里，至少并不孤单的携手，也只有见证过的人才会懂得，炎樱明晓这些道理。同样是张爱玲，在赖雅眼中如珍宝一样爱不释手，而她眼中却分明是一本厚重的作品集。不同风格的作品让人读上千遍也不觉厌倦，真正要去深入探索观瞻时，她的种种却就成了谜。炎樱更关心张爱玲能否找到幸福的归宿，所以也从来不拒绝她，在接到婚礼的邀请后，欣然前去见证这一段唯美的老少姻缘。人来人往的去路上，她已从热闹的氛围中觉察到了未来的结局，只希望这是情感的小插曲，而不会成为张爱玲人生中的记忆划痕。作为闺密，炎樱的出席也带着伤感，在这场"算不上明智，只有热情"的婚姻中，她不明白张爱玲的人生中，为何会有如此之多的波折。确实，张爱玲一直在躲避着这个世界，可这个世界始终在以无比的真实，一次次地刺伤着她脆弱的心灵。

炎樱此前也见证了张爱玲与那个男人的婚姻。如果说，那次的结合是内心的火热，是无法抹去的情结，那么这次，纯粹是要以岁月的漫长来表现人生的不幸。这个一流的才女就像偏离了千年的时光，从其身上透露出的气息韵致，依然还在平凡的生活中弥漫着。淡淡香味下的随心所欲，恍惚却又无法掩饰她对于人生的疑问。

作为同学和朋友，张爱玲始终在"明光无涯，遇见有时"中有炎樱陪伴。自然，炎樱是幸运的，她用记忆见证了一生流离坎坷的张爱玲，见证了前半生华丽想求一个家而不得，后半生异域漂泊只求过得简单的张爱玲。她以自己内心的默契，多次出现在张爱玲的笔下，无疑又加深了读者对这位才女的了解。庄信正也在《旧事凄凉不可听》中有过这样的记述，现在看来，这些都是张爱玲的选择。

张爱玲也把结婚的喜讯告知了母亲，听到这些开心的述说后，黄逸梵心中自有着无比唏嘘，但她却什么也不能说，唯有默默祝福。黄逸梵实在太了解女儿的性格了，知道这个老男人根本就配不上女儿，只是命运的造化太捉弄人，从不会按照个人的想法去设计。想着自己到头来也是漂泊一生，只能在孤苦伶仃中感受着人生的各种伤痛。

只是黄逸梵并没有想到女儿的选择，竟然是以后妈的角色出现的。结婚前，张爱玲也想过这个问题的，但她觉着所有问题在爱面前都可以迎刃而解，可真正面对时才知道有着太多无奈。当年，那位被父亲接进门的姨太太，刚来家里时处处和蔼善良，后来因为有许多矛盾无法解决才变得面目可憎。也许她心里也想做个好女人，想要对每一个人好吧？张爱玲和赖雅的女儿年龄相仿，一开始她试图去打动那颗冷漠设防的心，但总是无功而返。于是她也不再努力，而是将心思全部倾注在赖雅身上，给他关爱，给他呵护，给他全部。

张爱玲也明白，既然无法躲避这场情感的劫难，那就全力以赴迎难而上。婚后生活毅然决然平淡无奇，除了写作挣钱养家，就是享受女人所拥有的那些幸福，购物、逛街、收拾房屋、修剪花草，然后就是四处搜寻各种美食大快朵颐，风轻云淡的日子自是悠哉无比。

好日子还没过几天，大概是 10 月左右，赖雅的身体出现了意外状况。突发性的中风，严重地威胁到了他的生命，生死的关键时刻，张爱玲用全部的爱安慰他、挽留他，给了他活下去的勇气和希望。

有时候想，爱情的力量真的如此强大吗？可以将一个生命垂危的人从死亡线上重新拽回来。虽然病情有所好转，但身体一侧还是出现了偏瘫，这让手脚无力、言语不清的赖雅在精神和生活上更加依赖张爱玲，他就像一个失落无助的孩子，时时亟须有人来呵护、来关爱。这次生死劫难带来的恐慌，让张爱玲觉着了人生苦短无奈的同时，也暗叹他生命力的强大，如同深埋在地下的树根。为了生活，她只有不停地码着文字，以此来换回微不足道的稿酬，为的是让这个小家延续下去。

夜长昼短，诸多无常让张爱玲更加谨慎细微。有时，她也困惑得不知眼前的路该如何走下去。

生年不满百，常怀千岁忧。种种变故让张爱玲开始困惑于人生，她在人生后期更加独善其身的逃避，其实是迫不得已的自我保护。压抑让她无法找到人生的出口，却随时又会如澎湃的江水决堤。世间纵有万般风情，对张爱玲这样的弱女子而言，爱是将就，不爱又是冷漠。以至在好多人眼里，她不是不够爱，只是不愿意忘记自己罢了。

更多的平淡后，一波波袭来的失望，让她根本无法躲避。

爱恋自是美好的，只是多年以后再想起这个男人时，她也搞不清楚是对是错。到底是为内心的温暖，还是为满足痴爱呢？无意结识后，张爱玲便迷恋于赖雅身上的味道，那种对生命自由的理解和透彻不凡的才华，更加混乱着她沉寂已久的分寸，竟然让她不带有丝毫的抵触，重新又回到了只属于爱情的美妙中。

倘若时光是一指流沙，流走的又何止是岁月呢？张爱玲绝非是一个随意的人，她能毫不犹豫地爱上赖雅，说明在她眼里，"一个知己就像一面镜子，反映出我们天性中最美的部分"。因为爱，张爱玲把自己完全放任在了爱情中。

很快就到了三十八岁生日那天，赖雅在寓所中为张爱玲开了一次生日晚会派对。

夜色中凉风习习，星光闪闪。烛光下，俩人相扶着携手祝福，任艳艳的酒色洒满招展的花丛。张爱玲这才猛然发现，她已许久没有这般浪漫了，尤其是这些年东奔西跑的过程中，时光让她遗忘了太多。一边是无尽的夜，一边是温情四射的光，伴随着无声而落的泪水，湿润的又何止是两个人的结合呢？花香四溢，就仿佛是锦瑟流年中的温暖，无形中融化着她的坚强。

命运既然注定彼此要成为生命中最重要的人，那么必须在人生的大书上浓墨重彩。久病的赖雅也沉浸在这样的氛围中，其实从谈文学那阵开始，他就对这位东方女人情有独钟，他努力挖掘着张爱玲掩藏在冷漠下的心跳，甚至想为此融化掉全部的激情。现在终于走近了她，陡然发现生命竟然如此五彩斑斓。那夜，他们长谈许久，规划人生，以及要书写各自传奇的人生。

酒是美好的东西，可以舒缓压力，忘却忧愁，对他们来说，酒又时刻地加剧着老少恋情的不断升温。繁杂的世间，如同手掌上交错的纹路，让人无法猜测命运的取舍。无法参破的机缘，说不清，道不明，却又满含着珍惜。总之，相互携手成行的那刻，人生中的美景便定格了。

这样美轮美奂的光景，还是有人肆意地闯了进来。在一阵紧张的敲门声中，来了几位联邦调查局的派员，就赖雅欠款一事进行调查。这样的尴尬情形下，赖雅只能寄希望这些人不要破坏了简单的生日餐会。而张爱玲什么都没有说，只是木然呆坐，看着这几个男人相互交涉着。

还好，这些人很快就走了。他俩又可以重继生日晚宴，在青豆、肉丝和米饭中，满足地笑出了眼泪。风漫过窗台，裹携着前世今生的记忆。从张爱玲的一系列文字中，能见到与赖雅有关的文字并不多，细心想想，这应当是件十分蹊跷的事，可生活就是这样，能留下的都会成为记忆。张爱玲本是激情充沛的人，"她有一颗吉卜赛的心，一棵大树的命"。她不曾被时代洪流裹胁的人生底色上，以最不起眼的妥协与依赖，换来的只是失望。

明灭生辉的烛光下，无法看清的是爱情。不用去想黑暗里的无比惆怅，不用去想尘封下的人生离愁。作为平生最快乐的一次生日，这场寂寞的相遇，怎么能说是飘过四季的缱绻呢？

因为我爱你，此生不渝。

爱情是怎么回事？是床前明月光，还是心口的朱砂痣；是墙上的蚊子血，还是衣襟上的饭粒渣？

结婚之前，赖雅没有隐瞒他生活上的拮据和尴尬，无所顾忌地把这些全告知了张爱玲，仿佛是满不在乎地在说，这不是爱吗？这么伟大的爱，那你就去面对爱后面的责任吧！赖雅中风之后没多久，他们又搬到了加州居住，生活环境得以改观，但他的病症却像潜伏在身体里的炸弹，随时都会发生爆炸。无比的烦心开始困扰着张爱玲，让她必须要用瘦弱的身体来承担家庭的全部。赖雅对于张爱玲的依赖越发严重，甚至时刻都无法离开。张爱玲知道自己不能生活在满足不了生计的爱情里，她要出去寻找赚钱的机会。眼下每月五十美元的养老费，根本就无法维持抓药、看病等家庭的正常开销。

没想到事情竟会如此棘手，现在是无论是否愿意承担，已然都没有了退路。

白天里，要服侍赖雅的生活起居，只有到了夜里，张爱玲才能放松身心。在灯下，她克服着常人无法想象的困难，夜以继日地忘我创作着。几乎无人知道，张爱玲为写小说《粉泪》如何呕心沥血。她自己也对此抱着很大希望，遗憾的是书并没有如期出版。命运不垂青她的付出也就罢了，却总要在她舒展眉梢时尽情地嘲弄。

赖雅的病情也在逐渐加重，所有坏情绪都纷乱地缠绕在一起，压得张爱玲几乎喘不过气来，倍受打击的张爱玲终于无法支撑这种种压力，开始生病卧床不起，甚至想到了放弃写作。好在还有宋淇夫妇这样的知心朋友，一直在身后尽心尽力地帮助，才从经济上暂时缓解了她沉重的生活负担。

压力让张爱玲全然没有了梦想和传奇，只有活下去的希望和诱惑。只是想到了中国港台和大陆还有不少真诚的读者时，她才渐渐地满血复活了。一个多月的休养后，张爱玲才离开病床再次走向书桌。

山穷水尽的张爱玲眼下只能保持着充足的创作劲头，俯身在没完没了的方格之中。这是她的挚爱，这也是她的宿命。

随着小说《北地胭脂》结稿，张爱玲才长长地出了口气。那天，她忍不住内心的喜悦把这事告诉了赖雅，并在家里小小庆祝了一番。书稿交给出版商后，接下来就是漫长的等待。无事可干的张爱玲，这时又结识了女画家爱丽丝·琴瑟尔。彼此都对绘画有着浓厚兴趣，又特别能聊到一起，便有种一见如故的感觉。在这纷乱的世界里，喜欢自闭、保守的张爱玲能够主动结识朋友，似乎在她生命中并不多见。随着交往的深入，两人还会时常相约去感受唐人街上的风情，去感受金灿灿的树叶拂过肩头。

没多久，她又热情地将琴瑟尔介绍给了赖雅和炎樱。地域风情的差异，无形中着色了太多的生活情趣。在张爱玲看来，琴瑟尔的作品中透着熟悉感，似乎可以穿越时空。喜欢画，便爱屋及乌喜欢人，这样的喜欢和接触又仿佛让她回到了十年前。上海滩上烟云迷蒙，涛声四起，远远地就能听到高楼顶上的钟声。那时无忧无虑地生活着，可以写作、散步、画画，可以去感受十里洋场的繁华胜景，可以嬉笑着品评卷头发的红鼻子老外。只是这一切的任性和随意，都在生活的奔波中很快消失全无。

看来长大真不是好事，无数的烦扰要让人去面对和思考。自从琴瑟尔带给张爱玲难得的感受后，她又萌生了生活的乐趣和写作的动力。偏偏《北地胭脂》又被出版商无情退回，把她仅留的一丝自信给扼杀了，就像行走在光滑的冰面，突然就重重地摔倒在上面。书商们就仿佛商量好的一样，用一次次的退稿来回绝着她创作上的才情。

琴瑟尔也喜欢张爱玲的文字，但只是认为它精彩却不出众。看着好友如此痛苦，又分明感觉到了自己的无力。出于朋友交情，她从不去加以指责，而是从中去感受张爱玲的执着与坚持。张爱玲又何尝不明白，但她认为这就是美国文坛对自己的不屑和抛弃。

热情和冷落的对比之下，是说不出口的委屈和伤心。"十年生死两茫茫，不思量，自难忘。千里孤坟，无处话凄凉……"站在窗前，她低声吟咏着这首伤情的宋词，要死的心都有了。

得失随缘，心无增减。只要能放下心中的想法，这些又算得了什么呢？可张爱玲偏偏无法放下眼前这一切。文字是她的命，始终洁净完美，或许因了"文章千古事，得失寸心知"的提法，让她无法用正常的心态来面对。

生活的窘迫，心情的压抑，都无情地折磨着张爱玲，正当她忐忑不安之际，一直盼望的绿卡突然批了下来。想想，这也算是等待中的快乐吧？难得的笑容在冰雪中渐然绽放，至少又让人看到了一丝春天的气象。

春天要来了，张爱玲感觉不适的身体也将成为过往，这时，经济上的沉重又催促着她想出去走走。这决心全然是为了爱，她知道，只有翻过沉重的一页，新的生活才会来临，既然命运不给机会，那就跨过命运这道门槛走出去。

来来往往的车开动着，不知是终点还是起点。有人不断地上来，又有人不断地下去，所有的来去都消散在风雨之中。有人说，挤挤才是不放弃，才是真正的开始。

但愿是这样吧！该去的都会去，就像该来的一定会来。

出走计划

生活中的理想，就是为了更理想的生活。

为了创作，张爱玲萌生出到中国台湾收集资料的想法。当然，这想法也不是一时头脑发热，更多是因为生计上的迫不得已。说起出走，这些年的奔波早已成为一种习惯，不论是跨洋留学，还是迁移寓所，总是冷静而又从容。

为经济上能够有所好转，张爱玲想尽了办法。一个弱女子，能做的只有写字赚钱，满足内心的同时换得暂存的尊严。与赖雅婚后的生活出乎意料，既要面对彼此的性格差异，又要求得彼此的相互理解。有着大男子主义的赖雅为人随意大度，喜欢结交各种朋友，尤其这些年的单身生活，他更倾心于人与人的交往中，从不在细节上关心妻子。张爱玲不擅"群居"生活，也一直把琐碎的应酬，视为生活中最难忍受的事，本就不善交际，又严重影响到写作。每每面对这些来来往往的朋友时，种种不适应便成了无形桎梏，不断迫使着张爱玲回避。

情感的生活中，一个好男人会想尽办法，给予一个女人生活上的优越，努力让她感觉到应得的幸福，从而学会依赖。此前的依赖也曾让张爱玲享受到了情感的乐趣，感受到生命的全部意义，可真正习惯了这些却又无法得到时，所有的无奈又该如何面对呢？这些生活里的点点滴滴，都让张爱玲内心产生了难以抹去的阴影。迫于压力，她又不得不去考虑这些头疼的问题。

自从赖雅再次中风，他身体状况真是大不如前，以致起居住行都要有人料理。这是张爱玲不曾料想到的，而所谓美国的安稳生活，也算是以这样的结局彻底破灭了。什么夫妻间的趣味、性格、身份都在药味中变淡了，彼此的距离都在渐行渐远。

这一切，她都始终无力去改变。好在经济上还有些剧本创作上的收入，由她编剧的几部电影上座率之高前所未有，以至连续好久都排在榜首。按当时每部影片八百至一千美元的报酬，足以满足张爱玲的虚荣和维持小家庭的所有开销。

有了钱是好事，但总归经不住长流水的开销。无奈之下，张爱玲开始用母亲留下的首饰、古董来补贴家用和维持生计。生活中的艰难还可以面对，可连最简单的独处也无法实现时，张爱玲就开始考虑婚姻了。婚姻这东西到底为彼此的关系带来了什么？她真不知道，更多是无法澄清的迷茫与失落，以至每每想起"在没有人与人交接的场合，充满了生命的欢悦"也是那么美好时，便对"人际关系的渴求简直到了太过分的程度"。

这时候要能出去透透气，应该是幸福的事。到什么地方去？家里的赖雅又该如何生活？这些都需要她来考虑。可思虑之后，所有的选择只有留下才最为合适，但张爱玲偏偏是有个性的人，念头一旦从心底迸发出来，距离实现也就不远了。那段时间，她想了各种理由来为自己开脱，可一旦面对赖雅时，女人最柔弱的心底便泛起了同情的涟漪，尤其想起此前在田园风景中的相伴相依时，她又为自己的理由感到内疚。

感到内疚时，张爱玲就帮助赖雅进行按摩，用她极度虚弱的身体努力支撑着平凡的爱。平凡的爱其实很容易做到，要长久地爱下去却需要坚持。好在是功夫不负有心人，赖雅的病情在妻子的精心护理下，还是有所好转。

眼前这个曾经意气风发的男人，自从生病后就一直心事重重，在病痛面前，人渺小得本是不足一提，而行走在穷途末路上，盛年之下的张爱玲不得不心怀"前不见来者，后不见古人"的忧伤，她真的不甘心就这般认命，让光彩在与赖雅的相守中黯然无色。每每累极之后，张爱玲就不由得想起之前看望自己的胡适先生。胡适先生那时已经过气，他的思想在中国大陆和港台学术界没了生存空间，自然也没有人愿意追随他。人生地疏的张爱玲却不在乎，依然心怀敬仰前去拜访。胡适先生对张爱玲的作品给予了很高评价。这样的评价可能带有着交流的意味，但不可否认的是，书中所体现出的思想境界，在胡适的点评之下不免光彩四射，至今来看仍有着很高的文学价值。

喜出望外自是难免，没想到胡适先生又主动邀请张爱玲同去就餐。事后，胡适先生又亲自前往张爱玲的住处探望，以示对她创作的鼓励。这大概是英雄末路的惺惺相惜吧？虽然胡适先生此时早已作古，但那段经历却让人无法忘怀，更加坚定了张爱玲的创作热情。

坚韧，让张爱玲可怜得像草一样茁壮着根须。如果说她外表的凄凉，只是一副欺骗人的模样，那内心就是一座有棱有角的大山，让人在这强大的精神力量面前，始终怀疑着命运的不公。这段时间以来，张爱玲确实苍老了许多，轻轻掠过眼睑的皱纹，简直如同孩子在桌面划过的刀痕，不论是从镜子里看自己，还是深情地看心爱的人，这样的时光都无法让人想象。

于是，她开始私下打听去中国台湾的机票费用。

这次出行计划，无疑遭到了赖雅的强烈反对。可以想象，他会拼命拉住张爱玲的手，恳求，不断地恳求着。从一位老人的角度不难理解，他需要的是依偎、呵护、关照。张爱玲何尝不懂得这些，可她想着借助这次收集资料的机会，改善一下与赖雅家人的关系。在现实生活中，张爱玲并不是对生活过于苛刻的人，可周围的人都将其视为怪人，让所有生活中的琐屑都化为难堪，一点点吞噬掉张爱玲的心。

说到人际关系，还发生过一件趣事。赖雅有次突发奇想逗张爱玲开心，便将朋友送来的一只小山羊带回了家，却故意骗她说家里来了位好朋友。张爱玲一听头就大了，百般推辞就是不出房门。赖雅连哄带骗，不料想她非常较真，甚至差点发生口角。赖雅见此情况赶紧说明真相，才及时化解了一场矛盾。事后，张爱玲也深知他是一片苦心，再也不当赖雅面提及"对人际关系的渴求简直到了太过分的程度"的那些话语。

生活，并不是一帆风顺地行船，两个人结合在一起难免会有不理解，根本不在于婚姻曾有过几次。张爱玲与赖雅女儿霏丝的年龄相仿，只是霏丝对这位继母的出现并未感到欣喜，表现更多的却是惊讶，出于礼节和张爱玲握了握手，既无称呼，也不热情，过客一样来了又去。她只能是宛然含笑，这个曾经在上海滩风靡一时的女作家，唯一能做的只能是面带笑容，以继母的身份照顾好体弱多病的赖雅。更头痛的是每次见面，张爱玲都要打起十二分的精神来对待，这样的用心付出却收效甚微，霏丝虽然会回应以客气，但依然能看出其中有着太多疏远。

她很困惑，只觉着这样的接触和用心，根本就不如与琴瑟尔来得直接、深入得彻底、交流得痛快。可生气归生气，还是要笑脸来相迎，时时处处尽好所谓的长者用心。本以为这样的接触只是偶尔为之，烦些也无大碍，可一旦要时刻面对时，张爱玲不由自主又想到了回避。随着往来的增多，张爱玲开始拒绝霏丝的邀请，只任赖雅一个人去。至于在家吃什么她都无所谓，只要能安享静谧。独处时，可以信马由缰地想象，可以轻松地打扫卫生，可以曼妙地舞弄花草，可以在室外的草地上享受阳光。当然，最快乐的事情莫过于摊开稿纸创作。

受生活和人际关系的影响，张爱玲的情绪变得很糟糕，她始终觉着身体会出现问题。新配了隐形眼镜后，张爱玲突然发现眼睛成天红红的，时不时还会迎风流泪，像极了街道上卖菜的主妇。随着视力的严重下降，她只能频繁地去约看医生。医院里就诊的患者很多，无人陪伴的张爱玲又不能把脾气发在赖雅身上，只好挑剔旧金山的阳光太刺眼，生活环境太差。

生活总是很奇怪，你不愿意成为什么，却偏偏要把你塑造成什么。在张爱玲的作品中，有不少描写继母的文章。好多年后，不知道她会对继母怀着什么样的情感，但自己肯定不愿成为这样的角色。可眼前的选择又似乎回到了幼时，只是主角换成了自己。现在要喜欢这个男人，就只能成为继母，该如何取舍呢？张爱玲只得咬咬牙认了。纵然心中再多委屈，她始终认为自己有能力转变，让霏丝接纳全新的自己。

张爱玲是个不失梦想的人，身体逐渐看好的赖雅也有着自己的创作计划，只是一个要为躲避生活处处烦恼，一个要为身体康复心不在焉。婚后的生活，本来是两个人的卿卿我我和形影不离，结果却因种种借口，只能是各忙各自的事。研究张爱玲的资深学者司马新说："张爱玲在美国已经住了六年，做了五年赖雅太太，此时二人关系发生了逆转。在这段生活的开始阶段，她在这片新大陆中既孤独又无措，就靠赖雅对她指导。年复一年，她已逐渐判明了自己的方向，依赖性也随之减少；相反，赖雅当初对结婚并不热心，可是如今在感情上和经济上却离不开她……反而依赖她的抚养和支持了。"不管研究是如何认为的，张爱玲确实不只满足于爱情。在某种意义上，她是为了文字而生的，尤其不能接受周围人给予的种种冷漠。

频繁的退稿开始后，既带给她尴尬，也让她内心变得强大。张爱玲更坚定了余下的后半生，不能只在身体上的依靠，更要在精神上出人头地。其间，除了用心陪伴赖雅外，继续接着电影剧本创作的活路，可能是想借此来坚定她的出行计划吧？

相处的时候，她尽量让家中充满着欢声笑语，尽情地享受着这相濡以沫的爱意。赖雅也很满足这样的生活，每每含情地看着这位高大瘦弱的女人时，他又何尝不会为此感动呢？这是张爱玲可爱的一面，更多的是对于爱情的甘愿付出和温存。这何尝又不是"低至尘埃"里的东方女性之美呢？东方的唯美和西方的人生观巧妙地融合在一起，更加凸显出张爱玲的单纯。

爱不就是这样嘛，是生命对于生命的信任，是情感碰撞出来的真挚。

在张爱玲的认知里，每个人终将是生命里的过客，注定只会渐行渐远。如果说，这样的行走是为了远处的风景。那么走再远的路，在别人眼里也还是风景。一杯红茶氤氲的生活状态，让人不由想静下心来回望，恍然之中，只是觉着时光如指缝里的流沙，几年的光阴便漏尽了所有，剩下的只有凝结在文字里的轻松美妙，散溢出的不仅是疼是爱，也是真实的生活。

想着那些擦肩而过的灿烂，温暖着回忆，湿润着销魂。这些年过去了，张爱玲以为自己走了许久，走了很远，以为离家了就是长大，以为展翅了就是天下，可真正回头去看的时候，才知道自己依然还站在原处。缓然端起茶杯，当年的他，也就是进入她生命里的第一个男人，曾给予了她太多的甜言蜜语。这些年过去了，这茶已物是人非，而人却始终活在梦里。谁又能陪伴谁呢？就连相依相恋的文字，都成了无颜面对的证据。

赖雅，你知道吗？爱我就放开我吧！你和文字，都是我生命中的最真切的伤痛。这些年里，我们一步一步走过的影子是如此清晰，真不知道在承诺还是守望？无论要走多远，无论走到哪里，我只想和你在这里，心无旁骛地守住阳光，用爱来维系温存，哪怕一转身就是天涯海角，一转身就是芸芸众生。

每个人都像转瞬即逝的人间烟火，尤其是在赖雅生命的最后阶段，彼此都在用爱守候着那抹天空最美的彩霞。或许也觉察到生活中的变化，在一次短暂的温存之后，赖雅终于颤抖着双手，从衣兜里掏出了一张皱巴巴的纸。那是一份书写工整的遗嘱，大意是要将身后所有的财物全部留给张爱玲。

看来他有这个想法应该有些时日了，之所以现在才说出来，或许是等待时机，或许是机缘巧合，或者是冥冥中的预示。谁也没问，自然也没有人再说。接过遗嘱的那一刻，张爱玲又一次感觉到了生与死的距离，其实就只有这一张纸的厚度，这些年，她已经忘记了自己流泪的模样，可现在又不得不以泪洗面。张爱玲从没有想过一个人生活的孤独，对，她是特别怕孤独的人，赖雅虽然身体有疾，可他能陪自己说话、让自己开心啊。

遗嘱只是对于彼此关系的信任和寄托。现在这种境况下，还会有什么东西值得托付呢？确实，除了数封与华莱士·史蒂文斯和贝托尔脱·布莱希特的来往书信外，再也没有任何值钱的东西了。

在美国现代诗坛，史蒂文斯被公认为二十世纪主要的美国诗人之一，他以一个保险公司高级职员的名义，意外地把自己的名字写进了文学史；布莱希特创立并置换了叙事戏剧，是当代享有盛誉的著名德国戏剧理论家、剧作家。从今天的视角来看这些书信价值，这两位文学大师的创作观点和见解，仍有着一定的指导意义，最主要的是这些书信的留世，对于当代文学史的研究有着一定的意义。

一手握着略带体温的遗嘱，一手握着凑钱买来的机票，张爱玲满腹说不出的酸楚。这样伤感的场景她从未给自己设计过，只是这个时候，她已经对生活失望透顶了。

走与不走，让张爱玲越发纠结。

经过一段时间的反复考虑，张爱玲还是对赖雅说出了内心的想法。虚弱的赖雅听后就傻眼了，躺在病床上显得十分苍老，只有身体在不停地颤抖着，嘴里也听不清楚在说些什么。那一刻，张爱玲真不知道何去何从了，面对着垂头丧气的赖雅，她紧紧地拥抱着眼前这个男人，在耳边悄悄地说：你若不离不弃，我必生死相依。

对失意的人产生共鸣，是张爱玲心底最柔弱的表现。只是她去中国台湾的主意已定，谁也无法改变她的决定，剩下的只是如何安置好赖雅了。风烛残年的赖雅，生病后只能借助于轮椅出行，当初的美好祝福，早已在无休止的病痛中给忘却了，压抑始终让他害怕张爱玲突然出走。

真的是人世间的别离吗？承诺、苦累、伤春悲秋的情绪，以及数不尽的孤单都幻化成无声的泪水。

其实，又能够说些什么呢？

剩下的短暂时光，只有在百无聊赖中收拾行李了。赖雅待在一旁帮不上忙，却又不知道说什么。由于刺激，赖雅腿部的疼痛已逐渐扩散到了背部，只要咳嗽就会全身刺痛。都是生命中平凡的人，张爱玲又何尝不懂得他的痛苦呢？她这时也会红着眼眶，停下手中的事情，用手不停揉搓着他麻木的身体，似乎只有这样才可以减轻内疚。

离别的日子在一天天缩短着，赖雅的情绪也在一天天变坏着。用心爱过的人，用心珍惜过的人，在谈及离去时自会黯然神伤，只有张爱玲打心底如释重负，期待着离开这令人窒息的环境。这种兴奋让生活成为她人生的点缀，精神富足才是最值得追寻的承诺。

出发的前几日，张爱玲还是给霏丝写了封信，内容不长，却也是温情满满，大意是希望能到女儿家暂住一段时间。可她柔弱不堪的心中犹如打翻了五味瓶，各种滋味杂陈，强烈地充斥着眼眶。信投出后，她的心却又变得坦然起来。赖雅虽然有再多不愿意，但他还是顺从地给女儿写了封信。对于一位体弱多病的老人来说，这封信原本是不该有的，想当年，他一个眼神就能获得无数少女青睐，一段文字足以让青春欢呼雀跃，现在面对沧桑人生的残酷，只能如此真实地书写着孤苦无助的气短。

霏丝对继母张爱玲的请求十分理解，收到信件后很快赶了过来，也没有太多的话说，只是用手轻轻地抚摸着父亲花白的头发，附在耳边让他学会祝福，不管是现在还是以后。

临行的前夜，两人依偎在一起几乎未眠。指缝太宽，时光太瘦，要分别的时刻终于要到来了。虽然刚刚患病一场，身体的疼痛也已从局部扩散到了全身各处，但赖雅仍带着诸多不舍，执拗地要去送别她。

往事浓淡，色如清，已轻；

经年悲喜，净如镜，已静。

1961 年 10 月的一天，霏丝推着赖雅专程去了机场送别张爱玲。路旁盛放着大片大片的花朵，五颜六色的花儿映衬着纯粹的蓝天白云，让人越发心驰神往起来。赖雅的眼里全是不舍和牵挂，似乎连这最美的景致都要留住即将远行的人，不由得让人想起白居易的诗来。

十月江南天气好，可怜冬景似春华。

霜轻未杀萋萋草，日暖初干漠漠沙。

老柘叶黄如嫩树，寒樱枝白是狂花。

此时却羡闲人醉，五马无由入酒家。

这次，赖雅不再是阻止和哀求，而是报以爱的大度目送她上了飞机。他答应张爱玲会照顾好自己，可一转身，她又分明看到了这个男人眼角掉落的浊泪。想当年，那个男人身陷温州城中，她只身前往，丝毫不顾及兵荒马乱，也没有在乎流言蜚语。而今，她真的没有了千里寻夫的气概，只能任凭着手和手的松开，踏上寻求生计的路途。直到飞机跃入了云端，她那颗坚硬的心还在惦念着赖雅。这样的牵挂，更多的是力不从心的无可奈何。

浮生若梦

这是一座陌生的城。

这也是张爱玲离开香港后的第一次东方之行。身无羁绊的轻松，让她把之前的沉重全部放飞在云层中，也让旅程变得惬意起来。

城外，是变幻不定的动荡；城内，是烟火般的瞬息万变。

静坐窗前，阳光如此之好。依然是一杯红茶放在手边，在袅袅清香中任长长的影子在光线中不断变长，继而变短，又再变长。这影子仿佛是光线的玩具，任其肆意地玩弄着。茶在杯里，颜色已由浓至淡，淡是那桃色的一抹，浓是华丽的烂漫，轻轻地抿一口，只感觉岁月竟是如此放松和惬意，充满着茶与阳光的诱惑。

其实，无论在城内还是城外，对张爱玲来说都是无依的孤独。她一个人品着茶，仿佛在品味自己以往逝去的生活。如果说生命充满着太多色彩，眼前这优雅的女人，内心中则装满着无法言说的衷肠。她不知道要说给谁，怎么去说，眼前永远都是城的朦胧色彩。

无形的城，无法褪去生命中的所有痕迹，她只能选择封闭。

在麦卡锡的安排下，张爱玲终于踏上了台湾这座"边城"，依照行程安排，她这次来台主要是想搜集创作素材，采访被幽禁的少帅张学良本人，然后再转机去香港。

许久都没有这么轻松了，但她很自然地融入了台湾粉丝的热情欢迎中。好多热爱文学的读者听说张爱玲要来的消息后，出乎意料地从四处赶来围观、看望，表现出了近乎狂热的疯狂，就连当地的著名作家白先勇、王文兴、王祯和等人也先后赶来会面，不经意中竟掀起了一股不小的轰动效应。那几日的报刊上，几乎都是以大篇幅来报道着张爱玲的行踪。这样的气氛出乎了张爱玲的想象，让她从热闹中感受到了文学的力量，也全身心投入与读者的互动中。身处众星捧月的环绕中，张爱玲又重新感受到出名所带来的荣耀，每每要出现在人群中时，都会刻意先行收拾一番，给人示以高挑瘦弱的美女作家形象。

从台北、台南这一路欣喜走过，留下的是一连串无法忘却的开心，也还有着身世错置的感觉。原本中日甲午海战失败后，张爱玲的外公李鸿章身肩北洋大臣重任，全权代表清政府签署了丧权辱国的《马关条约》，把中国的台湾割让给了日本。现在想起这段旧事，真是说不出的滋味在心中。望着这一片片祖国山河，不禁又想起了先贤丘逢甲的《离台诗》来：宰相有权能割地，孤臣无力可回天。扁舟去作鸱夷子，回首河山意黯然。

才从高雄采访结束后，张爱玲便来到台东火车站。在这里，她接到了麦卡锡打来的电话，从这个十分不幸的消息中，她得知先生赖雅因为再次中风重新入院。所有的好心情就被这样浇灭了。

人生就是这样的不近人情，张爱玲一直最担心的事情还是发生了。她呆呆地站在人群当中，泪水已经从脸颊流了下来。那一刻她真想冲开人群，立即乘机回到赖雅身边去守护着他。她知道，此时在病榻上的赖雅，即便在昏迷中也盼望着她站在自己身边。可是命运又一次无情地捉弄了她，这位当红作家此时连张返程的机票也买不起。

霏丝打来了电话，只匆匆说了父亲病情严重，希望她能尽快赶回来。一种"出师未捷身先死，长使英雄泪满襟"的悲伤油然而起，她又能对霏丝说些什么呢？兜里少得可怜的那点钱，仅仅只够买张去香港的机票，可是这些话说出来她能够相信吗？思前想后，也只有咬紧牙关去香港，才可以赚取回家的费用。

又是茫茫白云，白得让她想到太多伤感，以至没有了任何的情调。所有的不顺畅，使她只能借助于冥冥中的乞求，希望云中的缥缈，能将所有的欢乐、悲伤和过去，都绵延成生命中的无尽。不到一周的仓促台湾行，让张爱玲的虚荣与开心还没有完全满足，又要面对人与人之间无休止的纷乱。

从一座城到另一座城的距离，未必就是流年，也可以是阳光，是青涩，是纷纭，是付出抑或索取。而今，张爱玲为了爱，又将回到这座曾经梦里期待的香港城中。没有阳光的内心是黯然的，还是那杯艳得重彩的茶，一杯接一杯地续下去，却无法抚平凌乱的心情，这些似乎注定着终将是一场梦。

张爱玲离开香港，屈指一数已六个年头。直到见到了宋淇夫妇，张爱玲才从脸上表现出了会心的笑容。彼此都熟，也没有过多的客套礼让，自然而然就谈到了共同合作的正题上。街市上的人海依旧万象纷纭，只是青春不再。宋淇的话并不多，大意却是想请张爱玲执笔改创《红楼梦》的电影剧本。

对于文字，张爱玲从不拒绝，便不假思索地同意了。《红楼梦》这本书张爱玲是喜欢的，她曾下功夫仔细研究过数十年的时间。虽然这些年陆续创作了不少剧本，但能碰到这样有挑战的选题和稿酬，无疑让她心动不已。在她看来，《红楼梦》中的故事，分明就有如烟花绽放般五彩斑斓，那奢侈的繁华、凄凉的悲怆，是救赎也是神往。考虑到等钱急用，便不及安顿好住处，就已经忘我地投入电影剧本的创作中。

有事情做了，只是此时她内心中似乎还悬空着。

空着，不就是等待着人来占领吗？或者早已为喜欢的人空出了位置。这个人又该是谁呢？是那个风流成性的男人吗？"见了她，她变得很低很低，低到尘埃里，但她心里是欢喜的，从尘埃里开出花来。"是桑弧吗？那种心疼的感觉像极了不真实的遇仙记，只有回到人间才觉旧梦如欢的惆怅。是只能共青春的炎樱吗？无论承受还是沧桑，生命的终结都是千疮百孔。既然曾经已经打碎了那个男人，打碎了姑姑和弟弟，那么又该是谁呢？仔细盘算下来，就只有这个名义上的丈夫赖雅了，以大叔的好形象曾在一瞬间俘获了她的心，要不然怎么会有心动不已的感觉呢？"当他跟我住在纽约时，那尘世仿佛是我的，街巷也因此变成活生生的。"为能照料这位身体多疾的赖雅，才促使着她为着这笔丰厚的稿酬，每天辛苦码字十多个小时。那盏灯分外地明亮，在光线下可以映出张爱玲的疲惫不堪。或许是年龄渐长，或许是心态世故，她每天在镜前都可以看到血丝充斥眼球，好像要阻挠她来做这份工作似的。但偏偏张爱玲是不服输的人，她情愿让这些血丝恶化成眼膜出血、双腿浮肿，甚至身体的无比酸痛，以往创作的快感消失殆尽，只是她不能放弃，必须要和机器一样继续下去，即便身体难以忍受这样的负担和煎熬。

身体的累乏，常常让她只想躺在床上放松睡去，可是不行，这些都是她从未想到过的现实。生活愈加真实，真实得就像从肌体上褪去的一层层皮，有着伤、有着痛、有着回响、有着艰难。

也不知道从何时起，这样的写作似乎就没有顺畅过，每每只要端坐桌前，闪现在眼前的总是生计、奔波、忙碌，她自己也深有感触地写道："我认为文人应该是园里的一棵树，天生在那里，根深蒂固，越往上长眼界越宽，看得更远，要往别处发展，也未尝不可以，风吹了种子，播送到远方，另生出一棵树，可是到底是艰难的事。"

除了写作外，她还要抽时间用书信慰藉赖雅，几场大病彻底从精神和形体上摧残了这个伟岸的男人。命运就是如此多舛，让他无法抗争，只有无奈地面对。张爱玲似乎崩溃了，只能黯然神伤地接受着命运给予的一切。

人生仓促，总有漂泊，步履匆匆，岁月长河。这样的爱，全然成了相知相依，不再有任何激情和心动。她眼前出现的又是两人别离的情境。

"爱玲，我不能让你走，我是离不开你的。"

至少这样的哀求是从未见过的，没有了乐观的谈笑风生，没有了豁达的意气风发，有的只是充满强烈的渴望。那哀求中分明又带着无助和苍白，遍布着力不从心的认输。

这，还是那个让人深爱的赖雅吗？

无疑，离去之前的感觉是最痛苦的。留还是不留，在张爱玲；要解决困顿的生计，也在张爱玲。走出去，就有收入。留下去，只有爱情。赖雅管不了那么多，他只希望有人能留下来陪伴，因为每况愈下的身体状况，更需要的是精神上的抚慰。可又能有什么好办法呢？张爱玲纤弱的手，轻轻地放在赖雅麻木的身体上，用按摩来缓解着他身体上的疼痛。

两人面对面时的机会已经很少，当然说话的时间也很少，一个闭目享受着短暂的轻松，一个满腹忧虑地思忖着生活。或许有过太多的经历，彼此都已习惯了这种无奈和沉默吧。如果要说生活是无限神往的烟火，那这被爱的灵魂就只有彼此的抱团取暖。

他的手微微颤抖着，但还是紧紧抓住张爱玲不愿意松开，生怕这一去就成了生命里的眺望，成了人生中永远的分别。时间真是太让人感到可怕，张爱玲的身体现在也是一日不如一日。到了她这种年龄，眼睛开始老花，胃也变得特别挑剔起来，有时吃得不舒服就会呕吐，只是她不能把这些小事说给自己的男人听，其实说了也没任何用处。

云朵是那样白，一朵朵渲染着心无旁骛的爱情。凝望窗外，她不知道这到底是不是爱，又算不算爱了。

至今还记得那个分别的场景，而人生中最难忘的就是分别。

在香港写作期间，张爱玲没有任何关于赖雅病情的消息。带着一种无比的内疚，她伏案书写着内心的惆怅。当一封封信件如泥牛沉海之际，还以为赖雅不愿意理她，可当她仔细端详时，才发现慌乱中竟然写错了地址。于是，一股无名的悲哀感遽然间从心而起，说不出该是怎样的感觉，只能任漠然的心绪在时空中弥散。

每天的创作任务非常繁重，甚至连故地重游也没有时间安排。高强度的灯下的书写，不仅仅是无法释放的压力，还有视力的逐渐下降。即便这样，她还是不断地给自己加着压。为了节省不必要的费用，她连双合脚的鞋子都不愿意给自己买，在写给丈夫的信中，她说："自搭了那班从旧金山起飞的拥挤飞机后，我一直腿肿腿胀。看来我要等到农历年前大减价时才能买得起一双较宽松的鞋子……我现在备受煎熬，每天工作从早上十时到凌晨一时。"没办法，她只想着早日能拿到稿酬，回到病重的赖雅身边。

为了生存，张爱玲真是不堪重负。她必须要承受着赖雅对她的误解，要面对着无比拮据的生活。度日如年的写作中，她确实连要死的心都有了。"我工作了几个月，像只狗一样"，当她努力为最后一行字圆满画上句号的时候，《红楼梦》的剧本终于在心酸的情绪中完成了。原本想着可以好好放松一下喘口气，结果又要开始漫长的等待。

这次香港之行，让她没有感到丝毫的熟悉与亲近，尤其是以往那些大献殷勤的导演们，现在都带着一脸的讥笑，更是破坏着她对香港的所有好印象。

这或许才是年青与衰老的实际区别，台湾与香港的差异所在。从某种程度上来说，她的与世隔绝似乎与这个时代脱节太多，那种为人所熟悉的电影时代，其实早已在时光的流淌中成了历史过往。

她知道这些，但却无力去改变。人家让她修改，她就本能地认真修改；人家让等待，她就用心等待。为了生活，生命已经如此卑微，轻贱如同蝼蚁。这些对张爱玲来说都不曾有过，现在只觉着活着的乐趣，只有完成好眼下这部剧本了。

没有人会懂她，也没人去关注穷途末路的她。

剧本《红楼梦》几经修改后，还是没有顺利通过，这更是出乎了张爱玲的意料。除了深深地刺伤自尊心外，几个月的时间付出无疑是打了水漂，分文无收让张爱玲的心情极为低落。本有着轻度抑郁的她，既要担心赖雅的身体，又要纠结于剧本结构的修改，各种事情都这样交错到一起，突然间就变得复杂起来。

为解决在香港的生活，张爱玲生平第一次又违背了自己的尊严，她没有办法不去向宋淇夫妇借钱，即便骨子里流淌着高贵血脉，但没钱确实是寸步难许。曾经的民国才女，此时人过中年，膝下又无子女，还要靠"讨生活"来养活美国的赖雅。她真是不知道自己是如何开口的，但尴尬却将眼下的生活演绎得如此真实，让她梦中从此没有丝毫的阳春白雪可言。

这种低头，可以视为张爱玲对人生的妥协，对自我生活能力的绝望，对自我创作才能的萎谢。她的低头，让这位临花照水的民国女子无情沦落了。那些时日，前所未有的疲惫不断地袭击着她，心情绝望地站到宾馆的屋顶上。月光如水，静静地泻满整座城市，从高处望下去，高低不齐的建筑像泛着冷光的冰凌，端直地横插在地上，再往远处望去，皎洁的圆月也不再神秘浪漫，连灯光也闪烁着阴冷凄凉。

在借钱这个问题上，宋淇夫妇确实也没有太多的想法。从这些年的接触来看，他们无疑是懂张爱玲的，唯一担心的只是出手相助，会不小心伤及她内心的敏感。这种两难的境地之下，着实也考验着朋友间的智慧。

要不要回美国，这让张爱玲犯难；要不要去接济，这又是宋淇夫妇的头痛之处。想到了最后，他们还是婉言建议张爱玲修改《红楼梦》剧本期间，重新创作另一部剧本，稿酬为800美元。

钱似乎不多，却足以帮助张爱玲和赖雅生活四个多月。

听完这席话，沦落至此的张爱玲只是点头应允。那一刻，她以前的傲慢再也找不见了，剩下的懦弱连自己都讨厌。送别宋淇夫妇后，她重重地关上了那扇沉重的门，只想用泪水来洗刷所有的委屈。望着洁白的墙壁，她突然感觉宋先生此人太不仗义，关键时刻竟然都不愿出手相助。"他们不再是我的朋友了。宋家冷冷的态度令人生气，尤其他认为我的剧本因为赶时间写得很粗糙，欺骗了他们。宋淇告诉我离开前会支付新剧本的稿酬。"缘于此种原因，似乎让彼此的隔阂越来越深，身处这种特殊的环境，张爱玲始终都觉着自己的判断是正确的。那段时间，宋淇似乎变得有些冷漠，偶尔见面也是爱理不理。

其实，宋淇夹在张爱玲与影视公司之间，有着自己的难言之隐。如果说，是他不经意流露出的些许质疑，不小心刺激到了张爱玲的敏感神经，那么由心而起的苍凉，则有着她对于这个社会，以及周围朋友的成见与怨恨。

或许真是时运不济，张爱玲提前完成的新剧本，竟然又一次没有达到宋淇的要求。她又一次在信中说："暗夜里在屋顶散步，不知你是否体会我的情况，我觉得全世界没有人我可以求助。"夜，已然有了些许凉意。她一个人静静地站着，在无人的空寂中与月相望对视。张爱玲要绝望了，大脑中一片空白。

现在唯一能给予安慰的，只有赖雅和他少得可怜的信件了，支撑着她不停地写着。

也许每个人的经历都是传奇，在人生的最后阶段，张爱玲又选择了重新信任宋淇夫妇，并把所有遗产留给了他们。究竟是想雪洗香港的所谓耻辱，还是后来懂得了朋友的相处之道，无从得知。不管如何，有过这一次隔阂之后，张爱玲终生都与他们夫妇保持着密切联系，并通过彼此的多次合作，来换取用于生活的稿酬。

大约在五个月之后，张爱玲从香港飞回了华盛顿。在机场见到赖雅的那刻，一种亲近感遍布全身，似乎连这里的空气都充满着熟悉。张爱玲不再去想香港的伤心际遇，她从容整了整衣服，就迫不及待地奔向了那个男人的怀抱。

紧紧地拥抱着，什么也不说。

深情的拥抱，在慢慢地冰释着彼此之间的不快与担忧。

第七章

总是离人泪

远避尘嚣

喧嚣之后，依旧是声势浩大的喧嚣不止。

对张爱玲来说，这样的繁华中始终有着自我的平静，犹如典雅气质的外在，有着无法放弃的与生俱来一样。无论在不在乎，人生的经历让她早已明白了取舍，始终就像独处墙角的生命在弦动着、葳蕤着、生长着，在春来秋往中营造着只属于内心的传说。

有时候想，这种平静的气质距离每个人到底有多近，又有多远？

台湾作家杨沂说："她很像一只蝉，薄之到翼虽然脆弱，身体的素质却很坚实，潜伏的力量也大。而且，一飞便藏到柳荫的深处。"从这段文字中可以知道，他该是多么熟悉张爱玲。一只蝉和一个人相较而言，该是多么地微不足道，但在某种程度上又有着太多的相似。就张爱玲来说，她的性格更像一只蝉，只要有任何的风吹草动，就会消失得无影无踪。

其实，张爱玲的每一部新作品问世，背后都会有杨沂真诚而又中肯的品评。这些评论绝非空而无味的赞扬，也没有刻意做作的虚伪，几乎都是围绕作品写下的一系列丰实的文字。他之所以这样有板有眼地评论张爱玲，更多的是心灵沟通下的贴切。远远看去，张爱玲这只始终舞动着翅膀的鸣蝉，更多是以分外的静在注视着人间的悲欢离合。曾经那样来过，然后又悄无声息地飞走，只为了唱响那短暂而又多情的季节。

据资料介绍，有一种蝉从生命孕育到爬出地面，需要大约十七年的时间。在此漫长的过程中，它随时都会面临着被吞噬掉的危险，等终于见到天日，却至多在这个世界存活三个月。它不停地以高歌来赞美生命，极力表现出自我存在的价值，纵然是深藏树荫深处，也无法阻挡自身散逸的热情。张爱玲难道不像蝉吗？孤独地附着在高高的树杆之上，没有任何需求，吸纳清风雨露，从不知疲倦。

"高蝉多远韵，茂树有余香。"这种生命的低回鸣唱，并非人生的张扬，而是深邃夜空中的那弯新月，在缕缕枝叶间的颤抖中，享受着属于自我的幸福。而张爱玲更愿意以深居简出的态度，来表现出她对于人生的姿态，静看花开花谢，聆听生命蔓延的清香，这分明就是人世间最为动听的妙韵。

在美国洛杉矶的公寓里，还是那种分外的静谧，似乎可以听出静的声音来。就连一向挑剔惯了的房东，得知她喜欢静后也不去肆意打扰了，生怕不经意的一声响动，会搅扰了这只鸣蝉的无比动听。其间，她用文字源源不断地书写着这个社会，书写着人情世故的种种乱象。她只是用心奋笔疾书，却丝毫不为大洋彼岸引发的股股"张爱玲热"而动心。

张爱玲的作品精彩绝伦，时时都触及着读者内心，面对这样的热闹，她却只愿意让自己不断地沉寂，不断地边缘化，就像站在岸边等待人归来的多情女子，在满眼的粼粼光影中，任迟来的爱浪花般拍打着海岸，在潮起潮涌中化为了满不在乎。

心在哪里，路就在哪里。这些年，张爱玲对文字的坚持，不就是想用笔下的快感和爱，来剔除掉所有不安与忧郁吗？现在看来，张爱玲喜欢平静不是做作，也并非是深沉，而是一种发乎于心的使然。与她的大紫大红时代相比，不敢说物是人非，至少围绕在身边的名利都已随波逐流，成为沉浮中的缥缈。她这样对世事的不闻不问，难道不就是对俗世繁杂的漠然，对远去往事的自戮吗？

她也明白，时光终会改变一切，如青春、爱情、梦想、年龄，等等。

春花看过，冬雪走过。没了彷徨，剩下的只有寂寥中的创作。谈到张爱玲的创作，美国哥伦比亚大学华裔教授夏志清说，张爱玲是今日中国最优秀最重要的作家，然后他又称《金锁记》是中国从古以来最伟大的长篇小说。且不说这样的论断出于什么依据，也不论张爱玲知道后会如何作想，这样的见解却在中国港台及大陆文坛掀起了热潮。读者把读张爱玲的作品当作一种时尚，尤其那些陶醉在爱情美妙中的红男绿女，更是无比狂热地深爱着张爱玲。他们之间相互询问打听着，想尽办法要来结识笔下生花的美好作家，虽然注定会一次次的失望。

张爱玲不愿与人接触，其中有着对社会的恐惧与张皇，这也促使着她一个人，孤独地走向精神的高处。对于文字更加苛刻的追求，她连生活标准都降到了最低水平。在二十世纪八十年代，张爱玲掀起的文字风暴，让整个社会都为之津津乐道，只是在她心底并没有起任何波澜。她更乐意听从自己的内心，随心所欲做自己喜欢的事。

从夏志清的那次评论开始，台湾的《皇冠》杂志先后数次联系张爱玲，打算就在台湾重新出版其作品进行协商。考虑到夏志清的身份，张爱玲干脆让他成为自己作品的推介者和代言人。按当时的情况来看，张爱玲的稿酬完全可以满足她在美国的生活开销，可她依然选择了类似苦行僧的身体力行。居住的寓所本不大，一张行军床，一张写字桌，然后就是"家徒四壁"的空洞。如果那个男人此时还陪在她身边，定然会说这样的做法太过于无情，但张爱玲似乎已经悟透，早将一个个的身外之物全部抛弃，对自己一丁点儿也没有心软。

抛弃，注定要让张爱玲更加沉默寡言，这情形如同以不理不睬的平静对待千万读者的追捧一样。有天午后起床，张爱玲接到了姑姑发来的信件，边拆边想，这应该是她们俩分手十数年后第一封来信。身在异地他乡，这信确实带来了激动，而睹信思人的心情，又让这位游子想起了故乡。又怎么会忘记呢？至少在张爱玲成长期间最重要的十年中，姑姑都给予了她太多的关爱。

有句话说得好：除生死，不分离，愿天下终成眷属的都是有情人。信中，已经七十八岁的姑姑说自己终于喜结良缘，携手洞房的是她的初恋情人李开第。出现在迟暮婚姻中的李开第，曾经当过张爱玲在国外留学时的监护人。当年，姑姑张茂渊出海留洋，恰好与公费赴英留学的李开第同一条船，彼此都是青年貌美，学识优秀，而对这位集容貌才情于一身的女孩子，李开第竟然不由自主为她用英文朗诵了拜伦的诗。等两人倚靠着船舷谈论人生过往时，彼此才发现心生爱慕，只是苦于家中有媒妁之言，张茂渊又是"卖国贼"李鸿章的后代，只好把这样的爱恋深藏在心底。

谁也不会想到的是，漫长的等待中有着这般执着，而爱的种子更是如此坚韧。在与时间的较量中，这两个微不足道的人终于用真爱赢得了为人传唱的佳话。先说李开第与夏毓智结婚后，张茂渊是看在眼里，疼在心上，虽有太多说不出的遗憾，可依然不动声色与李开第联系着，并委托他照顾在香港大学读书的张爱玲。中华人民共和国成立后，两人还依旧保持着深厚的朋友关系，直至夏毓智去世。这时，心中仍然无法割舍爱恋的张茂渊，又开始照顾他的起居生活，那种无微不至的爱全然不在乎别人的闲言碎语。苍天不负有心人，为了心上人终身不嫁的张茂渊，在两鬓斑白时还是等到了李开第。

这不经意的喜讯让张爱玲笑出声来，那些时日，她的笑容会不时地闪现在脸上。因为她相信姑姑一定会结婚，哪怕已是八十岁。结果这一天真的来到了，这难道不是上天的注定？

能在人生的最后几步，用爱来完善凄凉的归宿，无疑是桩美好的事。对于姑姑，她在等待的沉静中收获了喜悦；对于张爱玲，她在经历无数不快之后，又在亲人身上重新感受到了爱。

这样的爱，很快蔓延到张爱玲身上，而那些素未谋面的粉丝们，对她的好奇也是与日俱增，就像关注她的新晋姑父李开第一样。"她不是笼子里的鸟，笼子里的鸟，开了笼，还会飞出来，她是绣在屏风上的鸟——悒郁的紫色缎子屏风上，织金云朵里的一只白鸟。"这只离群索居的白鸟定是下了决心，虽然有着对爱的留恋，却要一如既往对身边人视而不见。为避免生出误解，她只好不断地变换居所来隐藏自己。不论她是如何地反感和躲避，前来追逐和膜拜张爱玲的人并未因此驻步不前，相反，这样的逃避更加吸引着众多人的兴趣。

此时的张爱玲，似乎又不再被人视为有血有肉的普通人了，她和她的作品成为大家的饭后谈资、情爱男女珍藏的范本。书中那些动听的句子，更是在时光中被经久不衰地流传，被传在口上，记在心上，抄在纸上，如"守一颗心，别像守一只猫，它冷了，来依偎你；它饿了，来叫你；它痒了，来磨你；它厌了，便偷偷地走掉。守一颗心，多么希望像一只狗，不是你守它，而是它守你！"再如，"在人群中偷看你的笑脸，恍惚间仿佛回到从前。会不会有一天我们再一次地偶然相遇，一见钟情，然后和彼此相恋？"这样的文字，根本不像出自女人之手，那感觉就像是一口井，一口使各界人士尽情感受、不断挖掘追求的古井，从中淘出了太多的缠绵无尽，淘出生活中的波澜不惊，淘出了人世的姿态万千，淘出了岁月的风流千古。正如她自己所言："我不喜欢壮烈，我是喜欢悲壮，更喜欢苍凉壮烈。只是力，没有美，似乎缺少人性，悲哀则如大红大绿的配色，是一种强烈的对照。"

再强烈的对照，也无法淹没内心的哀怨，这是张爱玲人生中始终无法规避的弱点。

从这样的弱点中，不难读出她内心淤积的纠结。张爱玲一生在寻找安宁，终究不得平静；一生在寻找爱情，却最终与爱情擦肩而过，更多时候，她就和姑姑一样执拗、困惑，却又不得不面对着现实。张爱玲是佩服姑姑张茂渊的，她能够始终如一坚守着爱情，即便当年临水照花的时尚不在，即便年近八十时才守到黄昏边上的相守依偎。倘若与张爱玲相比，姑姑落寞的人生尽头应该是幸福的，至少有个心爱的男人为她送终。而张爱玲呢？行走于各种不为人关注的背风处，让自己的念旧成为素心冷眼的生活风景。

因为文字，夏志清终有机会与张爱玲在寓所中长谈，而那位叫水晶先生的杨沂也凭借着对张爱玲文字的独特感悟，用真诚敲开了那扇永远神秘的门，门后，是包着头巾、脚穿着拖鞋的张爱玲。总之，此时已从她身上全然看不出"好似花来衫里，影落池中"的形象了，至于是不是那轮皎洁明月照人间，得要后来人评说了。现在想想，她这样脱俗的装扮甚至连鸣蝉也比不上，只是很容易让人想到潦倒的人世凄凉。

难道人生都会是这样的结局吗？

正当张爱玲文学在读者中热潮汹涌时，张子静又一次艰难地联系上了她。在经历了太多无法想象的往事后，亲情又把他们重新牵系在一起。他太了解姐姐，知道她永远都是水中的游鱼，在这个苍凉无比的社会里，根本让人无法辨清何处是水，何处又是泪，所以稍不经意就会消遁在浩浩水际。他只能是苦苦寻找，只是和无数追随者不同的是，除了崇拜，更多是发乎于心的爱。

生活的确就是把杀猪刀，让张爱玲饱受情感折磨，也让张子静无情沦落。这些年的久不接触，张爱玲的亲情观念已经变得极其淡薄。而那个尚留存在记忆中的弟弟，也早已没有了童年时的天真，不但面对生活中的残酷，还要承担起家庭的沉重责任。

仔细想想也是，子静这一世很少感受到父母的疼，也没有享受太多姐姐的疼，姑姑年长，也是无力无心地苟活着。太多太多要说的话始终等待着，只想当面说给姐姐听。

联系上张爱玲的那一刻，子静又仿佛回到了童年，那时姐姐带着他在院子里，在书房看书，往事历历在目，让人不由得开始回忆起过往。他并没有想从姐姐那里求得物质上的接济，在他后半生缺少朋友的人生痛苦中，只想着能够找回亲情的安慰，在这个世界上，也许只有张爱玲才能够给他。

张爱玲却无心思去考虑这些了，这些年中，无论世外是如何的反复变幻，她最关心的只是搬家，似乎频繁不休的搬家已逐渐成为她生活的全部。所以，水晶先生是十分幸运的，至少比张子静更多了面对面的交流。在他如流水的笔下，也得以让人们感受到了张爱玲始终流浪的真实心迹和飘忽来去不定的身影。"她的起居室犹如雪洞一般，墙上没有一丝装饰和照片，迎面一排满地玻璃长窗。她起身掀开白纱幔，参天的法国梧桐，在路灯下，便随着扶摇的新绿，耀眼而来。这处，眺望得到旧金山的整幅夜景。"

窗外的美景自然是真实的，但水晶先生的笔下多少也有着童话般的憧憬。要不就是在他到来之前，张爱玲又刻意地收拾过一番，"她微扬着脸，穿着高领圈青莲色旗袍，斜欠着身子坐在沙发上，逸兴遄飞，笑容可掬……她的笑声听起来有点腻搭搭，发痴嘀嗒，是十岁左右小女孩的那种笑声，令人完全不敢相信，她已经活了半个多世纪。"

没办法，谁让文人笔下的描写总是那么唯美呢？那种美妙就像谁也不会知道，张爱玲那袭华美的旗袍下，究竟爬满了多少跳蚤一样。经过了一段时间的见面长谈后，让他对于张爱玲的晚年状况有了更全面的了解，以至在写给夏志清的信中，似乎再也看不到她"眼睛也大，清炯炯的，满溢着颤抖的灵魂"。与水晶先生恰恰相反，张爱玲也有着自己不同于他人的感受，"天天上午忙搬家，下午远道上城。有时该回来已经过午夜了，最后一段公交停驶，要叫汽车，剩下的时间只够吃睡"。这两段文字的鲜明对比，一个充满着优雅的情绪，将生活感受统统写进方格稿纸；一个却是携带着生活重负，来回奔波于躲避和生存中。这些并不为"张迷"们所知，自然不会为子静所面对。

每个人都有着不同的生活方式，尤其在经历了无数次搬家之后，张爱玲真的觉着自己累了。怎么会不累呢？随着年龄的增长，这样的折腾又有几人能承受？这些不经意的变化，好友林式同的记忆里永远都是那么深刻，"一位瘦瘦高高、潇潇洒洒的女士，头上裹着一幅灰色的方巾，身上罩着一件近乎灰色的宽大的灯笼衣，就这样无声无息地飘了过来。"这些年里，林式同也和宋淇夫妇一样，没有任何怨言地帮着张爱玲，自然他的回忆是真实可信的。相信也只有这样的笔触，才能够让人从点点滴滴中觉着张爱玲的变化。当然，不同的写作方式和参照，也让她晚年生活成为众说纷纭的话题。

太多的关注，让读者把张爱玲想象成了难解的谜。于是，好多人为探寻张爱玲的生活，更是想出了千奇百怪的办法。台湾女记者戴文采也是其中一位，她的目的只想凭借独家新闻走红，于是借着无意中得来的地址，开始寻找各种理由要采访这位戴着假发的老人。只是这些带有明显功利企图的接近，屡次都让张爱玲及时识破并予以回绝，到了最后不堪烦扰，又想到了躲避，可以说，她并没有任何攻击或者防护的好办法。

戴文采自然不愿放弃这个炙手可热的选题，她又使出浑身的解数，再次找到张爱玲，并在其隔壁租房住了下来。面对着一墙之隔的无比神秘，她难道只是想简单了解这个"因为懂得，所以慈悲"的民国奇女子吗？

一个月的时间里，费尽心机的戴文采非常遗憾，因为她只见到过一次张爱玲。据说，那次还只是她无意出来丢垃圾，而这让蹲守许久的戴文采像是发现了新大陆，欣喜若狂地用脸贴着玻璃仔细观瞻，生怕不小心就会惊飞了这只敏感的蝉。确实，在经历了数次的拒绝后，戴文采能有这样的收获应该感到满足，可她偏偏又心生歧想，等到天黑时竟然把垃圾桶里的垃圾全搬进屋里，从沾有血渍的软纸、糊了的煎蛋以及空牛奶盒子中翻出凌乱的手稿。

从此，戴文采屋子里便堆满了张爱玲每日的废弃物，在众人无法想象的不堪中，她却乐此不疲地挑挑拣拣，并凭借着蛛丝马迹的联系，拼凑出了一篇篇关乎张爱玲日常生活的文章。张爱玲为求安定，只能紧锁门户关闭自己。她的与世无争完全是一种避让，丝毫不会影响到周围的人，可她并不知晓隔壁有人在偷听偷窥，在私底下打扰着她平静的生活。这个心机深重的邻居，不但从垃圾堆中发掘着新信息，而且通过信息从中了解到张爱玲生活上的琐事，还想方设法联系到了她的好友，所有这些"收获"，她都凭借想象一个不漏地写进文章中。同样是文字，有的是流露心迹，有的却是不堪入目。

没过多久，一篇篇关于张爱玲的独家文章开始见诸报端。她在《我的邻居张爱玲》一文中，以无比疯狂的"爱"，用文字表现出了张爱玲晚年的生活现状，"她真瘦，顶重略过八十磅。生得长手长脚，骨架却极细窄，穿着一件白颜色衬衫，亮如洛佳水海岸的蓝裙子，女学生般把衬衫扎进腰里，腰上打了无数细褶，像只收口的软手袋。因为太瘦，衬衫肩头以及裙摆的褶皱线终撑不圆，笔直的线条使瘦长多了不可轻侮。"远观后的水月镜花，是戴文采如梦如幻般的书写，原以为这样的爆料会吸引读者的眼球，结果却遭到了人格上的空前谴责。大家都不理解狗仔队的龌龊做法，为什么老要盯着这位满头华发的老人，最后，就连报刊的责任编辑也非常气愤，公开表达了对这种做法的无比愤怒，并坚决反对采取这样的伎俩来写张爱玲。

虽然这样，还是有文章在其他报刊上刊登，就在众多好友一片惊叹之际，张爱玲却已经挥展着薄弱的翅翼飞走了。

　　她曾在信中写道："台湾记者那篇淘垃圾还是登出来了。中国人不尊重隐私权，正如你说的。所以我不能住在港台。现在为了住址绝对保密，连我姑姑都不知道。"当好友司马信收到这封装满着愤怒的信件时，张爱玲已被迫无奈又迁换了寓所，以远避尘器的方式将自己深锁树荫的浓密之后，不再见人。

岁月静好

笃信命运，一眼便是一生。

"这是一个热情故事，我想表达出爱情的万转千回，完全幻灭之后也还有点什么东西在。"不论是生活、爱情、人际交往，还是最钟情不已的文字，都让张爱玲尽其一生地努力地赶着《小团圆》。只是到最后，她的美丽而又多舛的人生也没有实现所谓的圆满。唯一让人欣慰的是，从这本书的字里行间，依稀能够读出种种与她有关的真实。

这种真实，任不凡的心迹渐然成为无法触摸的影子。

如果说，曾经生活过的上海是过往的影子，在这些缥缈如同红尘的故事中，自然会囊括诸多不堪回首的往事。那么，身边的亲人无疑是正在逝去或即将逝去的影子，甚至连张爱玲都将成为寓所中孤独的影子。在人生的种种磨难中，林式同不失时机地出现，总算让眼下这一切如同梦幻的生活还有着真实，只是不知道谁点缀了谁，谁又成了谁的风景。

除生活中令人不堪的跳蚤外，张爱玲在海外唯一能面对的只有林式同，说是面对，其实彼此很少见面，张爱玲总是在迫不得已的情况下，才会用电话联系，或者求助，或者要求。林式同不喜欢文学，对张爱玲这个人不甚了解，他只是受宋淇夫妇的托付来照顾张爱玲。没想到朋友之间的承诺，竟然以自我的侠义气概，以真诚演绎出了人与人之间的关爱。这爱，没有虚伪；这爱，没有崇拜；这爱，只是言之凿凿的信任。

要知道，晚年的张爱玲早已不是风华绝代了，更多时候是无奈地戴着假发，一副让人怜惜的瘦弱身体，不过她从不在林式同面前遮掩，而是宽容地展示出了自己最真实的一面。这样的心迹袒露，原本就是以心交心的无比幸福。

眼前这位老人，姑且就称为老人吧，如果换成别人，定然会对她的沧桑变化感到不可思议，恰恰林式同没有任何的表情流露，木讷中的神情中还带着虔诚的敬重。他懂得，身处在这样的清苦与简单之间，只有时光让她全然放下一切。

花开花又落，太过寻常的人生面对，就如她早已习惯的孤独生活。孤独，让她永远地关闭了伤痕累累的心房，隔离开了通向繁华世俗的热闹。毫无疑问，她是以自我的气质在拒绝着人生的一切，教徒般追求着最为极致的简单。不由得让人想到那些蛰伏岩洞中修行的隐世者，那些身居大山的修为者。她这样的平淡，以致距离人世的烟花越来越远。想想也是，灿然盛开在岩石上的兰花，在人眼中不是也有着如此平淡吗？

晨露浇灌，岚气吹拂。不入世俗，心安于命。这才是张爱玲情衷草木的所在吧？

草木不言，可以缀点心情，就像林式同一样，他根本就不知道眼前这位老人有如何传奇。纵观张爱玲，无论在港台还是大陆，她身后总围绕着成千上万的追随者，这些崇拜者纠结于缠绵的文字，沉醉于书页上悠远迷人的眼神。实际上，并没有多少人知道，张爱玲为这些文字所付出的心血。尤其她的小说《传奇》，不仅创造了出版界的奇迹，还被读者推为二十世纪百强小说，排名仅屈居于名列前茅的鲁迅先生。就是这样的红极一时，依然不能让张爱玲心旌摇荡。她的心思和牵挂，平淡得如同草木，似乎她的全部只是在这一次次的迁居上，以及如何逃避掉肉眼难以发现的跳蚤。

这种情况下，几乎无人知道张爱玲活着的踪迹。简陋的斗室内，她更多的满足其实就是自得其乐，说到乐，其实更多是身体上的不堪忍受，却阐述了她低调之极的处事方法和人生态度。

这样的内心，谁也无法触及。

朝暮无常，世事叵测。张爱玲对朋友这样，对亲弟、姑姑等至亲亦是避而不见了。只有她的文字，还在信使般散布着依然活着的新鲜气息。弟弟深为不解她的做法，只为幼时的相亲相爱的情感已全然找不到踪影。曾有过几次，他动了念头要去找姐姐当面数落，最终因为种种原因不了了之。按理说，她与姑姑的关系亲密无间，是姑姑给予了她数之不清的影响和帮助，但张爱玲在洛杉矶隐居多年，只在逢年过节才会修书一封，偶尔拨通的电话中也是寥寥数语。尤其是在姑姑病重之际，对身边的人流露出想见张爱玲的念头时，守护在一边的姑父，以年届九十高龄写信给海外的张爱玲，希望她能在姑姑弥留之际回来探望，以满足张茂渊最后的心愿。信中言之切切，动容动心，但是张茂渊这人生的最后一个要求，却成了永远的遗憾。

接到来信后，张爱玲内心也是十分痛苦。

她怎么能不痛苦呢？相处了那么多年，见证了自己那么多事，在自己最需要的时候一直守护在身边，述说不清的往事现在都凝聚在这去与不去的问题上。那几日，她常常凝望着窗外发呆，真的想回到那座熟悉的城市，回到熟悉的亲人身边，可悄然滑落的泪水很快地又把这些念想冲淡。她在寓所里来回行走着，喟然长叹人生为何如此短暂，为何有着太多的生死别离？在一个人的世界里，除了要以铁石心肠来承受所有，实则是她不愿意用自己的苍白人生，去映照那一个个曾爱着她的人。这些都不是她一个弱女子所能承受的，而她真的不想轰轰烈烈地活着，只想求得人生的平淡。

仍然是等到数月之后，张爱玲以姗姗来迟的回信回复了这封信件。此时姑姑已在抱憾中悄然逝去，一个和蔼可亲的生命就这样走到了人生尽头。她的信中，字字句句也都深情绵长，但同时又毅然决然地说明了她做人的原则。即便这样，她还是再三叮嘱家人，信读后一定要烧掉，免得地址为他人知道。这样的单纯中又带着可笑，透着生命中的冷漠，着实让人无法理解她到底要如何才是。相信张爱玲本人也是无法说清。

匆匆那年的时光消逝，无法再回忆起的不仅仅是青春的情怀。

或许生活和人生本就是这样充满不解，彼此分离得太久太远，难免有种陌生的疏离。

张爱玲自小生在上海，身上自然沾染不少国际大都市的气质。这种个人魅力之外，还凸显着她与众不同的独特性格。如果说，花红柳绿会让人顿生怜香惜玉之心，那么傲然生长的坚韧，是不是更值得赞美和仰慕呢？赏景如此，观人亦是要带着自然的状态。不论是山水、草木，还是人，只要论及本质，都会不离其心。张爱玲的独善远居，之所以有太多的冷漠，定然是与那些鲜为人知的明朗、谦和相联系的。否则，始终在疯狂追逐的"粉丝们"，又怎么接受这种傲然呢？

突然有一天，林式同家中的电话响起来，远远地传来了张爱玲的声音，柔弱中有着突兀，缓然中又有着坚决，大意是说她写了一封非常重要的信，里面有份遗嘱副本，想要拜托其帮忙保管。林式同听得自然一头雾水，还是一如既往点头应允。在他看来，这一切的请托都应是顺理成章，根本容不得任何的拒绝，否则怎么对得住人家的真诚呢？自然，这是林式同强加给自己的承诺，从他身上所衍生出的江湖侠义和信任，都让张爱玲在自我的纠结中心满意足。

几天后，林式同迫不及待地拆开了这封来信，信中又是寥寥数语，蝇头小楷中规中矩，秀丽中散溢着生命的沉着。信的内容大致如下："一是所有私人物品留给香港的宋淇夫妇；二是逝后不举行任何丧礼，将遗体火化，骨灰撒到任何空旷的荒野。遗嘱执行人林式同。"一瞬间，林式同只是感觉有冷汗从后背渗出，但又说不清是种什么样的感觉，只是在莫名慌张中有些手抖，以至将遗嘱装进信封时都花费了许久时间。臆想中，他仿佛看到张爱玲正慢慢消失在时光的烟尘之中。不管怎么说，至少张爱玲是信任自己的。

他清楚，张爱玲骨子里并不在意生命消逝的恐惧，而是执意要在其生前掀开通往那条路上的冰凉彻骨。

彼此交往不多，此时却在他们之间进行着最沉重的托付，在预演着人生最无法面对的告别。是的，每个人都将会离开这个美好的世界，最终成为光束中上下翻滚的尘土，渺小而热情，无助而无畏。只是这样的方式，让林式同真的有些束手无策了，他百思不得其解之际又不知该向何人去咨询，思忖再三，想要亲自上门去询问清楚张爱玲。只是人还未出门，又收悉来信一封。

这次，他坦然拆开信封，从其中才读到了关于遗嘱的解释："在书店里买表格时就顺便买了张遗嘱，免得人去后有钱剩下就会充公。"朋友之托，精致纯心，无形中也让人与人之间最薄弱的关系更为紧密。

星空之下，浩瀚无际，每颗星都闪烁着古老的印记。抬头仰望，灵魂轻松穿越时光的堆积。当人们用心去感受这样的美时，不经意中就会任思绪远去。

生死对于张爱玲而言，已是无关紧要，她的自由是不愿让人牵挂追随，她的存在是如花雨般散落天涯。无论是眼前的如景繁华，还是感受中的凄凉冷清，所有的一切都需要自己来面对，来承受。倘若说人生就是不停地行走，那么这种终极的目标却是生命的结束。

一生潦倒的子静，终究还是懂得了姐姐的内心。虽然他们之间曾因一则消息取得了联系，到最后又成为你来我不往的尴尬。无奈，像极了人生中的各种注解。子静再也没有收到过张爱玲的片言只字，对谁来说这种做法只会让人生气，可同样经受了人生大起大落的弟弟却什么都不再说。他后来在《我的姐姐张爱玲》一文中，真实地还原了这位生命中的至亲至爱，"这么多年来，我和姊姊一样，也是一个人孤独地过着……但我心里并不孤独，因为知道姊姊还在地球的另一端，和我同存于世……姊姊待我，亦如常人，总是疏于音问。我了解她的晚年生活的难处，对她只有想念，没有抱怨。不管世事如何幻变，我和她是同血缘，亲手足，这种根底是永世不能改变的。"

文字虽然平淡实在，却饱含着子静对姐姐太多的爱，读后让人忍不住要落下泪来。遗憾的是，张爱玲的在天之灵是无法感同身受了。正如《小团圆》中说的，她希望有一天走后，还能给这世上留下一些关于她的什么。的确，她不仅留给了人们以文字，还有着太多的辉煌记忆。

1994 年，张爱玲的小说《对照记》获得了台湾《中国时报》"文学奖"特别成就奖。正当人们为此激动不已时，她却幽默地拍下了一张照片。那黑白分明的影像中，张爱玲手握报纸面带笑容对着镜头，报纸上面却醒目地印着一行"主席金日成昨猝逝"的黑字，生硬而又突兀的字体与清瘦的身体相互叠加着，让人看后感受更多的是触目惊心，不由得猜想，这难道是以微笑来传达的分别，是以人生的无谓来书写的面对。无疑，她的从容之所以彻底，是因为内心了无羁绊。

这个时候，她已不再顾及别人的想法，言谈中时常还会透露出对这张照片的无比喜爱。当《对照记》再版时，她又将这张照片醒目地印在书上，以秋水苍颜的神情来观照这个苍凉的世界，不同的是多了几句旁白："写这本书，在老照相簿里钻研太久，出来透口气。跟大家一起看同一条新闻，有'天涯共此时'的即刻感。手持报纸倒像绑匪寄给肉票家人的照片，证明她当天还活着。其实这倒不是拟于不伦，有诗为证，诗曰：人老了大都是时间的俘虏，被圈禁禁足，它待我还好——当然随时可以撕票一笑。"以这种姿态来表现自我的张爱玲，也在这个熙熙攘攘的世界里得大自在着。

时光寂寞

纵然有着俗世的我自妖娆，在午夜的月色里张扬绽放，一任"红色的玫瑰芳香弥漫，辛辣魅惑"，不失的是众生之中的佛性禅心。

如果说，张爱玲晚年生活的疏离寂寞，是因为慈悲，是一生不停地书写，那这种悲欢就是不愿回头的有情有义，丰富了这个世界，枯萎的却是临水照花的芳心。

这个世界，只有文字是懂张爱玲的，可以让她在执念百转中从容不迫。那些原来就不奢求的情感、名利、生死、情同手足的至亲，现在看来似乎都是多余。当年，张爱玲毅然从家里出逃，是为追寻太多的未知，现在却要无畏地放下一切了。

这些年，一个人的一意孤行，让她背负太多穿行在人群中，早已为了生计缺失了自信，更不要说什么"金风玉露一相逢，便胜却人间无数"的春心四起了。甚至有一次，走在大街上的张爱玲被人无意间撞到，那种年老体弱下的力不从心，让她突然没了以往弱柳扶风的感觉。于是，她只能借助频繁的变换居所，来避免着外人的窥知。

人活一世，草木春秋，同样的柔弱生命却充满着不为人知的变化。一枝一叶，犹如一笑一颦，反倒在离群索居中彰显了生命的自我，尤其那独处的姿态，更多的是对于阳光和空气的感恩垂青。张爱玲这样出身高贵的人，理应养尊处优，豢养猫狗，享受娇媚中的萌态。但恰恰她对此异常反感，从骨子里排斥这些动物，认为它们一旦沾有了人的骨血，就会在穷凶极恶时和人一样心存杂念，甚至翻脸撕咬。动物和植物是相同的，却仿佛又有着不同，没有了灵性的使然，没有那种看上去的安静，张爱玲又怎么会去喜欢呢？她可以任文字充满着动物般的杂念，却从不让自己内心有任何出格的跃动。这是花草给予她的馈赠，无论好或者不好。人可以不断变换环境，而曾经陪伴过的那些花草，只能黯然地观望着这一举一动，享受着一人独处的感觉。

或许每个人都在自己的活法中才能随心所欲吧，就像鱼的海洋、鸟的天空、动物的森林一般，即使有着太多的艰辛、颠沛，却也能够自我愉悦着。猫狗这些动物让她反感，还有那更虐心的跳蚤，那肉眼几乎看不到的小虫子，躲在华丽的睡袍里全无顾忌地蹂躏着，折腾得张爱玲彻底不眠。

骚扰自是无比痛苦，让人苦不堪言。

到了7月时节，张爱玲重新又迁居了公寓。此次新选的公寓处在花草掩映之间，燥热夏天里倒也有着清凉，闲暇时还可以闲坐窗前，欣赏这些生命的千姿百态，一种从未有过的安稳感觉油然而生。生活设施依然没多大改变，房内还是那么干净整洁，也绝迹了让她恐惧不已的跳蚤。她依旧随缘的心一下子就爱上了这里，就如当年月下携手那个男人的感受重新涌现。

人总是这样，张爱玲要的是不经意间接触的感觉，而林式同在乎的却是眼前的开怀。还是说说林式同吧。记忆中，这是他们结识十余年来的第二次见面，必须要见面，因为又要换房子。林式同知道些张爱玲的性格，平时里没太多要求，除非是碰到棘手事才会求助。这样的接触，反而让他多了无法言说的敬慕。人生旅途，就是要不断地自我救赎，面对这么孤傲的老人，谁又没有几处不为人知的伤痕呢？于是在接到电话那刻，林式同几乎没有太多意外，他的古道热心肠已让帮扶成为全力以赴。他在这样的交往中没有索取，有的只是长久坚持的承诺。其实，人和人之间的依靠就需要如此简单，不带有任何的功利。

十年前，张爱玲和林式同经人介绍相识。十年后，他们再次见面，也没有过多的寒暄和客套，像极了熟悉的朋友。一方是硬生生地述说，像必须执行的命令；一方是热腾腾地应答，像肝胆涂地的承诺。接下来，林式同每天奔波于找房子、补办证件等各种繁杂中。张爱玲丝毫不去关心，只是全身心投入文字的创作中。当林式同完成了张爱玲交代的事情后，这位老人也没有被这种奔波感动。"我要你知道，这个世界上总有一个人是等着你的，不管在什么时候，不管在什么地方，反正你知道，总有这么个人。"是的，在彼此心里，信任已完全成了情的依靠，不用多说一句话，不用多做一个动作，只需要有个眼神就足矣了。要知道，张爱玲曾经在落魄时，也曾低头寻找过求助，那感觉如江面上的一叶扁舟，时刻都在寻找着能够停泊的岸。

　　林式同是个有心人，他将其住址作为了张爱玲的永久住址，并且应诺不对任何人透露与她相关的个人信息。人在异乡他国，这样的关系让他们更胜似亲人。偶尔的短暂相处，也有很多话说，有次两人聊天中谈到了女作家三毛。张爱玲带着满是寂寞的口吻，问他那个行走撒哈拉沙漠的女作家三毛怎么就自杀了？建筑商人的林式同从不关心文学，自然不知道三毛是何人，便也没有过多理会，后来想起这些话，便查阅了大量资料，无形中将她们联系到一起。三毛一生行走天涯，无所畏惧，让生命漂泊成了绝唱，而张爱玲面对生死漫不经心，笔下有着林林总总的凄凉哀愁。

　　之所以会有这样的不经意发问，应该是以小说中的人物造型来看三毛的。林式同知道，张爱玲对人生有兴趣而不投入感情，就像躲在一旁看人吵架，明明与己无关却又要津津乐道。可以说，她不以为然地了解着人生的真相，又以超然的冷静来面对人生。虽然其中有着许多的鲜为人知，但在经历过这么多风雨之后，生亦是死，死亦是生了。

　　至于生生死死的事情，本已不是那么重要了。

　　频频搬家，和躲避有什么两样？说是躲避，又好像在寻找，如隐居终南的修行者，本不是为遁世，完全是没有任何世俗的事，可以勾起她的相忘之心。这样的人，恍若油画一般，无论是远观近看，谁都无法看透她的内心，至少那双曾经充满灵动的水波，终于没有任何涟漪了。或者说，她再也不接受任何红男绿女间的情感往来，包括至亲至爱的人。

这样的躲藏，只能借助于居所，借助于花草。时间一久，这样的消极渐为人知，大家也不刻意去打听她的落脚处所，为的是能给她一份宁静以供回忆。就连起初难说话的房东，也不再奇怪有这样深居简出的房客，见面点头一笑，回过头时又是匆匆流年。对别人来说，这样的举动注定是要为人所担心的。但张爱玲全然不顾不问也不管，她特立独行，我行我素，原本也不是为了炫耀而故作姿态，现在只想让曾经的梦想越走越远。

对自己这样的彻底，更多透露出她人生中的冷漠和从容。那冷漠中泛着冷光，冷得让人无法躲避。也是有一次，子静无意从报纸上读到了一则关于张爱玲噩耗的消息，未来得及问讯真假就旁若无人哭起来，也不在乎旁人如何看他。那泪水无疑饱含真情和关爱，饱含着彼此这些年里的牵挂。这些年里，姐姐虽然孤傲得不近人情，始终隐藏着住址不让人知，所有这些都让他有太多说不清的愤恨，但眼前出现在铅字中的名字，却又深深牵系着他的心，才知道，亲情下的相互维系，像一棵根深叶茂的大树，无论相隔多远、事隔多久，根系间的纵横缠绕都无法切割开来。于是，他发疯地寻找着与姐姐亲近的人，希望证实消息的真伪，电话一遍遍地打到报社，报社的回答也是模棱两可，给不出任何让人信服的说法。无奈之下，张子静只能是祈愿祝福，以求平安。

一念花开，一念花落。现在子静明白了这种冷，他只有祝福：只要安好，便是晴天。

时光漫然，终将老去。深居简出的生活中透着慵懒，充满着平淡无奇，以至于门前的信箱中塞满了信件，张爱玲也不愿起身去打开。在她看来，似乎只有这样的满满当当，才会让人觉着生活的繁华如景。

所有的不在意，如同人生修行，盘腿四望，唯有静极。张爱玲并非无情人，只有她自己明白，并对弟弟的四处寻找心怀感动，只是这时不愿意再牵系起以往的回忆。除了弟弟，对好友炎樱也是这样。

闻讯炎樱去世时，她那颗沉寂许久的心才缓然动了一下。炎樱和张爱玲是同学，先后见证过她的两次婚姻。作为她生命中非常重要的一个人，她们的关系就如同花与蝴蝶一样，始终充满着生命的喜悦。正如炎樱所说："每一只蝴蝶都是从前的一朵花的灵魂，回来寻找它自己。"一个熟悉的故人远去了，这种心灵的触动，算是蝶对于花的回馈吗？

一起共青春的朋友去了，青春便不再有。这些年的独居，虽然挡住了前来造访的读者，始终无法阻隔的却是一个个的坏消息。这些消息无情而又无畏地打击着年迈的张爱玲，同时也更加坚定着她不愿回头的决心。

不回头，亦是回不了头，身边亲人一个个消殁了，只有张爱玲独守空房孤独地活着。

阳光的映射下，张爱玲单调的身影佝偻着，静静的，静静的。

生命苍凉

人生不过如此，且行且珍惜。

在美丽与苍凉之间，张爱玲神情安详地告别了这个凄凉的世界。没有人来打扰，静得似乎要让时光凝结起来。

一切就像一场曼妙无比的梦。

午后的阳光从窗外斜斜射进来，任由成千上万颗尘埃在光束中跃动，恍若舞台，透露出人生的本来面目。静在一隅的台灯还孤独地亮着，寂寞地发着微不足道的光束，似乎在诉说，又似乎在回忆，只是这灯下从此不会再有张爱玲柔弱纤美的书写了。

从此，世间不再有这样的传奇女子。

"晚年唯好静，万事不关心。"不再过问世事的寓所里悄无声息，轻轻推门进去，只见屋子北边的靠墙处有一张单人行军床，也是收拾得平整简单。而今，它要在时光的漫远中，成为送别主人凄凉晚年的挪亚方舟。繁杂的社会恍若浩浩东流的大海，张爱玲赖以存身的这处居所，就是一叶不知要漂向何方的小舟，唯一能给予她的是内心的安宁、满足。

　　远离了纷乱，不再有时光里的等待和寻找，即便就是逢面而过的誓言，无法记起的依然是苍白与淡然。确实，人一旦活到了这种年龄，该不该放下的，都会慢慢放下了。冥冥之中，张爱玲仿佛知道她人生的最后远行就要开始了，便精心挑选了一身流光溢彩的旗袍，仔细用心地收拾好容妆，然后在时光的晕染中，安静而又优雅地躺在床上，那神情像在架构作品，又像在思考人生。只是那一袭刺目的赭红色，分明就是艳丽之极的红玫瑰，分明就是心口上的朱砂痣，"分明就是樟脑的香，甜而稳妥，像记得分明的快乐，甜而怅惘，像忘却了的忧愁"。苍白的脸色，静静地映衬着这红，俨然在傲视着世间誓言的渺如云烟。散落在手边是还未写完的稿纸，笔横搁置在上面，唯一遗憾的是不知她要写下什么离别的话。

　　"长的是磨难，短的是人生。"一代奇女子张爱玲如此简洁地离去，恍如午后的休憩，不容旁人做最后的诀别。只是这长眠放弃了太多，带走的却是她七十五年的经历与磨难。

　　离别无言，永不相见。再也触摸不到的温暖，成为无法完成的人生悲唱。而那部用心创作的《小团圆》，也在某种意义上注定着人生中有太多不圆满。

　　面对着这逝去的生命，他独自伫立在张爱玲的房间，这是第一次，也是最后一次。没有一个人前来打扰，就连这个体质羸弱的女人，在风华传奇了一生后，也以这样的方式迎接着他的到来。1995年5月，林式同记得清清楚楚，他收到了张爱玲要求搬家的信。信一如既往地短，一如她认真的风格，大意是说想要搬去亚利桑那州的凤凰城，抑或到内华达州的拉斯维加斯去。从地图上看，这两处地方紧靠着沙漠，常年干旱不说，起风时就会沙尘满天，环境并不如想象中的好。对这样的要求，林式同自然不会明白张爱玲执拗的内心。她是想图清静，还是想保留属于自己的洁净？无论如何，这样的洁净，彰显出的是与这个世界的格格不入。这样的洁净，是不染尘埃的天真，是付出真心后被风雨戕杀的千疮百孔。

此时，张爱玲的身体状况已经特别差了，就连患感冒后也总是长时间不见好。最恼火的是皮肤病也接踵而至，常常是浑身痒得不自在，难受得连衣服也无法穿上。享受过太多的人生得意，这种小痛苦便注定要成为磨难。虽然只是一个人的环境，仍然会在不经意间想起翠枝依依、昆曲靡靡，小轩窗正梳妆的慵懒。但彼一时此一时的对比，更易让人落寞、脆弱、伤感。总之，无比轰轰烈烈的爱情之后，自然是对于平凡的渴望。此时此刻，张爱玲又成为不沾染人间烟火的仙子。

所有的虚弱无力，只能让张爱玲求助于林式同。

对于她的请求，林式同从不会拒绝。最后，张爱玲考虑后还是接受了建议，同意先迁往洛杉矶居住，并把时间初步定在了7月。

这时，林式同才渐然放下心来，谁也不知他这一路有多辛苦。随着张爱玲渐渐变老，才发现漫长的人生路上，无论谁也守不住曾经的风光，更毋说是陪伴那些生命中重要的人了。既然只是对方的过客和风景，就让彼此装扮梦境和人生吧！

7月之后，林式同并没有接到张爱玲的电话，便也没有主动去问询租房子的事，想着过几日就会联系，没料到人生恍如梦，转身就延伸成了回忆。

所以，当带着期待的林式同在接到房东的电话时，才听到了张爱玲去世的消息。这个沉痛的消息，让他泪水竟不由自主地流了下来。他不相信那记忆深处的背影，就这么没有告别悄没声息地远去。可无论如何，信与不信，他必须接受这个现实。突然间少了张爱玲的电话，他才知道一个人的世界里，少的终是依偎和温暖。现在来看，身边很多人在来回穿梭着，可又有谁在意这种寂寞呢？

寂寞的张爱玲，在晚年并没有享受到人世间的幸福，正如她的童年一样，总有着太多的坎坷需要她来承受。寥廓的时空之中，她变得不愿落泪，沉寂在没有热闹的寂寞中，如同隔绝烟火的黯然。于是，电视机便全时段开着，她也不在乎上演的是什么内容，只乐意在喧闹中回忆过往，书写故事。没有人会知道，也没有人会去关注这位很少出门的老人。

繁华落尽后是梦醒吗？

人生本就是一场戏，各人都忙着自己的角色，还有谁会陪伴在一位老人身边呢？漠漠红尘地行走，能遇见就是缘分，能珍藏更是幸福。无论是天涯或海角，最终都只会相忘于江湖之中。只是此时此刻，注定所有的繁华之后，张爱玲这个人要成为记忆中的传奇。

林式同突然茫然得不知所措起来，木讷地看着警察在屋里来回忆碌，他只觉着所有人在为这个空落的灵魂搬家。张爱玲不为搅扰地安静躺着，面部没有任何痛苦的痕迹，依然保持着生前的高洁优雅。人生路上的所有快与不快，都在这一刻定格了。

窗外有落叶萧然而下，相互碰撞着重叠着，似乎在以最质朴的方式为这位老人送别。

张爱玲生前不喜盛夏，认为燥热容易让人烦闷。她更倾心于色泽满目的秋日，凉风有信，秋月无边。在中秋节前后出生，在中秋节前后逝去。纵然心似秋月，却付了此生来忘。"三十年前的月亮早已沉下去，三十年前的人也死了，然而三十年前的故事还没完——完不了。"这是《金锁记》中的文字，灵动的笔下，张爱玲永远都有着讲述不完的故事。这些结束不了的故事，除了耗费的光阴和心血，更如无法完结的心事紧锁心房深处，任尘缘在茫茫人海之中渐行渐远。正如徐志摩在《两个月亮》中写的："我望见有两个月亮：一般的样，不同的相。一个这时正在天上披敞着雀的衣裳；她不吝惜她的恩情，满地全是她的金银。她不忘故宫的琉璃，三海间有她的清丽。"

如果说遇见是一种幸福，那么这把握不住的曾经，始终充满着太多伤感，在月缺月圆中更迭着海角天涯的相望。在张爱玲的最后几年，寓所便是她的全部世界，将爱与浓浓哀愁全部浓缩在这静默的一隅。情如飞花爱如沙，纵然这样，红尘之中的寂寞聆听，轻曲阑珊的云烟缥缈，都在心潮起伏中幻化为不凡的文字，在屈指流年中散落成爱。"厌倦了大都会的人们往往记挂着和平幽静的乡村，心里念念盼望着有一天能够告老归田，养蜂种菜、享点清福。殊不知在乡下多买半斤腊肉便要引起许多闲言闲语。而在公寓房子的最上层，你就是站在窗前换衣服也不妨事。"这样看来，这公寓更似蜗牛的壳，隐藏着太多不为人知的秘密。

一代才女最终没有以她的自身的风光，抵过时光百年的消磨。逝去一周后，如雾般的张爱玲才为房东发现。作为人生的必然归属，同样，不论是胡兰成，还是赖雅；不论是炎樱，还是林式同，最后都是要像转马灯一般远去。熊熊冲天的火光中，一具躯体携带着灵魂顿时向四处弥散开来。此时，这个灵魂是孤独的，她的再生也不知道何去何从。

曾经以文字穿越过民国烟雨的迷蒙，曾经以出身不凡成为一座城市的佳丽，现在随着一抹轻烟了却了人生全部的羁绊。

七十五岁生日那天，一束束红白玫瑰整齐地摆放在她遗像前，娴静得如花照水。"人生的结局，总是一个悲剧，老了，一切退化了，是个悲剧，壮年夭折，也是个悲剧，但人生下来，就要活下去，没有人愿意死的，生与死的选择，人当然选择生。"众所周知，在人生的现实面前，繁华过后就是寂寥，生的终点就是死。这样看来，张爱玲虽然远去了，可那卓尔不群的眼神中始终透着自傲、敏感，只是一如既往的冷寂中多了哀怨的哭泣。

在众人的默送中，船起伏着慢慢驶向大海深处。林式同与张爱玲生前的几位好友，以最简单的告别，送她走完了人生的最后一程。

水花溅起，有些冰凉，轻轻地拭去脸上的浪花，随之而起的是抛撒在海面上空的骨灰，斜斜地、细密地在海面上划出了一道道美丽的弧，然后又悄无声息地落入水中。而这所有的程序都依照着张爱玲生前的遗嘱进行："逝后希望火化，不要殡殓仪式……"

远望浩浩海面，林式同知道，唯有不舍才是活着的痛苦。花瓣伴随着骨灰不停地抛撒着，当所有的背影都已远去时，只有玫瑰花瓣在水面上高低起伏着。阳光映在上面，苍凉而又凄美，彰显出张爱玲避世而不弃世，执着而不自恃的内心世界。

这样的基调，是基于华丽下的联想，是无比浩瀚中的悲伤。

流动的风，涣涣的水，深深浅浅地烙印下了岁月的记忆。无论是成长的阵痛，抑或是幡然的醒悟，总归都该有个了断。只是在这一刻，民国才女张爱玲的故事又为人们再次唤醒。

一朝梦，万念成空，亦远亦近。远亦思，近亦抚，思抚尽相隔。所以，对于逝去的人来说，爱或不爱，遥远的只是灵魂，唯一可知的是，她不会再为爱流泪，亦不再回头，而是一如既往地我行我素、惊世骇俗。

参考书目

1.白落梅.因为懂得 所以慈悲：张爱玲的倾城往事［M］.北京：中国华侨出版社，2018.1

2.余斌.张爱玲传［M］.北京：人民文学出版社，2015.3

3.张均.张爱玲传［M］.北京：文化艺术出版社，2011.7

4.王羽.张爱玲传［M］.上海：上海文化出版社，2009.10

5.闫红.你因灵魂被爱：张爱玲传［M］.长沙：湖南文艺出版社，2014.10

6.梅寒.最好不相见：张爱玲传［M］.长沙：湖南人民出版社，2013.12

7.王臣.愿此生岁月静好：张爱玲传［M］.北京：东方出版社，2015.7

8.夏墨.风花雪月是民国：最痴张爱玲传［M］.北京：中国华侨出版社，2013.2

9.翟晓斐.繁华落尽，冷眼尘埃：张爱玲传［M］.武汉：华中科技大学出版社，2015.3

10. 朱云乔 . 一别，如果永不相见：张爱玲传［M］. 北京：中国纺织出版社，2013.11

11. 张爱玲 . 张爱玲典藏全集［M］. 北京：北京十月出版社，2012.6